博学而笃志,切问而近思。
（《论语·子张》）

博晓古今,可立一家之说；
学贯中西,或成经国之才。

复旦博学·复旦博学·复旦博学·复旦博学·复旦博学·复旦博学

复旦博学·大学管理类教材丛书
COLLEGE MANAGEMENT SERIES

人力资源管理实战

钟 灵 编著

复旦大学出版社

内容提要

本书系统梳理了人力资源管理的核心理论、前沿研究和实践案例,全面呈现了现代企业人力资源管理的理论框架与实战方法。书中介绍了30余项前沿研究成果,分析了50余个来自各行业的真实企业案例,涵盖了招聘与甄选、绩效评估、员工培训与发展等关键领域,关注了规模性裁员、内卷、跨文化管理等热点话题。不仅展示了大企业成熟的管理经验,还介绍了中小企业的特殊策略;指导企业不同层面的管理者、员工正确看待问题、分析问题,引导读者换位思考,对企业管理和职场生存都具有很好的指导和借鉴意义。

本书兼具理论深度与应用广度,既可作为经管类专业学生系统学习人力资源管理的教材,为他们提供扎实的理论基础与丰富的实践指导,也可作为企业管理者、创业者的实战手册,帮助他们在企业实践中更好地应对人员管理的挑战。无论是教学还是自学,读者都能通过本书深入理解人力资源管理的理论基础和前沿研究,并通过丰富的实践案例,掌握如何将这些理论应用到实际管理情境中的方法。

前　言

随着技术的飞速发展和宏观环境的变化,当今企业之间的竞争已不再局限于资本和技术,更多的是在争夺优秀的人才。如何有效地管理和激励员工,已经成为企业在激烈市场中脱颖而出的关键。人力资源管理不仅是一门科学,更是一种艺术。它要求管理者在复杂多变的环境中,既要平衡组织的目标,又要照顾员工的需求,从而激发每个人的潜力。

现代企业的快速变革对传统的人力资源管理提出了新的挑战。无论是组织结构、管理方式,还是人才发展战略,都在不断演进。管理者需要理解人力资源管理的前沿理论,并善于将这些理论与实际管理实践结合起来。本书将介绍一系列分析问题的理论框架,以及解决问题的实践技巧,以帮助读者应对这些新的挑战。

本书的内容主要来自我在长江商学院教授 MBA 课程所用的讲义和案例,同时体现了长江商学院"取势、明道、优术"的教育理念。在教学过程中,我深刻感受到:即使学员们拥有丰富的实践经验,但在面对复杂的管理问题时,系统化的学习和思考依然必不可少。因此,我的教学先从宏观形势入手,帮助学员理解当下的"势";然后通过介绍前沿研究成果,揭示人力资源管理中的"道";最后通过分析案例,展示如何将"道"转化为管理中的"术"。希望通过这本书,引导读者将学术理论与实际案例相结合,帮助读者把实践经验升华为系统性的理论思考,在未来的工作中更加灵活应对各种管理挑战。

为了实现这个目标,本书精选了 30 余篇前沿研究文章,并分析了 50 多个真实的企业案例。读者可以通过这些内容,更加直观地理解如何在实际情境中运用理论知识,并掌握人力资源管理中的最新理念和方法。

无论是在课堂教学还是自学场景下,本书都可以作为经管类本科生或硕士研究生的教材,也可以作为企业管理者和创业者的实用参考。没有工作经验的经管专业学生,能够借此深入了解企业的人力资源管理实践;而拥有工作经验的 MBA 学员,可以将已有的管理经验提升到更高的理论层次。企业管理者和创业者还能从中找到应对中小企业特有管理挑战的灵感和解决方案。

本书融合了多学科的知识，不仅有人力资源管理的核心理论，还有管理学和经济学的内容，读者可以从不同角度理解企业管理。书中每个理论都和案例紧密结合，理论讲解和实践分析相辅相成，读者可以将学到的知识运用到实际工作中。书中内容兼具全球视野和中国特色，通过展示中国企业的成功案例，帮助读者更好地理解在全球化背景下的管理挑战，并为实际管理提供解决方案。

本书成稿离不开长江商学院的大力支持。感谢长江商学院的李海涛院长和王一江教授，他们的信任和支持令我能够在长江商学院讲授人力资源管理必修课程。本书中的实战知识和管理经验都源于丰富的教学实践，与学员的课堂交流也为本书提供了重要的素材和灵感。

衷心感谢复旦大学出版社的肯定与厚爱，本书能够纳入大学管理类教材丛书，我倍感荣幸。感谢悉心指导我修改书稿的储丹丹老师、帮助我收集整理论文和案例的研究团队成员史颖波老师、战一鑫同学和王一淼同学。最后，我要特别感谢为本书贡献了宝贵案例素材的朋友和同学们：陈雨新、杜伟杰、黄雷、何佩怡、桓靖、黄怡然、梁亮馨、刘帅、龙斯恩、李晓城、李奕、李艳、刘艳芬、吕振慧、聂贺、欧钰婷、庞徐玮、钱丽丽、邵帅、沈晔、田亮、翁鼎中、王凯、王旭宁、于艳华、杨燕宁、张竟颐、张欲平、郑盈盈、赵梓聪等。

希望本书能带给读者新的视角和灵感，帮助管理者更好地应对企业中的人力资源管理挑战，实现个人和企业的共同成长。也希望读者为本书提出宝贵的意见和建议，以使我未来的研究和后续作品能日臻完善。

钟灵

2024年10月于东长安街1号

目　录

第一篇　先导　1

第一节　人力资源管理的意义　3
第二节　人力资源管理与人才市场的宏观情况　6

第二篇　配置　11

第一章　招聘　13
第一节　人员规划与职位分析　14
第二节　招聘方案　19
第三节　员工甄选　23
第四节　面试　29
第五节　试用期　38

第二章　劳动关系的建立与解除　43
第一节　劳动关系与劳动合同　43
第二节　规模性裁员　52
第三节　关键人物出走　57
第四节　劳动保护与职场公平　61

第三篇　组织　69

第三章　组织架构和权力分配　71
第一节　组织架构的类型　72
第二节　权力分配　78
第三节　抗风险的组织　85

第四章　团队管理　89
第一节　团队管理方法　90
第二节　团队管理中的员工互动　94

第五章　高层管理人员　104
第一节　高管能力对企业的影响　104
第二节　管理风格　109
第三节　通向CEO的"最后一公里"　112

第四篇　激励　123

第六章　绩效　125
第一节　绩效管理体系　126
第二节　绩效考核　134

第七章　薪酬　138
第一节　薪酬的设计方案　139
第二节　薪酬的水平与结构　144
第三节　绩效薪酬　153
第四节　股权　157
第五节　福利　160

第八章　激励　163
第一节　老员工的激励　164
第二节　年轻人的激励　169
第三节　高技能人才的激励　172
第四节　个性化激励　176

第五篇　发展　187

第九章　员工发展　189
第一节　培训　189

　　　　　　　　　　第二节　晋升　| 195

第十章　企业发展与员工发展的关系　| 202
　　　　　　　　　　第一节　内卷　| 202
　　　　　　　　　　第二节　跳槽　| 208
　　　　　第三节　跨国公司的人力资源管理　| 210

第一篇 先　导

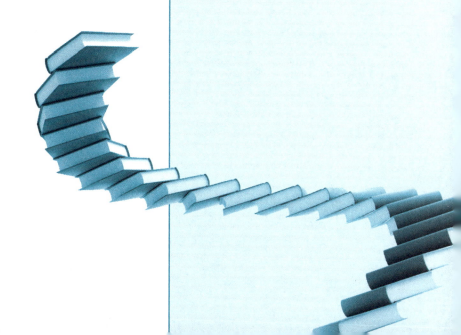

第一节 人力资源管理的意义

　　企业的三个生产要素包括人力资本、物质资本、技术。人力资源管理是对其中的人力资本的管理，指的是企业协调、管理、分配人力资本（员工），以促使他们为企业的发展目标做贡献。这个学科从企业政策和制度的角度研究企业内部的人员管理。

　　人力资源管理、组织行为学、领导力这三门是商学院中常见的管理学课程。它们有不同的侧重点，共同组成了企业管理者需要的人员管理知识体系。人力资源管理是以组织利益为目标的机制设计，强调机制能有效地影响员工，高效地降低劳动成本。组织行为学以员工行为本身为核心，分析他们在组织环境中的人类行为及其与组织之间的关系。领导力课程以领导者为核心，探究领导者的言行如何影响他人，并引导他人提供帮助和支持，来共同完成任务。

　　作为商学院必修课程之一，人力资源管理讲解的是企业中的人员管理机制设计。好的人员管理机制应当达到这样的效果：让组织中的每一个人，在某种机制的管理下，朝着组织利益方向开展工作。尽量发挥个人的工作技能和热情，推动组织获得更大的利益。

　　企业是一个组织，里面的员工理性程度不同。有的员工比较理性，那么企业统一用制度管理的时候，核心在于将工作行为与个人利益挂钩。只需确保符合企业利益的工作行为能够比不符合企业利益的工作行为为员工带来更高的个人利益，就能促使他们的工作跟企业利益保持一致。有的员工没那么理性，他们的行为可能随心而动，缺乏逻辑性的规律。在这时，企业应避免承认千人千面而对企业里面的员工分别管理或者分别设计制度。人力资源管理的目标是设计管理制度，让在这个制度下的所有员工（无论理性程度高低）的工作表现都符合企业利益。这时，如果仔细去看的话，可能会发现他们还有一些潜力没有被发挥出来，但那些都是非常个性化的潜力，已经没法用制度设计的思路来统一激励了。所以，在设计人员管理机制时，应主要关注员工行为中可以被机制规范和引导的共性，以及可通过制度来鼓励和推动的理性决策。

本教材主要讲解组织如何理性地设计机制，员工了解机制后如何理性地做出工作决策；同时，将介绍大量前沿学术研究，包括经过严谨论证的理论及实证研究发现，并探讨对企业实践的指导意义。绝大部分学术研究都来自全球经济管理类学科顶尖的五种期刊。[1]

关于人力资源管理的前沿学术研究方法分为以下四种。

1. 理论分析

研究者观察社会现实，并提出由一系列假设条件及数学公式组成的模型，来描述社会现实的结构共性；然后用数学模型进行推导和证明，得到的推论能够告诉我们，某个具体的社会现实必然发生的现象和结果。

2. 实证分析

研究者运用统计学工具，分析自主收集或从第三方收集的调查问卷或报表数据。分析结果可以证明或证伪研究者提出的一系列假设，得到实证结果。这些结果能够告诉我们，在大量的人员、企业、国家中，通常成立的一般性规律。

3. 自然实验

当某宏观组织（国家、地区、行业、企业）范围内出现政策变化，且这一变化不受微观群体（员工、团队、部门、分公司）控制时，研究者分析组织中的微观群体对政策变化作何反应。变化之前与之后的个人行为差异，告诉我们政策变化与个人行为之间的因果关系。

4. 随机对照试验

研究者在实际企业或由志愿者组成的实验室中，将实验对象（员工、团队、门店等）随机分为实验组与对照组，并开展实验。实验结果中，实验组与对照组的实验后行为差异，可以告诉我们实验干预对个人行为的因果关系影响。

通过讲解普适的理论与企业实践、讨论前沿研究的学术成果与实用建议、展示和点评大量企业案例，希望读者可以感受到：研究结论普适、理

---

[1] The Quarterly Journal of Economics, Econometrica, Journal of Political Economy, The American Economic Review, Review of Economic Studies.

论化，而企业案例特殊性强、接地气。大量的理论与实践探讨可以帮助读者了解并建立严谨的机制设计讨论思维方式，区分耦合关系（两件事情偶然同时发生）、相关关系（两件事情常常同时发生）、因果关系（事件 A 会导致事件 B）。

一、现代商业社会为什么需要人力资源管理[1]

人力资源管理必须调和两种不同的经济体系：对企业来说，薪酬是成本；对员工来说，薪酬是收入。商业社会中的大部分商品都很难以一人之力完成，因此人需要形成组织，将个人产出有机组合成团队产出，才能成为市场上可销售的产品。而销售产品获得的收益中，有一部分会成为人力成本，以薪酬形式发放给个人。最后，个人再用薪酬采购市场上的商品。

人力资源是所有生产要素中潜力最大、类型最丰富的要素，但也往往是效率最低的一种经济资源。因此，改善员工工作成效是提升企业经济绩效的最佳方法。2023 年以来的经济下行使更多企业开始关注降本增效，使人力资源效率的提高成为热点话题。通过提高现有的核心员工的效率，来减少需要的员工数量，在总产出不变的情况下，减少雇用人数，这本身就能节约很大的成本。

人力资源有一种其他资源没有的特殊优越性：协调、整合、判断和想象的能力。[2] 在人工智能冲击劳动力市场的时期，将会有越来越多的员工的主要价值来自这些特性，而这些特性需要精妙的人力资源管理体系才能筛选、管理、激励、培养。

企业招募的是"员工"。我们可以根据企业对每一位员工的能力、技术知识的要求、员工所在岗位的重要性，以及员工为企业带来的价值，将员工分为两类：人手与人才。

人手对企业的价值低，但管理起来非常简单，以任务的下发与交付为周期即可。对人手的管理重视流程和结果，而在任务执行前讲解目标则没那么重要。这部分人的招募、管理、考核、解聘规则都非常简单直观。然而，这样的管理风格会损失员工的创造力和主观能动性，这些岗位也吸引不来有职业发展意识的员工。长此以往，作为人手的员工会越来越像流水线蓝领工人，缺乏激励，工作效率缓慢下降。

人才对企业的价值高，但管理人才就要承认其技能和工作任务的特殊性和高价值，因此管理成本也高。把员工当人才看待可以建立良好的员工关系，容易让员工有亲切感、归属感；但是，同时又不得不处理员工精

---

[1] Drucker, Peter F. *The practice of management*. Routledge, 2012.
[2] Drucker, Peter F. *The practice of management*. Routledge, 2012.

神与物质的个性化需求。这样的管理风格很耗费管理者的时间，管理成本较高。

在企业实践中，许多企业与员工会就同一个制度和具体事件产生无法调和的分歧，究其本质都是双方在某位员工是人才还是人手的问题上没能达成共识。

二、人力资源管理的四个基本职能

大部分人力资源管理教材的论述对象是人力资源管理从业者，因此会以人力资源管理部门在企业中的功能为主线展开。而本教材面向所有在工作中需要进行人员管理，或者想学习如何进行人员管理的员工、高管、企业家，并不局限于人力资源管理的从业者。因此，我们将从人力资源管理在企业内部的四个基本职能出发，介绍这个学科及其应用。

1. 配置

从人才市场中，选定一个人群，形成企业里面的人力资本。这项职能确定了员工群体。

2. 组织

给定员工群体，将员工按照一定的架构连接起来，变成一个组织。

3. 激励

给定组织架构，运用机制使组织架构中每一个节点上的员工都尽量高效地工作，并与企业利益保持一致。

4. 发展

企业面对的外部环境在变，企业为了生存也必须随之变化发展。发展中的企业在不同阶段需要的员工不同。而员工从个人职业发展考虑，在不同阶段也对企业有不同的诉求。这一职能的核心诉求是让员工与企业的发展同向、同速，提高员工与企业的匹配度。

第二节 人力资源管理与人才市场的宏观情况

一、全球人力资本趋势

全球企业的人力资源管理发展目标有一些共性。[1]比如，企业的使命

---

[1] Volini, Erica, et al.,《践行中的社会企业：在悖论中探索前行——2020德勤全球人力资本趋势报告》.德勤洞察，2020.

是在尊重个性化的前提下培养员工的归属感。好的人力资源管理应当做到个性化的动员和统一的调度相结合。企业的潜能是在重塑的世界中为员工营造安全感。好的企业应当有长远的战略规划，并引导组织和员工向着这个战略发展方向共同发展。企业的价值观一定要拥抱不确定性。优秀的组织和个人应当明白，企业和人才想要在商业社会中长期保持高价值，应当寻找一种长期有效的方法，而不是确定的答案。那些带着学生心态，谦虚而固执地寻觅绝对正确的固定解法的员工或老板，是无法在当代商业社会中找到答案的。

二、中国企业人力资源管理需要面对的宏观趋势

中国企业面对国际与国内的宏观环境，未来五到十年的主要人力资源挑战可以总结为五点。

1. 从全球化到去全球化

2020 年前的人力资源管理教材，都会讲到全球化的人才市场，并提醒企业用好国际化人才。到了 2024 年，随着国际关系波动的加剧，中国企业面对的不再是稳定的全球人才供给，而是一切人才来源都充满不确定性。

在这样的环境中，企业需要在人才供给不稳定的环境中，搭建起完整的企业人才及运营结构。这意味着，企业应该在调整中降低对每一个具体人才的依赖度，而通过组织和运营管理确保企业少了谁都能够维持运转。

2. 波动的经济环境

在波动的经济环境中，大部分的个人都体会到更强的不安全感。当员工在大环境中觉得缺乏安全感时，会倾向于通过工作和家庭补足。对企业来说：（1）员工没有安全感时，会对当下的短期利益更加看重。（2）企业能够为员工提供安全感，就能带来员工黏性。

3. 互联网带来的错觉

近年来，许多企业都尝试了远程办公。管理者一定经历过这样的问题：当管理者远程向员工分配工作任务后，员工会立即回复表示收到，然而按照管理者预估的任务完成时限，员工并没有交回任务产出。耐心等待一段时间后再与员工沟通进展，发现对方没有按照管理者预期的工作时间和优先级执行这个任务。

在当前的技术和制度下，远程办公有两项很难克服的管理挑战：（1）就像上述的场景，工作时间和效率很难衡量或保证。（2）团队协作时，需要他人协助的任务很难定义紧急和重要程度。线下办公环境中，遇到紧急且重要的需要同事协助的任务时，我们可以走到同事的办公桌前，用物理距离和具体的线下互动来表达这个任务的紧急和重要程度。然而，远程办公

时，需要依靠线上办公软件来传递任务的紧急和重要程度。企业实践发现，持续远程办公一段时间后，紧急和重要程度的标记体系出现了类似通货膨胀的现象——所有工作任务都被标记了最高级别的紧急和重要性，因为不这样做的话，这个任务会被其他任务挤到后面去，就再也没法推进了。

然而，一旦这些管理挑战得到解决，远程办公必然会成为大势所趋。这是因为远程办公也有无可匹敌的好处。最直观的好处当然是能够节约办公室的租金。一个小型咨询公司自从 2020 年居家办公后，就退租了纽约曼哈顿的办公区，不再设固定办公地点。他们每个季度邀请全体员工投票，在全球范围内选定一个度假胜地，由企业负担差旅费用，让员工边度假边集体线下办公两周。这既保证了核心团队的定期见面以增强凝聚力，又用灵活的办公地点和别出心裁的办公方式提高了员工黏性。

远程办公更重要的好处是，企业能够从更大的范围、以更低的成本招募人才。人的幸福感来自他生活当地的相对社会阶层。当企业总部设在一线城市，并远程雇用一些常驻在生活成本较低的地区的员工时，企业向这些员工提供的薪酬只需比员工生活当地的其他工作机会高，也只需让员工在他生活当地过上较好的生活即可。从宏观的角度，这也是一个更合理的人力资源配置。全国甚至全球所有可以远程办公的人才形成统一的市场，使人才可以在所有企业之间灵活调度，这是劳动经济学家梦想中的最有效的人才市场匹配方式。

4. 机器取代人类

技术革新会影响人才市场。这是因为技术革新使有些工作岗位不复存在。但是，中国与西方国家的变化过程有所不同。在西方国家，自动化生产替代了企业里面人力成本高且重复性强的工作环节，导致人力需求下降，推动人才市场的结构性改变。在中国，由于教育体制的变化，目前低技能蓝领和白领人才的供给都充足，而高技能蓝领人才比较稀缺，导致人力供给短缺，倒逼企业加速自动化进程。

可以想象一下，重复性强的工作都能够被机器取代，最后由人类执行的全部都是重复性弱、创造性强的工作任务。这种工作任务很难标准化，也就很难管理。原始的计件式薪酬体系在这种场景中完全失效。对员工进行管理需要管理者非常了解工作任务的内容，然后根据工作内容决定工作的难度和绩效，再对工作任务以及人才定价。

5. 人口政策的余波

现在中国的人口结构呈倒三角状：老龄化严重，生育率很低。这样的结构直接导致了企业现在面对年轻员工难管理的问题。他们衣食无忧，物质激励很难打动他们，然而正向的情绪价值带来的精神激励却非常有效。

年轻人找到自己热爱的工作内容后，也可以废寝忘食，充满激情。从宏观层面来看，这样的年轻一代对人才市场中的人岗匹配质量提出了更高的要求。年轻人与职位之间的匹配质量对于员工产出的影响巨大。

三、中国人才市场的现状[1]

中国人才市场的现状有以下四个特点。

（1）对学历偏低的焦虑贯穿整个职业阶层。这种现象在经济学研究中叫作学历的通货膨胀。教育有两个功能：一是学习知识和技能，二是获得学位以向企业传递"我很聪明"的信号。当代中国成年人将越来越大比例的人生用于接受学位教育，这是因为中国的职场过于强调教育的信号传递效应。进入职场后的继续教育、职业技能教育较少，使所有人都在职场初期享受学历带来的福利，而进入职业生涯的后半程时会发现比自己年轻的员工与自己学历相同或更高，而自己的知识技能却早已贬值，焦虑也由此而来。

（2）从"我配不上工作"到"工作配不上我"的心态转变大约需要三年的时间。教育体系与人才市场之间的割裂导致年轻人进入职场时，对自己的工作岗位一无所知。而随着工作经验的积累，在熟悉了工作内容之后，又觉得缺乏挑战，认为自己胜任更高难度的工作。这反映了产教融合的不足。当年轻人可以通过实习经历高效率获得职场信息时，他们职业生涯初期的工作选择与实际工作能力（而非在校学习成绩）将更加匹配。

（3）随着年龄的增长，对面试的焦虑几乎没有明显下降。这反映了人才市场中企业一方的强势和人才一方的弱势。从匹配理论的角度考虑，人才市场是双向的匹配。当一个企业在多名候选人中选择一位发 offer（录用信）时，可能每一位候选人也在多个企业中选择一家接受职位邀约。当人才能够真正认同人才市场是双向匹配时，就能够提振士气，合理利用面试机会表现自我、考察企业。

（4）对职业规划的焦虑在职场早期呈增长态势。工作十年以上，年龄焦虑会毫无防备地出现。这反映了人才感受到被所处行业的起伏裹挟，个人在其中无力挣脱。人才越深耕于某一个具体的职业或行业，就越会感受到这种无力感。在这样的大环境中，更要关注对于技能和技能组合的积累，把它变成一种超越具体行业和具体职业的积累才是长久之计。

四、未来人才的三类核心能力

2016 年全球经济论坛上发布的一项针对首席人力资源官和首席战略官

---

[1] 智联招聘：《2022 年春招市场行情周报（第二期）》，2022.

的全球调查[1]中提到，未来员工需要掌握的十大技能是：复杂问题解决能力、批判性思维、创造力、人际交往能力、协调能力、情商、判断和决断力、服务导向、谈判、认知弹性。从这些关键词中，我们进一步总结出三类核心能力：

1. 抽象能力

抽象能力强的人有两种对工作非常有益的具体表现：（1）擅长将自己专业领域的知识和经历，用听众能够理解的语言表达出来；（2）对过往的经验不断提炼总结，能用尽量少的规律性认知去理解和判断尽量多的具体事例。抽象能力强的人在工作中可以负责部门之间的统筹协调，负责与上下游企业的沟通。这个能力能够帮助人们将知识内化为综合能力的一部分，在学科和行业之间找到共性，这在业界和学界都仍然是稀缺的技能。

2. 判断力

未来的工作任务将由AI与人类共同分担。[2]我们可以将工作技能笼统地分为专业知识、社交技能、判断力这三类。AI在学习能力、学习速度、记忆力这几个方面有优势，而人类则在社交技能和判断力方面有优势。其中，判断力强调的是有复杂约束条件时的决策能力、随着事情进展随机应变的能力，以及创作类任务中的审美。

3. 共情

如果你有过一些与客户对话的经验，就会知道：有时候客户侃侃而谈说他需要什么，但是再多了解一下就会发现他其实并不知道他需要什么。因为客户表述出来的需求其实是经过他的自我认知翻译后的东西。这时就需要我们帮助客户从他的内心需求出发，挖掘他到底需要什么。这尤其考验员工的共情能力：客户提出的需求是基于他的某种感受，感受的不满足带来需求，所以有时候直接去聊他不满足的感受，比聊他基于感受而提出的产品需求更加直观，效果也更好。

---

[1] Leopold, Till Alexander. The Future of Jobs: Employment, Skills, and Workforce Strategy for the Fourth Industrial Revolution. World Economic Forum, Global Challenge Insight Report, 2016.

[2] Ganem, Joseph. Understanding the Impact of Machine Learning on Labor and Education: A Time-Dependent Turing Test. Springer Nature, 2023.

第二篇
配　置

- 劳动力市场和婚姻市场很相像。招聘和解聘的实践问题，大多可以用寻找婚姻伴侣的操作方法解决。
- 面试谈话要务实，离职谈判要务虚。
- 聪明、努力、正直、坚韧是只能筛选、无法培养的人才素质。
- 诚实只能筛选，忠诚可以培养。
- 招聘活动的效率与面试官的眼光，都应该纳入绩效考核。
- 不公正地对待员工，最终只有负面影响。

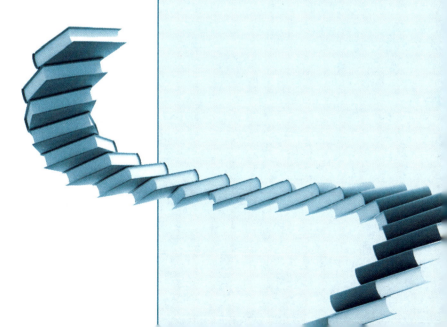

第一章

招 聘

  招聘是人力资源管理中的重要一环。在实践中，一些经验丰富的人力资源管理师甚至认为应当重招聘、轻激励。员工的工资是企业运营的固定人力成本加可变成本，因此我们可以把招聘看作企业的一种消费行为。当你不确定是否值得在招聘上花费时间的时候，想一想平时在消费决策中所花的心思吧！招聘就是选购劳动力的决策过程。

  招聘相关的事务，可以分为三个阶段：第一阶段是企业内部的准备工作，发生在对外招聘活动开始前，包括人员规划、制订招聘方案和职位分析；第二阶段是对外的招聘活动，包括员工甄选和面试；第三阶段是试用期，这个阶段可以继续考察员工，也可以认为它是招聘活动的延伸。

  如果你没有时间仔细阅读本章，或者在实践中遇到本章没有讲解的招聘场景，可以试试这个简单的办法：寻找婚姻伴侣的一切方法、技巧、拆解问题的思路，在招聘和解聘中全部适用。理论上，婚姻市场和劳动力市场的匹配同属于经济学的匹配理论这一细分领域中的一对一匹配问题。

第一节 | 人员规划与职位分析

一、人员规划

人员规划是综合考虑企业战略和企业的人力组织架构，把企业对人的管理和需求，细化到招聘需求的过程。可以通过以下四步进行分析。

1. 人员配置

企业的战略发展方向决定了企业现在和未来需要的人员构成。其中最重要的是技术骨干和管理人员的配置。

人员配置有两个问题需要回答：一是我们如何才能知道企业未来需要怎样的人员。企业若有技术发展方向，这部分的人员需求是较为清晰的。而未来需要的管理人员、部门核心成员应该有怎样的特征，往往很难想象（第十章第二节将从企业发展与个人发展的关联的角度，详述企业不同发展阶段所需的人才特征）。二是我们如何确定人员的编制。制订一个好的编制需要综合考虑职位的边界和职位之间的协作流程。就像管理学研究要问"什么因素定义了一个企业的边界"一样，人力资源管理也应当问"什么因素定义了一个职位的边界"。

2. 人员需求

当前所需人员构成与现有人员之间的差距是紧急的人员需求。其中与企业战略紧密相关的是重要的人员需求。这两者都是需要补足的。

这里有两点需要注意：第一，当前人员需求如果未能补足，会影响当前的企业产出效率，但各职位对企业产出的影响程度不同，因此各职位的人员需求应按照重要性排序；第二，未来人员需求虽不紧急，但仍有时间期限——在企业战略真正实施时，核心人员应已完成配置。人力资源部门在企业发展中的职责之一就是不让企业停下发展的脚步来等待人员配置到位。

3. 配置方式

为了满足人员需求，企业可以考虑两种配置方式：从外部招聘，或者自己培养。其挑战在于如何将需求拆分到这两种配置方式中。

是否从外部招聘，招聘的时机、数量，招聘进来之后的工作安排和组织变化，主要取决于宏观经济环境对劳动力市场的影响。如果企业认为它的主要人力需求在劳动力市场上并不稀缺，那么可以根据需求随时招聘，而不必提前囤积优秀人才（优秀人才无事可做恐怕闲不住），也不必在企业内部提前选拔培养（选拔培养后，企业又要头疼如何留住人才了）。

而自己培养内部候选人是否合适，取决于企业在行业中的定位。对于行业中的头部企业来说，从同行业中的其他企业招聘到更优秀的人才概率是很小的，因此只能以自主培养人才为主。一位物流行业头部企业老板认为：即使培养出来的人才出走，进入同行业的中小企业，他们也在一起发展这个行业，提高整个行业的体量和质量。而对于非头部企业来说，自主培养出来的人才，可能被其他企业用更高薪酬、更高职位招聘。人员流失风险会使这些企业不愿意在自主培养方面大幅度投入。

4. 招聘顺序

需要从外部招聘的，按照紧急程度和重要程度综合排序，依序开展招聘活动，将人员规划落实到招聘需求中。

除了对招聘需求进行排序，还应该对招聘效率提出要求，即明确使企业的人员配置达到并稳定在一定的规模需要多长时间。有时候，部门主管会想要市场上最好的员工，而人力资源主管会告诉他，以本企业的行业地位和薪酬水平，能够和企业达成稳定的人岗匹配的员工大概是怎样的。有时人力资源部门为了避免企业内部冲突，宁可保持沉默，希望预期过高的部门主管在不顺利的招聘中慢慢降低预期。这样做不仅会浪费时间和人力，还会错过一些合适的候选人。

因此，在招聘开始前的人员规划步骤中，人力资源部门成员就要负责在候选人群体、能够接受职位的候选人的水平、完成招聘任务所需时间和工作量等方面调整招聘核心参与人的预期，对齐企业需求与劳动力市场的情况，以提高招聘效率。

另外，在进行人员规划时还需要关注员工队伍的多元化和招聘过程的公平性。假如企业中层现在全部都是男性，可能会选择定向招聘一位女性来平衡性别比例，避免同一层级全部为男性或女性带来的负面影响。我们并不推荐强制推行所有职位和层级必须达到男女员工人数相等，因为强制要求可能会以牺牲效率为代价。

 案例 1-1

多个部门争夺一个招聘名额

某企业的销售部门按照地区和产品分为四个业务线。其中，A、B 业务线的业绩表现要高于 C、D 业务线，而 D 业务线甚至是在亏损。当销售部门总共只有一个招聘名额，A、B、C、D 四个业务线都来争取时，要如何配置名额呢？

人力资源主管计算了各业务线的人力投资回报率（Return on Employee Investment，ROEI＝销售额÷人力成本）。ROEI 越高，说明在这个业务线上加大人力成本的投入最划算。人力资源主管对各业务线的 ROEI 进行排名，随后提出了以下两个规则并与各业务线达成了共识：（1）ROEI 排名决定了招聘优先级，也就是说，赚钱的业务线可以优先招人。（2）亏损中的业务线不可以招人。销售连续三个季度不达标的部门要进入淘汰阶段，通过淘汰现有员工的方式释放人力成本，进一步优化。这两项规则使各业务线不再把业绩欠佳归因于人员短缺，而开始专注于提高本业务线的 ROEI。

点评：要注意，只有前台部门能够合理地定义并计算 ROEI。因此，本方法只适用于销售类部门。

二、职位分析

职位分析，在企业实践中有时也叫"岗位分析""职位画像""岗位说明书""JD"（job description）。职位分析是企业的人力资源专员的工作内容。他们应该熟悉每个职位的定义。职位分析是一种系统性的工程，而不是每次招聘前临时抱佛脚的预习工作。在梳理企业的人力资源时，人力资源部门就可以顺便进行职位分析，并编写职位描述（可以请生成式人工智能帮忙）。

职位分析要重点考量三个方面。

1. 该职位的工作要求

这个职位主要负责哪些工作任务和内容？担任这个职位的员工应该具备哪些工作技能（从典型工作任务出发，这些技能应该很容易列出来）？具备这些工作技能的员工大概率拥有怎样的学习和工作经历？这些问题的答案就构成了职位描述中的任职资格，侧重反映对员工认知能力的要求。

2. 该职位在企业组织架构中的位置

这个职位的上下级是哪些人员和部门？这个职位的工作效率、协调能力、沟通能力对组织的运行效率有何影响？这些问题的答案侧重反映对员工非认知能力（也就是情商或者社交能力）的要求。

3. 该职位的人力资源考核与奖励机制

在这样的机制中，会努力工作并合格完成的员工是怎样的人？会佛系"躺平"、不受激励的员工是什么样的人？这组问题的答案能将员工的性格和价值观特征具象化。

那么，如何高质量地回答上述问题呢？常用的职位信息收集方法包括问卷调查法、观察法、工作日志法。这些方法都可以客观量化前两个方面的情况，包括各个工作任务的小时数、需要独自完成和与他人协调完成的工作任务的比例等。第三个方面的信息可以请该职位的直接上级填写问卷，或者由人力资源管理专员查阅该职位的绩效考核和薪酬奖励机制而获得。职位分析范例如表 1-1 所示。

表 1-1　职位分析范例

职位说明书[1]
【职位描述】
1. 职位标识
—正式名称：填写职位的官方名称
—组织架构位置：说明职位在组织中的层级位置
—职位代码：提供职位的唯一代码标识符
—报告关系：列出该职位的直接上级或汇报对象
—所属部门：标明该职位所属的部门或团队
—职位级别：职位在企业等级体系中的级别
2. 职位概要
—主要目标：总结职位的主要工作目标和期望成果
—组织中的关键作用：描述该职位对组织目标的贡献和重要性
3. 主要职责
—职责 1：详细列出主要的职责和任务
—职责 2：使用动词清晰描述所期望的行为和结果
—更多职责：确保所有关键任务都被覆盖
4. 工作环境
—环境特点：描述工作环境，如办公室、户外或远程工作
—工作时间：指出正常工作时间或需加班的可能性
—旅行要求：如果职位需要出差，提供出差的频率和范围
—特殊工作条件：如有特殊环境要求，如高温、户外等，请列明
5. 业绩评估
—评估标准：定义如何评估工作表现和成功的标准
—量化指标：尽可能提供可量化的业绩目标，如销售额、项目期限等

[1]　拉斯洛·博克：《重新定义团队——谷歌如何工作》，宋伟译，中信出版社，2015.

续表

职位说明书
【职位规范】
1. 教育背景
—最低教育程度：指定申请此职位所需的最低学历
—相关专业领域：列出与职位相关的专业或领域
2. 技能和能力
—技术技能：具体列出职位所需的专业技术技能
—软技能：描述所需的人际沟通和团队协作等软技能
—技能水平：对于每项技能，明确期望的掌握程度
3. 工作经验
—年限：要求的相关工作经验年限
—领域：工作经验所在的具体领域或行业
4. 体能要求
—身体状况：如职位有体能要求，详细描述所需的体力水平
—体能要求：具体说明任何需要的体能条件，如举重、长时间站立等
5. 个性特质
—性格特质：根据工作性质，列出所需的个性特征，如耐心、创造力等
【编写注意事项】
—明确性和灵活性：职位说明书应详尽无遗，同时具备适应未来变化的灵活性
—合规性：确保内容符合所有相关的法律规定和行业标准
—实用性和相关性：内容应与实际工作直接相关，避免包含过时或无关信息
—定期更新：随着职位的变化和行业的发展，职位说明书需要定期更新
—包容性和公平性：确保职位说明书的内容对所有潜在申请者公平且无歧视性

  一份完整的职位分析可以作为招聘广告中招聘要求的主体内容。在招聘平台上，认为自己符合这些要求的候选人会向企业提交应聘申请。因此，职位分析的信息指导了招聘中的员工自查和初筛。

  如果招聘主管和面试官发现前来应聘的候选人水平与企业的实际要求总有偏差，这说明招聘广告中的职位分析描述不够准确。这时，招聘的核心参与成员应该主动向负责做职位分析的人力资源主管反映，再次进行职位分析，更新职位描述。

第二节 招聘方案

招聘本身能够为企业创造价值。人员的配置决定了企业整体运营效率和创造力的基本盘，而在这之后，则通过人员组织来创造价值。越是头部的企业，越注重招聘。例如，谷歌认为员工能够充分自我驱动，只要管理方式合理，就能够创造价值，因此谷歌认为"人才招聘是唯一有价值的人力资源活动"[1]。

在招聘和应聘中，大部分决策都由理性驱动。王石最后一次作为万科董事会主席发言时说道"人才是一条理性的河流，哪里有谷地就向哪里汇聚"，说的就是整体的人才流向一定是理性的。[2]

招聘有最重要的三大原则：[3]（1）降低管理成本。我们希望招募到能力强且不需要大量监管的员工。管理者省下来的时间，可以用来发展企业、思考战略、扩大管理规模。"管理者的时间是企业规模的边界"，企业的目标是用尽量少的管理保持尽量高的员工绩效。（2）促进团队合作。我们希望新员工与现有员工能够形成互动良好的团队。团队成员之间的监管、激励、培训往往比企业组织的成本更低、效果更好。（3）创造更多的利润。人力资源管理的整体目标就是维持和提高企业利润，人力成本的回报率直接和企业利润率挂钩。

"秘书问题"[4]是一个以设计招聘方案为场景的经典数学问题。老板打算招聘一位秘书，门外有一排候选人在等待面试。首先，我们假设这些候选人的排序是随机的，即并没有按照能力或者其他个人素质因素排序。老板每次只能叫一个候选人进来面试，通过面试了解这个人的工作水平。在面试结束时，老板必须立即决定是否录用这位候选人。若录用，则这个秘书职位的招聘就完成了，后面的候选人立即解散，不会再参加面试。若不录用，则该候选人立即被拒绝，不会再回到候选人列表中。

数学证明，经典秘书问题的最优策略是：对于前面 **36.8%** 的候选人只看不招，记下里面最优秀的人。对于之后的人，只要有人超过了前面

---

[1] Bock, Laszlo. Work rules!: Insights from inside Google that will transform how you live and lead. Twelve, 2015.
[2] AI 互联网思想：《王石最后演讲：人才是一条理性的河流，哪里有谷地，就向哪里汇聚！》，搜狐网，https://www.sohu.com/a/153409227_464025, 2017-06-30.
[3] Huang, Fali, and Peter Cappelli. Applicant screening and performance-related outcomes. *American Economic Review: Papers and Proceedings*, 2010, 100(2): 214–218.
[4] Gnedin, Alexander V. A solution to the game of googol. *Annals of Probability*, 1994, 22(3): 1588–1595.

36.8%的面试者中最优秀者的水平，就留下他。"秘书问题"的本质是在了解市场和挑选更优候选人之间寻找平衡。如果寻找的时间太久，可能会在寻找的过程中错过了最优候选人。如果寻找的时间太短，可能会对人才市场整体情况的估计有偏差，导致预期过高、招聘失败，或预期过低、没等看到更优的候选人就宣告招聘结束。

这个策略有优点也有缺点。优点是它是一个明确而且非常固定的招聘策略，在了解市场后作出决定，易于操作且执行起来非常简便；缺点是这样招聘有 36.8% 的概率会宣告失败，即招不到人。这是因为候选人的随机排序导致全部候选人中的最优秀者有 36.8% 的概率在前面"只看不招"的样本中，导致后面再也看不到候选人比他更好。招聘失败意味着之前计划和组织招聘活动的所有人力物力全部打了水漂，在人力资源管理活动中属于比较严重的不良后果。所以，在设计招聘方案时，要有意识地避免招聘失败。

前沿研究 1-1

进阶版秘书问题[1]

经典版的"秘书问题"对招聘环境做了许多假设才能够得到如此简洁优美的数学上的解答。一项研究对招聘问题建模并探讨了实际操作中需要解决的两个现实挑战：（1）面试的过程是双向选择，候选人不一定接受企业所发的录用信（offer）。（2）面试时，老板未必能够了解候选人的实际工作能力，招进来之后才能得到关于员工水平的准确估计。研究详细探讨了这个问题，研究发现如图 1-1 所示。

从图中可知，技能要求高的职位，企业考察的候选人总量更多，在考察的候选人中发面试邀约的比例也更高。图中标明了 offer 被拒的概率。有趣的是，职位技能要求越高，发出 offer 后被拒的概率越低。这个研究发现提醒企业：（1）技术要求较低的职位可以批量发放 offer。（2）技术要求较高的职位则要考虑依次发 offer，而不需要过多发放 offer，即使有少量 offer 被拒，也可以按需补发。

针对进阶版秘书问题带来的实际操作困难，这项研究提出了三条注意事项。

（1）企业要公布招聘标准，只要候选人满足企业设定的招聘标准就录取他，以免企业在"立即录取现在的候选人"和"等待更合适的人"之间两难。有些管理者或者招聘主管在被问到想要寻找什么样的候选人时，会回答说"我想先看看"，但事实是，先公布招聘的标准能够提高招聘效率。

---

[1] Wolthoff, Ronald. Applications and interviews: Firms' recruiting decisions in a frictional labour market. *The Review of Economic Studies*, 2018, 85(2): 1314-1351.

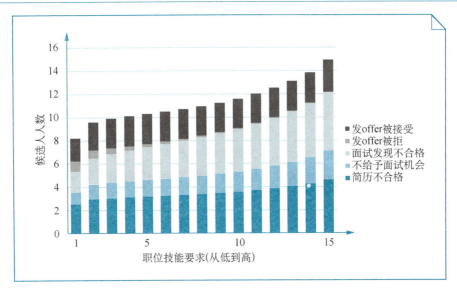

图 1-1　招聘候选人数、各环节筛选人数与职位技能要求的关系
注：图中的纵轴是候选人数量，横轴是工作的职位技能要求。五种柱形图例从下到上分别代表：简历不满足企业要求、企业考察后决定不面试、面试后发现不符合要求、面试后发 offer 但是 offer 被拒、面试后发 offer 且 offer 被接受。

（2）适当地扩大面试范围，这样做的确会提高招聘成本，但是面试的候选人数量越多，越能了解候选人所处人群的工作效率分布，降低招聘失败的概率。

（3）推迟发放 offer 并不是正确的做法。很多企业会一直面试，甚至有的企业为了避免过早发 offer 而错过后面更好的人，把 offer 都推迟到最后发放，结果发现心仪的候选人早已接受其他的 offer。

有时企业人力资源部门和业务部门会争论，一个职位需求到底应该面试多少人？这个问题不能一概而论。如果人力资源部门筛选简历的能力很强，能够精准地找出值得面试的候选人，那么面试人数可以适当减少。比如，行业内的头部大型企业往往拥有专业且懂业务的人力资源专员，那么每个职位可以只面试 3~5 人。而对于非头部企业，人力资源部门的人员流动性强，对某一具体行业和岗位的招聘经验有限，筛选简历的精准度不高。而且中小企业面对的候选人群体在人才分布中处于平均水平，人数多但随机性也比较大。这时应当多面试一些候选人，比如每个职位面试 10~15 人。适当扩大面试范围可以解决很多中小企业招不到合适的人的实践困境。

案例 1-2

育儿嫂的招聘方案

一名新手妈妈想要用秘书问题的解法招育儿嫂。她先列出了她的需求，包括岗位名称、职责描述,以及对于育儿嫂的具体要求:性格开朗有耐心、勤快干净、育儿理念先进等。然后对育儿嫂进行面试,从四个方面来进行打分。

(1)整体印象:包括阿姨的整体形象,沟通能力,性格。这部分就是看"眼缘"。

(2)工作经历:针对阿姨过去的工作经历问具体的问题,比如带过几个宝宝,宝宝们的情况如何,宝宝一天吃几顿奶,什么时候添加辅食,等等。这部分主要是印证阿姨过去的工作经历是否属实,重点是看阿姨描述是否清晰,细节是否匹配。

(3)重点问题:育儿嫂没有绝对的好坏,更重要的是看是否匹配。这部分主要针对这位新手妈妈最关心的问题进行提问,比如宝宝落地醒不抱着就不睡如何处理,如果宝宝不好好吃奶怎么办,以及早教相关的问题。

(4)互动:问阿姨对新手妈妈有什么问题,让阿姨提出需求。既是对阿姨的尊重,也是想看双方是否能够匹配。

前4天这位新手妈妈先面试了10位阿姨,从里面选出2位阿姨作为基准。之后她再去寻找其他合适的阿姨来进行面试,如果超过了这个基准就马上录用。如果接下来一周面试没有人达到基准线以上,那就回去询问之前2位阿姨谁还没有上户(阿姨下户后都希望尽快上户,一般等待1~2周,好的阿姨通常不会间隔很久才上户)。

基于这样的招聘策略,面试到第12位阿姨的时候,这位新手妈妈特别满意,于是立马签订了合同,后续结果是这位阿姨把宝宝照顾得特别好。这个案例是对秘书问题数学结论的应用,实际操作起来也很简单。

当招聘活动有时间限制时,建议对不同的职位使用不同的招聘方法。市场密度越低(越稀缺)的人才,企业在招聘时越应该依靠猎头,或从源头上寻找人才。

案例 1-3

招聘人力资源经理和专员

一家新兴行业企业的人力资源部门需要扩招。他们的招聘只需要人力资源部门内部达成共识即可,不需要像业务部门招聘那样去协调业务部门主管和人力部门招聘主管的意见。

该企业人力资源部门的人员结构从上到下有三个层级,分别是总监、经理、专员。招聘进程过半的时候,还需招聘35位专员和15位经理。在后半程的招聘中,采取了专场面试、电话招聘、猎头推荐三种方式。

企业先列出了招聘的目标职位和缺口,并对专场面试进行了时间和流程的规划,追踪了经理和专员的招聘活动量和猎头推荐量。相比于"广撒网"的电话招聘,专场面试的转化率比较高,愿意参加专场面试的候选人自身有跳槽需求且对企业有兴趣。

经理职位候选人的市场密度比较小，这是因为职位越高，技能要求也会越高，要找到符合要求的人才就会越难。在市场密度比较小的情况下，一定要扩大筛选范围，增加面试的人数。

对于经理职位，招聘主管设定的关键绩效指标（以下简称"KPI"）是每天电话联系15位候选人，每周面试5位候选人。电话联系的候选人可能不像专场面试的候选人那样有明确的跳槽需求，因此，广撒网、扩大筛选范围有助于找到有跳槽需求的人。

而对于专员职位，招聘主管的KPI是每日电话联系8位候选人，少于经理职位的电话联系量以及面试人数。这是因为企业对基层员工的技能水平要求较低，招聘难度低，即使面试人数少，也能够保证offer的接受量。

这家企业还与猎头公司合作。猎头的功能是在密度更小的市场里面提供更多的信息以减少信息不对称，越是职位技能要求高且职级高的职位，越依赖猎头。在招聘基层员工时，可以采用批量的招聘方式，包括电话联系、面试、招聘会等，但是对于层级较高的职位，企业往往更倾向于采用定向招聘的方法。

在落实招聘的过程中，应该如何衡量参与招聘的人力资源部门员工的绩效呢？这家企业根据不同的招聘目标，设定了"员工活动量"和"猎头推荐量"这两个绩效考核体系，营造了良性的竞争氛围。前面说的"招聘主管KPI"就是员工活动量。而"猎头推荐量"是对人力资源管理部门与猎头的互动提出的投入产出比例要求。在企业与猎头的互动中，内容细节是非常多的，比如建立每周的简历目标，不停地要求猎头提供合格的简历，一对一地辅导，等等。如果一位负责招聘经理的招聘主管磨洋工，他可能会常常与猎头见面讨论，但是并不能转化为高质量的候选人推荐。总之，企业不能仅按照各职位的招聘人数来分配人力资源部门的精力，而是一定要认识到不同的目标人群有不同的招聘策略。职位的技能要求越高，需要付出的招聘精力越多，每个成功的招聘需要的投入也越大。

第三节 员 工 甄 选

一、员工甄选的三种常见方式

在进行员工测试和甄选的时候，企业主要采用工作能力测试、工作样本与工作模拟、背景调查这三种方式。

工作能力测试主要包括认知能力测试（智力测试）、运动和身体能力测试、人格和兴趣测试、成就测试（掌握了哪些技能和知识）。如果你不太熟悉工作能力测试，需要注意以下两点：（1）信度，即多次测试的结果应该一致；（2）效度，即测试的考查内容应该符合招聘的筛选目标，有效评估。

我们比较推荐在甄选员工时使用性格测试，具体包括：描述个人行为和思考风格的 MBTI 测试；描述工作行为与互动，帮助我们搭建合作愉快的团队的 PDP 测试；描述个人职业和工作任务兴趣的霍兰德职业测评。现在在工作招聘当中加入职业性格测试也是很常见的，但需要注意的是，职业测评工具具有不稳定性，并不完全可信。

工作样本与工作模拟是一种越来越流行的员工甄选方式。这像是一个比试用期更短的试用机会，给员工一个非常有代表性的工作样本，甚至是挑战比较大的工作任务，让员工模拟进入工作岗位后如何处理人际关系，如何高效地完成工作内容。

在中国，员工甄选时，背景调查往往只会得到一片赞美。除非员工有过明显的劣迹，才能起较大的筛选作用。所以，在进行背景调查时，不妨直接提问"这位员工有让你印象深刻的、令你不舒服的行为吗？"，而不要务虚地问"你觉得这位员工怎么样？"。

在员工甄选中，还存在一个常见的争论：我们应该招以利他（即努力和奉献）为驱动力的员工，还是以利己（即自我成长和获得）为驱动力的员工呢？这种辩论很难有普适的定论，但我们可以从管理成本的角度讨论这个问题。美团 10 号员工沈鹏说："大家都是在做投资，不同的人用不同的方式做投资，我是拿我的青春做投资。"如果有员工说"我是拿我的青春做投资"，能够识别人才的管理者会非常欣赏这类员工。

比如，有的教授在招聘在校本科生作为兼职研究助理时很关注他是否珍惜自己的时间。当面试本科在读的候选人时，比起学习极其努力、没有兴趣爱好和个人生活的好学生，会更倾向于招募爱玩也好学的学生。比起工作，如果一个人有更喜欢做的事，才会想尽一切办法来把工作做得更快。当一个员工认为他把青春投入企业的发展中，会有意识地高效率、高质量完成工作，并持续在工作中学习工作技能。企业只需要监管工作任务的分配（关注数量和难度）即可，员工会自行努力为企业做贡献。在这样的员工关系中，企业的发展与员工的发展紧密相关，员工的管理成本很小。

二、万亿美元教练给出的人才的四种特质[1]

哪些人才素质是只能筛选、无法培养的呢？在企业高管培训方面有数十年经验、被称为"万亿美元教练"的比尔·坎贝尔这样说：

"第一，必须聪明，不一定是学习成绩好，更多的是要能够在不同领

---

[1] Schmidt, Eric, Rosenberg, Jonathan, and Eagle, Alan. *Trillion dollar coach: The leadership handbook of Silicon Valley's Bill Campbell*. Hachette UK, 2019.

域快速学习并开展工作，同时在该领域建立人脉。"优质的高等教育只是在培养人的学习能力，而不是教授具体的技能和知识，人才必须能够迅速在不同的领域快速学习且开展工作。

"第二，必须努力工作。"很多时候努力是一种习惯，这是很难培养和改变的。我们在第四章团队管理、第七章薪酬和第八章绩效中都会看到，改变人力管理方法只能短期大幅度提高工作效率，而长期效果总是会比短期效果差一些。也就是说，"政策改革可以改变人的行为，短期影响大，长期影响小；政策制定者应该关注长期效果"。如果长期影响小到与改革前没有明显差别，就意味着管理改革（部分或全部）失效，而这种长期无差异就是人的"习惯"或者惰性在起作用。

"第三，非常正直可靠。"如果我们没有办法完全信赖一名员工，那么他对企业就没有任何价值，所有的管理都是基于一个人的职业道德素养。中国传统管理观念中的"用人不疑、疑人不用"也强调了信任的重要性。信任包括诚实和忠诚两个部分，诚实只能筛选，而忠诚可以培养。

"第四，必须坚韧不拔。"这是指有热情和毅力，在被击倒后，有能力站起来并再次冲锋。脆弱的人，仅一个回合就会被击垮、逃跑，最后只有比较坚韧的员工、伙伴，才会陪企业一直走下去。

前沿研究 1-2

招募有责任心的员工可以减轻监管负担[1]

企业员工的单人工作效率很高，但是很自私、互助意愿很低，这种情况对企业来说也并不理想。尤其是在以团队任务为主的企业中，员工之间、团队之间需要频繁协调时，自私的员工会增加许多摩擦。一位候选人通过了招聘时的技能测试筛选，只是表明他具备完成任务的能力。只有他通过了职业道德的筛选，证明了他具备职业道德和职业素养，才可以判断他在面对工作任务时会不会尽力，他具备的能力能不能为企业带来产出。我们需要在招聘中多次强调职业道德的考察，来判断员工在入职后是否会尽力、是否需要监管。

一项实证研究使用美国企业问卷调查数据分析了1 970家美国企业的招聘规则，探究在招聘时额外关注员工的职业道德是否有必要。研究结论是职业道德测试很有必要且效果很好。

该研究证实了以下四个猜想。

（1）根据职业道德筛选出来的员工需要的监管较少。

（2）根据职业道德筛选出来的员工，团队协作效果更好。

---

[1] Huang, Fali, and Peter Cappelli. Applicant screening and performance-related outcomes. *American Economic Review: Papers and Proceedings*, 2010, 100(2): 214−218.

（3）职业道德感越强的员工薪酬水平越高。

（4）对候选人的职业道德水平筛选力度越大（即在员工甄选阶段更严苛地按照职业道德水平筛选候选人），受聘员工的生产效率越高，且员工被动离职率越低。

招募有责任心的员工还能帮助企业增加利润，提高生产效率，降低被动离职率，增加企业收益。研究还发现：当员工职业道德越强时，员工工作越不需要监管，团队协作越活跃。这说明，职业道德的筛选并不只是为了节约监管成本，它对促进团队合作也有贡献。具体包括以下两方面。

（1）雇用职业道德感强的员工能够减少"搭便车效应"，用员工互动代替上级监管。"搭便车效应"是描述这样的场景：大家一起完成一项团队任务，某个人很努力，其他人因此而不再做出任何贡献，最后这项团队任务全部是某一两个人完成的，其他人贡献极少却要参与平均分配团队任务带来的利益。那么，这些贡献较少的团队成员就是等待搭便车的角色。很多现有的人力策略，都是为了减少团队任务中的"搭便车效应"。这些搭便车的人对团队产生负面影响，企业花钱雇用他们，他们没有工作产出，还会让努力工作的人感到不公平。在氛围较好的团队中，大家都会努力工作，能够营造一种积极的工作氛围。我们可以利用团队成员的良性互动来代替管理者的监管，用职业道德约束减少搭便车效应。

（2）在职业道德感强的团队中，员工可以用自治代替上级的任务分配。所有的员工都会诚实地分享自己擅长和不擅长的工作任务信息，团队因此可以充分利用每位员工的比较优势，使团队分工更有效。国际注册会计师ACCA在职业道德方面也有相应的培训和要求。

关于职业道德在企业实践中的常见问题，我们可以总结为四组问答。

（1）问：职业道德应该如何测试？有些职业道德准则，员工可能只是不知道而不是做不到，是否可以开展职业行为规范的培训？

答：各个行业的行业协会或职业协会，有时会发行一些可以作为行业标准的职业道德培训及测试。测试题会描述一些企业实践场景，要求应试者选择在该场景中如何行事，大体采用心理学测试的方法来探测被试者的职业道德边界。

（2）问：职业道德前期筛选很重要，企业后期可以培养吗？

答：职业道德难以后期培养，且培养成本较高。因此，职业道德相关知识，我们认为它属于招聘筛选的一部分，而不属于第九章第一节"培训"。

（3）问：为什么不直接建立惩罚机制呢？只靠职业道德解决，好像比较难。

答：没错，机制非常重要。企业的管理机制是基础设施，但是如果只有机制没有筛选，会出现以下两种后果。第一，员工行为有违职业道德，然后触发惩罚机制，会带来行政管理和企业效率成本。第二，机制会被喜欢钻空子的员工反复琢磨，寻找规则漏洞。这些用于寻找漏洞的时间精力，都没有产生效益。要知道，规则制订者恐怕无法在沙盘演练规则的执行效果时触达所有的行为轨迹和规则漏洞，而规则执行对象人数众多，他们若动了寻找漏洞的心思，就会很快找到层出不穷的漏洞。这时，如果规则制定者决定修订规则，亡羊补牢，就会陷入无穷无尽的猫鼠大战。因此，一定要先用职业道德筛选员工，再用合理的赏罚机制管理员工。

（4）问：什么算是职业道德良好的标准？

答：职业道德良好的标准要根据具体的职位和行业分情况讨论。比如，某商学院的教授在招聘研究助理时，会测试助理能否发现招聘阶段工作测试考题中的数据错误并及时汇报。这能够体现他们是否在认真对待这项任务且是否有批判思维，是否诚实。这些特质是这个职位需要测试的职业道德。

前沿研究 1-3

职场新人的招聘：校招候选人的能力水平对企业是个未知数[1]

在校招中，企业对应届毕业生的期待往往比较低。这不仅是因为他们年轻，还因为毕业生在实际工作中的能力和招聘方根据学习成绩做出的评估之间存在偏差。企业作为招聘方，在面对职场新人时，该怎么办呢？首先，企业要意识到，自己的校园招聘决定承载了比社会招聘更大的风险。其次，企业要善用工作技能测试，并设定职业技能测试分数要求来筛选人才，而不是仅仅依据毕业生在学校里的表现。有时，带着学生心态进入工作的年轻员工，会回避或掩盖不懂的问题，不希望同事和领导注意到自己在技能和经验上的不足，而这在工作中可能会拖慢团队的进度。因此，工作相关的技能测试可以帮助企业更准确地评估应届生的适应能力。

2020年以来，互联网行业头部企业过去招募的那些1985—1995年出生的员工陆续进入30~40岁，许多员工需要分散精力照顾家庭、养育子女。一些企业想要更新员工群体，保持企业核心人才以未生育的年轻员工为主，因此开始侧重校招。员工个人生活所需的帮助和支持却被企业视为负担，这是目前发展阶段特有的现象。未来随着国家政策逐步完善、企业价值观继续进步，企业应当更全面、周到地支持员工的工作与生活发展。只有这样，才能吸引优秀的人才，激励员工为企业的长期目标努力工作。

前沿研究 1-4

职场熟人的招聘：内部推荐是招聘的好办法吗？[2]

在招聘时，有的企业会鼓励内部员工向企业推荐外部候选人。这是不是一个好主意呢？传统认知有三种：（1）"推荐人对被推荐人更了解，所以内部推荐渠道得来的候选人更优秀"；（2）"由内部推荐获得工作的员工生产效率更高"；（3）"由内部推荐获得工作的员工，能够获得更高的工资"。

---

[1] Pallais, Amanda. Inefficient hiring in entry-level labor markets. *American Economic Review*, 2014, 104(11): 3565-3599.

[2] Burks, Stephen V., et al. The value of hiring through employee referrals. *The Quarterly Journal of Economics*, 2015, 130(2): 805-839.

实际上这三种传统认知在实践中都不正确。这说明，内部推荐这一机制的设计动机和实践结果出现偏差。偏差的成因主要是企业为成功推荐了候选人的员工提供了奖金。在职员工为了得到奖金可能会引荐并不合格的候选人，甚至帮助候选人有针对性地准备工作测试和面试。

一项利用电话客服中心人力数据开展的实证研究发现，内部推荐的确能够降低人员流动性和招聘成本，为企业创造更高的利润。在招聘阶段，内部推荐渠道获得的候选人群体，虽然不是候选人中最优秀的，但这一群体中符合企业的招聘标准的人占比更大，这是内部员工作为推荐人时，代替企业进行员工初筛的功劳。另外，若给内推渠道获得的候选人发 offer，他们接受 offer 的比例也更大，这是内部推荐人在帮助企业背书。内部推荐的这两项好处能够降低企业的招聘成本，这也是内部推荐为企业带来的主要价值。在入职之后，内推候选人的工作表现与非内推候选人基本持平，并没有给企业创造额外的价值。这两类候选人的表现对比如表 1-2 所示。

表 1-2　内部推荐候选人与非内推候选人的表现对比

候选人评价指标		内推的候选人与非内推候选人相比
招聘阶段	候选人质量达到发 offer 的要求	概率更高
	发出的 offer 被接受	概率更高
工作表现	入职后的生产效率	基本相同
	入职后的生产贡献	蓝领：事故率低；高科技：专利多
	离职率	低
	工资	有时略高
企业收益	为企业带来的利润	高
	高利润来源	低流动性；低招聘成本

另有一项在某国的纺织工厂进行的实验研究[1]发现，将被引荐员工的工作绩效与推荐人的工资挂钩，进行绩效"连坐"可以解决上述困境。由于低绩效员工没有能力甄别出高绩效的潜在候选人，他们会大幅度减少推荐亲戚朋友来企业工作的行为。高绩效的员工不仅有甄别高绩效候选人的能力，还会为了帮助被推荐人在企业获得高绩效（这样就可以和被推荐人分享绩效奖金），主动承担一部分新员工的培训任务，并且会把搜寻候选人的范围扩大到他们的亲戚朋友之外。而被推荐来工作的新员工，受绩效奖金和社会压力双重激励，也更有动力提高工作水平。这样的做法大幅度地提高了员工群体的质量，使内部推荐的优点被充分发挥，同时降低负面影响的困扰。

---

[1] Heath, Rachel. Why do firms hire using referrals? Evidence from Bangladeshi garment factories. *Journal of Political Economy*, 2018, 126(4): 1691−1746.

第四节 面　　试

　　首先介绍一个在人力经济学中常常提到的经济学名词——委托代理问题。委托人把事项的决策和执行委托给代理人，由代理人完成。其中有两个关键点：（1）何种机制可以促使代理人的行为达成委托人利益最大化的目标？（2）何种情况下会出现两者利益不一致，使代理人行为偏离了委托人利益最大化的最优行为？这种偏差从行动和结果上造成了多少影响和损失？

　　在招聘的整个过程中，从宏观角度看，企业是委托人，招聘活动的所有参与者都是代理人。另外，新员工工作能力会影响他的直接上级的工作效率和部门业绩表现，但有时直接上级不参与面试，而由其部门的其他员工与人力资源部门同事一起执行面试。此时，待招聘职位的直接上级是委托人，执行面试的人力及业务部门同事都是代理人。这种情况下会出现怎样的委托代理问题呢？

　　比如，人力部门为了提高招聘效率，可能会放宽招聘标准；业务部门同事对某个候选人格外有好感，可能也会给这个候选人打高分。这样降低标准录用某位员工之后，他在就职期间因为不符合职位要求而引起的企业利益损失、效率下降，是由他的直接上级和整个企业来承担的。这就是委托代理问题的一种体现。

　　面试是招聘过程中的主观因素占比最大的环节，因此也是委托代理问题困境最严重的环节。我们介绍的许多面试组织方法、评估技巧、前沿研究，都是围绕着委托代理问题展开的。

　　一次有效的面试 = 充分准备 + 精心提问 + 仔细倾听 + 准确记录 + 科学评估。[1]

　　面试在整个招聘过程中，是最重要的开始，也是最容易忽略的起点。面试的核心是结构化面试和量化评估。结构化面试的问题一定是有结构的，且有细节的评分表。最好将结构化面试写入企业的制度中，以避免管理层利用职权之便进行非结构化面试，根据第一印象做出判断。部分企业高管有一个非常有趣的行为规律：他们想要对候选人展示他们作为管理者的亲切随和，也许还想展示他们拥有可以不按规则来办事的权力，往往会抛开面试的结构，使用非结构化的面试流程。

---

[1] Bright Wu：《如何当一个好的面试官》，知乎，https://www.zhihu.com/question/26240321/answer/720280785，2019－07－10。

案例 1-4

一个有细节的面试评分表

这个案例来自一个高校教师职位候选人的自述。

"我在应聘时,这个学校给面试者安排的日程动线有个小小的漏洞:一位教授引导我进入学术讲座会议室后就离开了,而学校秘书已经将我的工作申请材料都打印好,提前放在了会议桌上。这些材料包括了应该对候选人(也就是我)保密的推荐信。在我与这些材料尴尬独处的15分钟时间里,我忍住冲动没有去看我的申请材料,但是我不可避免地看到了每个座位前都放置的面试评分表。我惊讶地发现,在满分100分的评分表中,有5分是来自我的外貌、仪表和着装。作为候选人,这在当时实在是一个让我不太舒服的观察。但我也清晰地意识到,这保证了我的专业能力在评分中占95分,我不必担心出现一个外形更优秀的候选人会靠着外形占领全部的优势。作为拥有权力的一方,他们主动运用机制来克制自我对权力的非理性运用,这种自律意识和执行让我很敬佩。"

要想获得一些比较敏感的信息,在面试中应该如何询问呢?

如果直接提问可能会触及对方的敏感区,也有可能违反行业规则、行业惯例和劳动法的规定,可以用一些其他问题来引导面试者。如果对方是非中国籍的员工,则需要注意文化与认知差异,避免冒犯。

比如,美国法律禁止面试官询问候选人的婚姻状况。面试官想要了解候选人的婚姻状况的话,他可以在面试后的联谊酒会上跟候选人说:"我知道我什么都不能问,但是我看到你戴着结婚戒指,你有没有什么可以分享给我们的故事?"如果员工居住地与面试地点位于同一城市,"如何到达面试地点"这一问题可以帮助面试官获取一些关于候选人的信息。对于相对年轻的候选人,"可以给我们分享一下你的第一次实习经历吗?你是如何得到那次实习机会的?"这些也是很有效的问题。

关于候选人的个人信息可以帮助企业了解面试者的需求,进而制订适配度更高的招聘策略。比如,家境较好的面试者可能对较高的薪酬并不敏感,他们更加关注职位的匹配度。这时可以在面试中追加提问,了解他对于工作内容的偏好,为他匹配适合他的工作岗位,这样能够更有效地留住人才。

一、如何从简历中读取有效信息

作为面试官,怎么读简历,获取其中有用的信息呢?以下方法可供面试官参考。

1. 稳定性

通过工作时间的长短、跳槽或转岗的频率，可以了解候选人的稳定性。

具体几年才算是"稳定"呢？对于高技能职位来说，如果候选人之前的几份工作都未做满一年，这种频繁的跳槽可能说明他对选择工作的决策十分草率，更无法保证录取后的工作效率，不建议录取。而蓝领类的职位，熟悉这个职位的人力资源主管应当也对职位常见的跳槽频率比较熟悉。由于各行业差别较大，我们无法提供一个统一的工作时长做参考，建议读者根据本行业相关职位的实际情况做决定。

在珠宝市场上，一颗价值很高的珠宝，如果频繁地出现在买卖市场上，会引起大家对这颗珠宝的怀疑，造成宝石贬值。这种频繁买卖行为对之前的拥有者和中间的经销商都不尊重。同理，如果一个员工经过严格的筛选流程入职后很快就离职，对这个企业在招聘过程中付出的努力也是一种不尊重。有一种情况例外：如果从事某一份工作在职不满一年就离职或跳槽，可接受的理由是家人的健康原因或生活节奏原因。

2. 工作轨迹

通过工作之间的相关性，可以了解其职业规划的大致思路。

有的人由于惧怕面对自己重要决定带来的失败，很难下决心深耕某一领域，俗称"拿不起"。这样的人工作经历看似丰富多彩，但毫无长期规划，每一份工作都用不上之前工作经历积累下来的经验。有时候，面试官会为他们丰富的人生经历吸引，却忽略了这种人的决策困难问题。

3. 工作经历

通过职位、内容与项目经历，以及企业背景与业绩，可以了解与应聘职位的匹配度。

4. 职务头衔

简历中的职务头衔与其描述的工作内容应该高度一致。如果差距较大，有可能是虚假信息。

近几年，各国企业都倾向于给前台员工起一些看似职权很大的职务头衔。过往对各头衔和工作内容的对应关系方面的知识不再可靠。在面试中抽查候选人简历中的一些工作经历，了解工作内容，可以帮助面试官纠正认知偏差，也能更准确地了解候选人过往具体做了哪些工作。

5. 重点了解

对于特殊的经历、工作断层、简历矛盾之处，可以着重深入了解。

简历上如有时间上的空档或者时间交错，面试官当然有权询问，也应当询问。但是，我们不建议面试官倚仗用人单位的强势地位对这些矛盾之处刨根问底，这会让自己和所代表的企业职业形象受损。

6. 发现疑点

对于简历上不太明确的地方可以做出标识，并针对这些疑点设计面试问题。

有经验的面试官若要认真准备面试，只需要花 5 分钟时间看一看候选人的简历，把其中应当重点交流的地方标出来即可。如果你的记忆力够好，标过重点之后，就不要带着原件去和候选人交流了，这样能够创造一个更人性化的面试氛围。

7. 甄选排除

若薪资要求过高或求职职位与其工作经验差距较大，可以不作考虑。

这样的候选人材料若频繁出现在面试官面前，面试官应当问责负责员工甄选的同事。这样的候选人本应在甄选环节被排除。

案例 1-5

雍正面试官员的小笔记

中国古代帝王对各种亲属、贵族、官员的职位安排、任免升迁往往能够给现代企业管理者很多启发。比如，从汉代开始的官员引见制度一直延续至清末，各朝各代在执行细节上有些差异，但目标是一致的：当中级官员晋升或任期到期要平调时，应当觐见皇帝，由皇帝结合其履历、政绩、觐见时的表现，对其下一任职位和未来的仕途发展进行评价和记录。

雍正是一位勤政的皇帝，他会亲自接见官员，并在官员提交的履历片上用朱批写下他的考语（即评语）。雍正考语样例如图 1-2 所示。这些考语中大量地记录了他对官员的看法和安排的思路。引见就是一种面试活动。官员带着自己的履历以及吏部根据履历给出的升迁建议面见皇帝，皇帝一边看材料一边跟他谈话，并写朱批。目前我们能够看到的朱批都非常直白。同时，雍正有一套独特的面相学观点，他也记录了他如何通过一个人的外貌形态窥见其性格特征。另外，雍正还会详细记录这名中级官员的推荐人（往往是封疆大吏）的姓名和推荐语，有时还会写下他面试的结论与推荐人的观点是否一致。

由于雍正考语传递了大量有效信息，集中体现了封建制度中的帝王用人之术，历史学家对雍正考语的学术研究相当广泛。我们把他的考语功能强大的原因总结为四条。

（1）抓住人物特点，用漫画般的语言描述外貌及言行特征。

（2）陈述工作能力，用明确的定性及定量表述记录工作技能及经验。

（3）语言直白准确，有利于后续查阅时，能够准确地回忆起或者了解到官员信息。

（4）综合感性与理性，避免对官员各方面特征以偏概全出现误判（他的感性判断前都会加上"似""看来"这样的前缀，表达他对自己的观点并不完全有论据、有把握）。

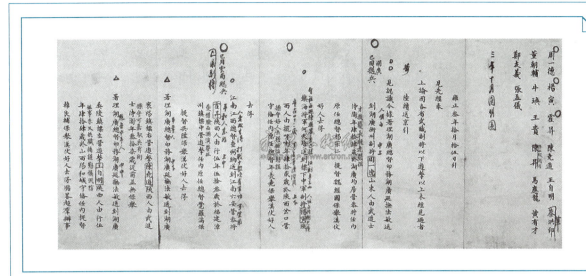

图1-2 雍正考语样例——雍正三年圆明园引见奏折[1]

二、面试的六个阶段

从候选人的角度来看,面试的每个阶段会具体考察哪些信息呢?

1. 寒暄、破冰、缓和气氛

候选人可能遇到的问题包括:您是从哪里过来的?住得离这边近吗?您是通过什么渠道知道我们的招聘信息的?

2. 了解候选人的工作、项目经历

3. 了解候选人的专业知识与能力

4. 了解候选人的综合能力

候选人可能遇到的问题包括:你觉得你独特的能力和优势是什么?它为你带来过怎样的成就和机会?

5. 候选人提问与企业介绍

面试官常常会在面试时间还剩 5~10 分钟的时候问候选人:你有问题想要问我们吗?你对这场面试和我们企业有什么问题吗?

由于面试还未结束,候选人往往会有些压力,试图用一些问题和对话填满面试时间。其实,这种顾虑是不必要的,大部分这类问题在面试官看来都并不会加分。此种情况下,推荐三类提问。

(1)如果你对面试后的筛选步骤和时间进程不了解,且的确需要了

---

[1]《雍正三年圆明园引见奏折》,雅昌艺术网,https://auction.artron.net/paimai-art14961052/,2001-07-01。

解，可以询问一下未来的事态发展时间安排。

（2）如果是一对一的面试，尤其是非正式场景下相对随意地提问（如面试官邀请你一起去买一杯咖啡，边走边聊，这是一个很容易得到对方好感的场景），你可以问一问面试官"您当年面试这家企业的时候是怎样的？遇到了有趣的经历吗？"

（3）如果你是一个相当自信的候选人，且你想要表达这种自信的时候，还有一种有点风险但很有趣的答复方式："在您给我发 offer 后，我会认真向您提问的。"

6. 结束

面试结束时，候选人应当友善且干练地结束这场对话，表达本次互动很愉快，通过面试及面试官感受到了企业的好氛围和高水平，期待未来有更多互动。这个说法比较模糊，听者会见仁见智地理解。有时候，一场面试即使没有带来一份梦想中的工作，也可以收获互有好感的同行好友。

如果你是一位面试官，那么以下事项需要注意。

面试官在向候选人提问时，要掌握三个原则：（1）问题要少而精；（2）不要对候选人有任何假设；（3）关键问题要深挖。

面试官在不说话的时候，要掌握四个原则：（1）认真倾听、仔细记录；（2）始终表现出对候选人的尊重；（3）适时打断或重述，学会控场；（4）注意情绪，善于捕捉。

对面试官来说，如何友好地结束对话，也是需要精心准备的。当你非常渴望表达友善的时候，可能会多说话，无意中泄露你对候选人的观点和其他企业不应该与候选人分享的信息（比如其他候选人的情况、时间安排以及你对其他人的偏好）。所以，面试结束应当有一套固定的话术，有助于面试官保持职业的状态。

面试时的可供参考的常见问题如表1-3所示，面试官可以根据考察的测试点来选取问题。

表1-3　面试测试点及常用问题[1]

	测试点	面试问题
离职原因	通过离职原因判断求职动机	为什么想离开原来的单位？为什么想换个工作？
	离职印证或风险预判	你是裸辞吗？你跟你们领导表达过异动想法吗？他怎么说？
求职目标	定位及动机	什么样的单位是你求职的第一选择？

---

[1]《求职面试技巧》，豆丁网，https://www.docin.com/p-512820748.html，2012-10-31.

续　表

	测试点	面试问题
发展目标	过往发展局限或喜好	你在原单位可以继续上升到什么职位？为何不能或不愿？
	通过人生规划判断求职动机	你最近五年的规划是什么？你准备怎样实现它？
职业观	通过正反两个方面来判断候选人的职业观	工作中，什么会令你感到沮丧？具体事例有哪些？ 你最满意的工作经验是什么，为什么满意？
表达能力	语言概括能力	请先用 1 分钟简要介绍一下你自己
抗压力等	抗压与解决问题能力	遇到的工作挑战及应对策略、结果
潜力	通过对成长的态度来判断未来的潜力	下班后的时间，你通常都做什么？ 你有继续进修的计划吗？
	通过对学习能力的观察来判断潜力	请讲述一件很糟糕的事情，你从这个糟糕的事件中学到了什么？
领导/管理能力	向上管理	你没听清听懂你领导布置的任务怎么办？举例说明你说服领导的事例。
	说服力、影响力	请你说出一个事例，曾经使某人做了他并不喜欢做的事情。
	培养下属的能力	你采取什么办法来鼓励你的下属培养他们的能力？
	监督能力	你用什么方法来监督你所负责项目的工作进程？
情绪管理	情绪控制及管理能力	下属与你意见相左，并当众同你发生争执，你如何对待？
业绩印证	业绩印证	你此前绩效在同级人员中的排名如何？这个业绩得到了什么奖励？
职位理解	通过其对职位的理解来判断是否的确有相关经验	你怎样理解你所应聘的职位？其主要职责是什么？
综合胜任力	将候选人所述与其面试中反映出来的情况进行对比	你认为自己在这个职位上的竞争优势是什么？
聘用价值	自信、自我认知、职位能力匹配度	为什么要聘用你？如果你被录用，你能给我们带来什么？

案例 1-6

微软的压力测试[1]

萨提亚·纳德拉从 2014 年起任微软首席执行官（CEO），2014—2021 年，微软市值增长了六倍。他在回忆录中提及了他当年加入微软时的面试经历。在进行了长达 7 个小时的面试之后，招聘经理问了他最后一个问题："有一个孩子正在过马路，他跌倒了，你会怎么做？"他回答说打 911，此时招聘经理起身说："你可以离开了。"他还没出门，招聘经理追加了一句："你知道你应该往哪

---

[1] 萨提亚·纳德拉等：《刷新：重新发现商业与未来》，陈召强、杨洋译，中信出版社，2018.

个方面发展自己吗？你要培养自己的同情心。如果一个孩子哭了，你应该第一时间把她抱起来。"

这种长达 7 个小时的持续面试，是为了对面试者进行压力测试。面试的重点是在后 1/3 阶段，当面试者已经疲惫了的时候，对他们进行压力测试，就像面试里那种脾气最糟糕的领导一般都是最后登场。针对这个案例，请思考以下问题。

（1）如果招聘一名技术人员，是否有必要问这样的问题？如果企业只是把候选人当作人手看待，是不需要考量同情心的。

（2）招聘经理问这个问题，说明他是如何看待这位候选人的呢？面试官问出这个问题说明了招聘经理对候选人的期待是人而不是人手，期待候选人之后在企业内有发展，往管理层走。虽然这个问题和技术能力没有任何关系，但对候选人来说这是一个好的信号。

在 7 个小时的面试之后才问出这个问题，也是要让候选人感受到有压力且疲惫暴躁之后来回答重要的事情，从而体现最真实的自我。面试中并不是所有的问题都是用来做筛选的，也并不是所有的问题都有正确的答案。这个问题更多的是一种提醒，告诉这位候选人，企业对他未来发展的期待。

前沿研究 1-5

面试过程中，人性带来的偏差

我们是不是应该为颜值买单？在中国的职场环境中，大家普遍认为，有些职位是值得为颜值买单的，比如前台或秘书。那么，后台的技术岗是不是就不用考虑颜值了？也不一定哦！懂策略的人力资源主管会在安排工位时把颜值高一点的员工散布在大办公区中，使"上班能见到颜值高的人"这件事能非常平均地激励到每个人。在大帆船赛事组队时，船长也会先敲定几位公认的、外形出众的船员，再去招募其他船员时，就可以看似随意地提起"你认识的 ×× 也会在船上哦"。

颜值高到底为什么值得我们买单？研究者认为，[1] 颜值在三个方面影响企业对员工能力水平的判断：（1）颜值高的人往往比较自信，这种自信可以影响到他的工作能力，甚至能够为企业带来效益，这一部分是值得企业买单的。（2）视觉上的刻板印象，也就是我们看到颜值高的人就错误地认为他必定能力更强，这一部分是不值得企业买单的。（3）语言上的刻板印象，指与颜值高的人交流会感觉到他们有一种不同的气场。有一项研究对这个问题进行了详细的分析。

研究者利用阿根廷的国立图库曼大学的学生作为志愿者进行了一项实验。在行为经济学实验室中，330 名志愿者扮演雇员，165 名志愿者扮演雇主，另有 50 名第三方志愿者对这 330 名雇员的外貌进行打分。雇员被要求在 15 分钟内解出尽量多的电脑迷宫测试题（注意，这个任务的工作表现完全用不着颜值），并在测试前先对自己的能力打分，以此评判他们的自信心。雇主根据与雇员的不同形式的互动，预测他们的生产能力，决定工资水平。

---

[1] Mobius, Markus M., and Tanya S. Rosenblat. Why beauty matters. *American Economic Review*, 2006, 96(1): 222−235.

表 1-4 总结了各实验小组中雇主可以获得的信息，以及各组之间的薪酬差异。第一行是对照组，雇主只能查看雇员的简历。第二行的实验组给雇主提供了雇员简历和证件照，我们看到颜值高的员工薪酬比其他员工高 9.4%，这就是静态的颜值带来的收益增量。将第二、三、四行进行比较，我们发现：第三行用 5 分钟电话面试代替了证件照，只有听觉而没有任何视觉效果，但是第三行对工资的影响与只提供证件照的第二行接近。甚至第四行中将这两项叠加，既提供证件照又进行电话面试，都没有显著的薪酬差异。所以，比较第二、三、四行可知，听觉和静态的视觉效果对雇主判断的影响是差不多的。而第五行的实验组增加了 5 分钟的线下面试，这时我们看到颜值高的员工薪酬比其他员工高 15.2%。

表 1-4　颜值在各种招聘方案中对工资的影响

	简历	证件照	5 分钟电话面试	5 分钟线下面试	颜值评分每增加 1 个标准差，能力相同的员工所获得的工资涨幅
1	√				0
2	√	√			9.4%
3	√		√		10.3%
4	√	√	√		10%
5	√	√		√	15.2%

这也解释了我们在工作中看到的一些有趣现象：（1）当应聘方式可选时，颜值高的人在应聘的时候会更倾向于要求线下面试。（2）明明谈话可以通过文字或电话解决，有的合作伙伴或者谈判对象仍坚持要当面聊，也许正是因为对方心里清楚，通过线下沟通能够利用个人魅力让沟通对自己更有利。

研究认为，高颜值员工更自信，自信心是员工自我认知的一部分，确实可以提高工作效率。高颜值员工会让雇主通过视觉或听觉途径误以为他们工作能力更强。因此在面试中，为了让面试官专注于候选人更值得关注的方面，可以通过设计招聘流程和面试形式，去掉视觉效果对面试官的影响。比如交响乐团的双盲面试，或在技术要求高的职位的招聘中，分数配比向客观的员工甄选测试倾斜，都是在试图达到这样的目的。

前沿研究 1-6

破格录用是否能引入可造之才[1]

破格录用真的可以引入可造之才吗？破格录用指的是企业先对候选人进行了能力或者硬技能方面的测试和考量，测试分数并未达标，但经过对候选人的面试考核，决定破格录用他。工作经验

---

[1] Hoffman, Mitchell, Kahn, Lisa B., and Li, Danielle. Discretion in hiring. *The Quarterly Journal of Economics*, 2018, 133(2): 765-800.

10年以上的企业中层管理者在交流破格录用的经验时，平均有3/4的中层管理者表示他们曾经破格录用过员工，其中80%以上的人表示，之后对当初的破格录用决定后悔了。

破格录用是招聘中的委托代理问题引起的挑战的集中体现。企业和招聘主管之间有一些利益分歧。企业想招到优秀的员工，而招聘主管想要尽快完成招聘任务。当招聘主管破格录用工作能力测试分数低的员工时，他一般会说，这个员工的面试表现非常好。他在面试中真的看到了员工的潜力，还是感性地特别喜欢这位员工，抑或是判断失误了呢？一项基于15家企业招聘数据的实证研究发现，大部分时候，面试官并未通过面试得到更多有效信息，这说明破格录用大多出于偏见和失误。面试官无视测试分数而破格录用员工，这些员工往往质量偏低。这也说明，面试很多情况下依赖的是主观的判断。

这项研究的发现提醒企业在实际操作中注意：（1）主观的判断和客观的工作测试评分之间如何分配权重，面试官对面试者能力的判断准确度如何，需要由企业进行反复的设计与实验。（2）如果一位招聘主管反复要求破格录用员工，企业应该如何处理这种情况？通过对已录用员工的绩效追踪发现，当一个招聘主管经常要求破格录用员工时，由他录用的员工整体绩效水平偏低。当一个招聘主管有这样的记录，他就不适合再继续进行招聘这项工作了。

第五节 试 用 期

在人力资源活动中，试用期可以看作是一种降低招聘风险的方法，以及对招聘程序的补充。一位候选人在通过了所有的笔试、面试筛选之后，被企业固定长期地雇用之前，有一段时间的磨合期。在这段时间结束时，用人单位可以再次决定是否继续这段劳动关系，这就是试用期。在试用期结束时，如果企业认为这位员工不合适这个职位，可以采用与解聘正式员工相比，成本更低、更快捷方便的方法与这位员工解除劳动关系。试用期是一个循序渐进的中间阶段，可以帮助企业提前消除一部分风险。

一、试用期的考察点

试用期法定长度是3~6个月。在这一段时间内企业可以对新员工进行更全面的考察，尤其是针对一些在面试中未能识别评估的技能和素质。其实，在试用期内应该以考察素质为主，考察技能为辅。有这样一类员工，他们在面试中会因为提前准备过技能测试，所以面试表现非常好；但是他们就像通过题海战术准备考试的学生一样，在实际工作中遇到新的问题就不会解决了。在试用期内，让员工着手解决真实场景的工作问题，就可以甄别出这样的员工。

在面试时，大家都会根据心目中最能获得潜在雇主好感的风格去表现——非常善于沟通，有职业道德。但是，当员工走向工作岗位，场景更加复杂，对员工的职业道德才是更尖锐的考验：上级布置给他的工作量太大的时候是否会潦草敷衍？自己的工作立场更倾向于短期的尽责还是长期的负责任？和上级之间出现观点冲突时能否有效沟通？部门之间出现摩擦时如何协调？本企业和上下游企业互动时能否坚持为本企业谋利益？这些软性指标的主要衡量标准掌握在雇主手里，所以管理者抱怨新下属时往往先有感性结论，再有理性论据。这对管理者能否职业地评判试用期员工的工作表现提出了较高的要求。这种评判中有很多主观的和私下的操作空间，所以这方面的法律纠纷较多，因此法律条款也较为严格。在实践中，企业必须在法律能够支持的框架内来处理这方面的事情。

试用期的核心在于一定要让员工处理在实际工作中作为正式员工会遇到的事情，测试他能否处理好各种实际问题。在事前要传达指导意见，事中要提供帮助和支持，事后要给予反馈。尤其需要注意的是，在事中要关注员工是否有意识向上级提出进一步支持的诉求，以及诉求是否合理。试用期期间应当由管理者和新员工一起经历一个事前、事中、事后的完整周期，这个周期各阶段的体验和观察都很重要。有些心急的管理者会让员工在试用期直接开始执行一项任务，而这项任务到试用期结束都没有收尾，这会造成测试环节的缺失。对于技能水平高但自尊心强的年轻员工，如果他们在事后反馈时难以接受批评意见，则不建议留用，因为这样的员工会给未来的合作带来很多摩擦和挑战。

好的人力资源管理制度会要求管理者在试用期期间定期评估新员工的表现。我们并不建议到试用期结束时才得出一个整体评价。这是因为，就像面试时的"第一印象陷阱"，试用期往往也有"终峰效应"，员工在试用期结束前的最后几天的表现会显得特别重要。那几天中，如果员工能够展示工作进展的大幅度推进，或者向主管提供正向的工作支持或情绪价值，则会在很大程度上影响主管的判断。因此，为了使企业能够客观、公平、完整、专业地选择和安排每一位新员工，在试用期内定期且多次地评估新员工的表现，是非常重要的。

二、试用期的长度及待遇

关于试用期的期限，我们国家的劳动合同法[1]是有规定的：劳动合同

---

[1]《中华人民共和国劳动合同法》第十九条。

期限 3 个月以上不满 1 年的，试用期不得超过 1 个月；劳动合同期限 1 年以上不满 3 年的，试用期不得超过 2 个月；3 年以上固定期限和无固定期限的劳动合同，试用期不得超过 6 个月。也就是说，试用期最长不得超过 6 个月。

通俗一点来说，企业绝对不能通过长期的试用来低价甚至无偿地使用劳动力，而且一家企业和同一位员工之间只能有一次试用期。如果我们想要晋升某位员工，不能再设置一次对于新职位的试用。在 6 个月的试用期范围内，如果企业想要改变试用期的时间长短，比如将试用期从 1 个月延长至 3 个月，这种决定需要双方都同意。

我国的相关劳动法[1]对试用期期间的工资也有具体的约束和要求。首先，不能低于国家规定的最低工资标准。其次，不能低于同单位的相同职位最低档的工资，或不能低于转正之后工资的 80%。也就是说，企业必须为试用期员工提供符合他的职位和层级的工资水平。从试用期薪酬的角度看，这些法规的标准其实是对人才筛选过程、效率以及准确性提出了一些要求。

试用期的解雇权也是一个非常敏感的话题，关于试用期解雇的劳动纠纷案件时常发生。北京市西城区 2021 年有关试用期的案件有 124 件，大多是企业没有处理好试用期的时间长度问题，如违反了试用期法定上限，随意延长试用期，或试用期内解约。

试用期内解约是指试用期还没到约定的结束时间，企业一方就想要提前解约。我们想要提醒企业管理者，即使在试用期间发现某位员工不符合招聘要求，不愿给予转正机会，但是按照国家规定，企业仍然应该允许新员工把试用期按事先约定的时间长度执行完整。

新生代劳动者在试用期间出现劳动纠纷的比例是相当高的。现在经常听到"00 后"整顿职场或者拒绝加班的新闻。有些刚刚步入职场且没有生活压力的年轻人被上级批评时，会说"我只是来领薪水的"。有些人虽然知道自己做得不够好，但是听不得批评，也完全没有改正的欲望。新生代人才整顿职场也有很多涉及劳动合同纠纷的情况。首先，从他们的行为规律来说，新生代人才跳槽的频率比较高。他们更关注自己的精神需求是否被满足，在意劳动感受，想要寻求一个平等的供需关系。他们的诉求，包括离职的原因，也越来越多元化。当然，这里面不乏一些冲动的人，但是从数据来看，涉及试用期的案件中，劳动者和用人单位的胜诉概率基本上持平，也就是说，新生代劳动者作为原告要提起有关试用期的诉讼时，他们的大部分诉求并不比企业的诉求更任性。

---

[1]《中华人民共和国劳动合同法》第二十条；《劳动合同法实施条例》。

案例 1-7

试用期解约的法律规定

小陈是一位 26 岁的年轻人，入职 3 个月以来，公司多次安排他加班，元旦期间还要让他去外地出差，他直接拒绝了加班要求。公司想要辞退他，此时公司提出的理由是小陈在试用期内不服从工作安排。小陈申请仲裁，要求公司支付违法解除劳动合同赔偿金。仲裁委出具裁决书后，公司不服，将小陈诉至法院。法院认为，如果在试用期间，公司要行使解除劳动合同的权利，必须证明劳动者存在不符合录用条件的情形。

所谓的不符合录用条件，可以是员工的技能不足或者学历造假，但是试用期间不服从工作安排并不属于"不符合录用条件"的范畴。只有当员工入职后才可以观察到他是否服从工作安排，所以我们无法提出关于工作安排的具体录用条件。最终小陈胜诉了，公司这种提前解除劳动合同的做法是没有法律依据的。

三、试用期结束时该怎么做

试用期结束的时候，企业该怎么做呢？很多员工，尤其是新生代员工，在刚入职的时候经常抱有学生心态，缺乏职业素养，并不清楚专业的职场人应该怎么做。所以在试用期间，主管会在员工身上花费相当多的时间来教他们如何把在学校掌握的知识转化为工作能力，平时如何与工作单位的同事沟通交流，如何从学生时期处理师生关系的心态转变成专业职场人的心态。

这些培训需要花费大量时间和心思，但当主管看到员工的进步时，会感到十分欣慰。我们想象一个场景：一个年轻人在试用期刚开始的时候，确实存在能力不足的情况；在试用期结束时，经过培养，他取得了很大的进步。但距离企业要求的水平还是有差距的。这种情况下，很多心软的主管会认为员工有进步，且学习态度好、没有犯错，因此不忍心辞退他。也有主管考虑到已经付出的培养新员工的沉没成本，更倾向于留下这些试用期结束还没达到正式员工水平的候选人。放松标准的后果是什么呢？转正后，为了让他们完全达到符合企业要求的工作能力和效率，主管不得不花更多的时间和成本去培训他们。

在试用期结束时是否应该让这样的员工转正呢？正确的做法是：当一名员工在试用期结束的时候没有达到企业对这个全职职位的技能和素养要求时，我们应该辞退他，及时止损，不能因为已经在这个人身上花费了沉没成本，而继续在他身上投资超出他应得的时间和精力。这样一种需要综合考虑企业效率、人情世故、沉没成本与未来成本的情况在执行过程中，应当由业务部门主管和人力资源主管一起客观冷静地分析问题，同时专业的人力资源主管需要更多考虑企业利益，并帮助业务部门主管执行辞退该员工的手续。

第二章 劳动关系的建立与解除

当企业运转顺利且人力资源部门尽职尽责的时候，管理者和员工往往感受不到劳动关系在人力资源管理中的重要性。而劳动关系一旦出现问题，这问题就会非常棘手。不仅会让企业面临较大数额的赔偿，还会引起一些不必要的、持续纠缠的麻烦。作为管理者，在处理这种与劳动关系有关的个案时都会思考：我选择的处理方案，会引起其他员工的思考和效仿吗？会影响员工士气吗？所以，大部分时候企业并不会注意劳动关系的细节，却常常通过栽跟头、付学费才能意识到它的重要性。

第一节 劳动关系与劳动合同

一、劳动关系

很多企业在雇用大量基层员工和蓝领工人时，会认为只要不签合同就是劳务关系，而只要是劳务关系，企业就不必给予他们正式员工的福利及劳动保障待遇。然而，我国的人力资源和社会保障部规定[1]，即使没有签订书面的劳动合同，如果同时符合下面这三种情形，劳动关系也成立。

（1）用人单位和劳动者符合法律、法规规定的主体资格。

（2）用人单位依法制定的各项劳动规章制度适用于劳动者，劳动者受用人单位的劳动管理，从事用人单位安排的有报酬的劳动。

（3）劳动者提供的劳动是用人单位业务的组成部分。

其中最重要的是第二条，劳动者主动遵守了用人单位所有的劳动规章制度，当然用人单位也要求他这样做，所以劳动者接受了用人单位的管理，而且从事用人单位安排的有报酬的劳动。如果只是有报酬，但是从管理上并未服从用人单位的规章制度，劳动者的定性则更像自由职业者，那就不满足这一条。

人力资源和社会保障部《关于确立劳动关系有关事项的通知》[2]第一条规定，只要同时符合上面这三条，那么即使没有签订正式的合同，也应当认定存在劳动关系。通俗地讲就是不只要在经济上从属，而且要在人身上面有依附性，也就是服从规则。判定劳动合同实质性存在的关键在于是否同时满足这两点。总的来说，判断劳动合同关系的两个关键因素为"人身依附性，经济从属性"。

案例 2-1

没有劳动合同的劳动关系[3]

2019年3月份开始，王启在某一个机械制造公司从事焊接的工作。起初，这家公司只是跟王启这样的蓝领工人约定了每天出工的固定时间，报酬以天数计算，次月发放工资。对于蓝领员工来说，向企业提出签订正式劳动合同的诉求时，谈判能力有限，因此小王接受这样的工作安排是可以理解的。

小王在这一待就是3年，在这3年里面他多次想要与公司签订一份正式的劳动合同。但直到2022年，公司都没有给他明确的答复，也没有给他解决这件事情。这个时候小王就意识到，如果公司想跟他签劳动合同，早就签了，既然拖到现在，大概就是公司不想签。同时，他还发现公司开始有拖欠工资的情况。到2022年7月，在他已经为这家公司服务了3年零4个月的时候，他决定离职，而且要求公司及时支付解除劳动合同的经济补偿金，以及未休年休假工资。但此时公司不承

---

[1] 人力资源和社会保障部：《关于确立劳动关系有关事项的通知》，2005.
[2] 人力资源和社会保障部：《关于确立劳动关系有关事项的通知》，2005.
[3] 覃秀竹：《以案说法：劳动者未与公司签订劳动合同，究竟是"劳动关系"还是"劳务关系"？》，法治柳江，https://mp.weixin.qq.com/s?__biz=MzA4Mjg3OTUxMw==&mid=2652165990&idx=1&sn=bdbc3a96295c3a2095ca593c9a3d2879&chksm=841e8210b3690b0, 2023-11-28.

> 认与小王之间存在劳动关系，认为小王所要求的那些赔偿是基于劳动关系而不是劳务关系，所以拒绝支付这些报酬。
>
> 由于公司拒绝赔偿，小王提出了劳动仲裁。司法裁决认为公司与小王之间存在劳动关系，并且支持了小王关于资金补偿方面的诉求。当然，这个时候公司不服劳动仲裁的裁决，于是起诉了小王。在法庭上，公司主张：虽然小王在这上班了三年，但是没有签订劳动合同，只是提供一定的劳务，完成固定的、与劳务相关的工作量，不符合劳动关系的法律特征，不属于公司的正式职工，是灵活用工的劳务派遣，所以小王那些针对正式职工的诉求是不应得到司法支持的。
>
> 小王认为，自己长期完成固定的焊接工作，有工资收入、出勤表、纳税证明等一些证据，证实他是服从公司管理的。他认为，既然服从公司管理又工作了这么长时间，他与公司之间已经构成劳动关系。法官组织的调解最终认为他们之间是存在劳动关系的，并要求公司向小王支付相关的补偿。

在这个案例中，小王不仅获得了劳务报酬，更重要的是他提供的出勤表、工资条、纳税证明等关键证据，证明了他服从了企业的人事安排和规章制度，所以符合劳动关系的认定条件，存在劳动关系。

如何辨析与区分劳动关系和劳务关系呢？[1]首先，劳动关系的雇用方是用人单位，必须是用人单位与劳动者个人之间的关系，而不能是个人与个人的关系。劳动者要接受用人单位的管理，从事用人单位安排的工作，成为用人单位的成员，这种行政上的管理和从属关系是劳动关系的一个重要的内涵。而劳务关系的核心，在于劳动者提供的服务时间可以是一次性或周期性的，劳动者提供劳动服务以换取相应的报酬，其中没有任何组织上的强制性与严格的服从关系，是否有书面合同相对来讲也不那么重要。

二、劳动合同

《中华人民共和国劳动法》（简称"《劳动法》"）比西方国家的劳动法更注重保护劳动者的权益。相较于1995年1月1日起施行的《劳动法》，2008年1月1日起施行的《劳动合同法》使劳动者在与用人单位谈判合同时掌握更多主动权，在面临解雇时获得更多保护。

关于签订劳动合同的时间，《劳动合同法》第七条规定，用人单位自用工之日起即与劳动者建立劳动关系。另外，《劳动合同法》第十条规定，已经建立劳动关系但未同时签订书面劳动合同的，应当自用工之日起1个月内签订书面劳动合同。

---

[1] 董克复：《劳动关系与劳务关系如何区别》，法制日报，https://www.chinacourt.org/article/detail/2002/10/id/14462.shtml, 2002-10-09。

回顾我们在第一章中介绍的有关试用期的国家规定[1],企业要注意,当试用期开始,就已经满足了第七条的规定,劳动者与用人单位之间就已经形成了劳动关系。试用期有的时候可以长达6个月,但无论试用期有多久,在员工入职一个月内企业都是要跟劳动者签订书面合同的。企业最好能够在试用期中与员工签订劳动合同,主管可以与法务或者人力资源主管共同商定试用期结束时的转正要求,商定如果没有达到要求时的解雇流程和双方的责任与义务。

三、劳资关系

对企业来说,从利益最大化的角度出发,需要在确保效率和发展速度的前提下,尽量压缩成本,而其中具备企业核心技能的员工的人力成本不可忽视。从员工的角度出发,作为劳动者、作为雇员,尤其是有技能的白领群体,他们想要被尊重,想要得到公平的回报。两方想要优化的目标不同,他们的利益冲突聚焦到一个具体问题上时,就会导致劳资冲突。

案例 2-2

同一人的两份合同

一位企业高管自述了他遇到的一个劳动关系问题:一位员工与他的公司先在中国内地签署了一份劳动合同,工作一段时间之后提出申请想与中国香港公司再签署一份雇用合同,理由是由于中国香港特区政府有补贴,他拥有这份雇用合同后只拿补贴,不拿多出的第二份薪酬,相当于不给公司增加任何成本,但是他能够多获得一些收入。半年之后,这名员工由于个人原因离职了。不久后,香港公司收到香港劳工处的信件,称有离职员工投诉欠薪的问题,举报香港公司签署雇用合同,但没有按照合约支付薪水。这种签署两份劳动合同的情况,香港劳工处无法认可和体谅。因此,根据香港的法律,公司必须偿还欠薪,且存在受处罚的风险。公司最后无奈支付了10万元额外薪酬。

点评: 当员工提出签署两份劳动合同的诉求时,一定要从企业的实际利益出发,考虑企业自身的法律风险。这个诉求对于企业来说法律风险比较大,好处却不大,但是对员工的好处很大,所以这属于慷他人之慨,由企业承担法律风险,让员工获得利益,甚至是在拿企业利益冒险。在这种情况下,如果管理者识别到潜在风险,也可以与法务提前沟通,与员工签署一些补充条款。无论如何,这类一个人签署两份劳动合同的情况,应当尽量避免。一旦签署,所有的条款都要严格执行。我们可以大概猜想到,在这个案例里面,那份香港地区的合同上肯定也

---

[1]《中华人民共和国劳动合同法》第七条。

> 有对劳动者薪酬的规定，否则不会有政府的补贴，所以那一份合同从公司的角度讲，不管与员工私下如何达成协议，在法律上确实没有执行。

四、竞业限制协议

竞业限制协议的核心目标，是保护企业的商业秘密。在知识产权法和物权法的基础上，竞业限制协议可以进一步保护企业的核心资源，它的出发点是好的。当我们谈论组织架构的时候，企业组织架构的核心在于组织的核心资源如何赋权、如何使用。当我们把组织的核心资源分散到员工的手上，允许员工使用时，就可能出现员工带着一些核心资源离开企业的问题。尤其是那些不受物权法保护的无形资源，比如知识或人脉，一旦被员工带离组织则后果严重。这时，企业可以采用更扁平的组织架构来分散核心资源的使用权，也可以用竞业限制协议来避免核心资源向企业外流失或向其他企业转移。

竞业限制协议的限制对象是劳动者，保护对象是用人单位。竞业限制协议削弱了劳动力市场中自由的市场竞争，减少了对劳动者来说有较高价值的部分工作机会，所以竞业限制协议一定会带来一些人力资源浪费。就好比在资本市场中，如果我们限制一些资本的自由交易，就会使某些资本在市场当中被错误匹配或浪费。

竞业限制协议包括了四项具体的内容：（1）限制劳动者的群体，比如掌握企业无形核心资源的员工；（2）约定时间长度，具有一定的时效性；（3）不履行竞业限制协议时对于支付经济补偿的要求；（4）不支付经济补偿时要如何解除协议。

我国的《劳动法》规定，在竞业限制期限内要按月向劳动者给予经济补偿。假如竞业限制协议只是约定了用人单位具有的权利，而不约定相应的义务，这就是一种单向的剥削，因此用人单位对应地要给予劳动者一些经济补偿。同时，如果劳动者违反竞业限制协议，用人单位可以要求劳动者支付违约金。所以，竞业限制协议对于行为上的约束最终会转变成一种经济上的交换。竞业限制协议一定要是双方自愿的一种约定。

有趣的是，在我国的法律条款中，竞业限制协议不仅限制员工离开现用人单位去其他用人单位，也限制员工进行自主创业。例如，员工从一家大企业离职去创业，但创业的核心产品和技术是原企业的竞品，这也是一种竞业的行为，也要受到竞业限制。

最高人民法院关于竞业限制协议方面的劳动争议有一些附加解释，如果想要全面浏览，可参阅《最高人民法院关于审理劳动争议案件适用法律若干问题的解释（一）》[1]（后称"《解释（一）》"），或在此基础上更新的其他法律文件。我们在这里只针对其中几条，强调它们在实践中的指导意义。

《解释（一）》第三十六条：当事人在劳动合同或者保密协议中约定了竞业限制，但未约定解除或者终止劳动合同后给予劳动者经济补偿，劳动者履行了竞业限制义务，要求用人单位按照劳动者在劳动合同解除或者终止前12个月平均工资的30%按月支付经济补偿的，人民法院应予支持。前款规定的月平均工资的30%低于劳动合同履行地最低工资标准的，按照劳动合同履行地最低工资标准支付。这一部分保护劳动者的权利，对劳动者有利。

如果企业遇到一些现金流问题，累计三个月没有支付经济补偿，劳动者可以请求解除竞业限制约定。劳动者如果违反了竞业限制约定，就需要支付违约金，之后用人单位仍然有权利要求劳动者继续履行竞业限制义务。所以对劳动者来说，并不是找到一个愿意帮你支付违约金的企业，支付了违约金就可以跳槽，而是需要继续履行竞业限制义务的。

2022年以来，一些国家对竞业限制协议的态度开始发生转变。欧美正在兴起废止竞业限制协议的热潮，比如2022年6月微软取消竞业限制协议，随后引起了一波职员跳槽。在2023年，美国联邦贸易委员会（FTC）又提出了一项新的规则[2]，禁止全国范围内的雇主与雇员或与独立承包商使用竞业限制协议，这属于一种比较广泛的、法律层面的变化。但是在中国，很多快速发展中的行业仍在强调竞业限制协议，而且监管部门配合执行的强度很高。《法治日报》的记者在中国裁判文书网检索"竞业限制协议""竞业限制"这样的关键词，得到上千条相关信息，而且很多案例中被起诉的对象并不是高管而是基层的员工，这不禁让我们思考：基层员工究竟是否有必要签署这样的竞业限制协议呢？很多国内的人力资源业内专家会认为，中国存在对竞业限制协议的滥用趋势。[3]

为什么各个国家、各个行业会对竞业限制协议有不一样的态度呢？下面的解读或许可以为一些现实案例的分析提供思路。

企业的产出取决于三个要素：知识、物质资本、人力资本。我们把知识这一要素拆解成技术知识和组织知识两个部分，以便分别探讨不同层级

---

[1]《最高人民法院关于审理劳动争议案件适用法律若干问题的解释（一）》，中华人民共和国最高人民法院公报，2001.

[2] Haight, Geri L. Year in review: Laws impacting employee non-competition, non-solicitation, and non-disclosure agreements — What to know, what to do and what to expect in 2024. Mintz, 2023.

[3] 孙天骄：《竞业限制协议扩大化乃至滥用问题是否存在？》，法治日报，https://new.qq.com/rain/a/20230330A00M5F00.html，2023-03-30.

员工的跳槽会带来哪些资本的流失。

其中，技术知识是可以被专利法和物权法所保护的，如果技术知识被员工盗取使用，可以直接用法律武器追究责任。但是，组织知识更多的是一种软技能，是员工掌握的方法和技巧，很难限制员工在本企业之外使用。组织知识是一项新的变量，包括企业文化、管理方式、管理经验等，这些是可以被员工轻易学习并带走的。

在新的企业生产函数框架中，我们可以得到以下推论：当一家企业的中高层管理者跳槽时，他肯定会带走一部分自己的人力资本，也就是他掌握的工作技能。有些技术岗出身的中高层管理者，也会带走一些技术知识，这些是只有他才会、他才能用的专利和核心。带走人力资本和技术核心是常见的情况，需要注意的是，当中高层管理者跳槽的时候，会把从这家企业学到的组织知识复制一份带走，包括他接触过的关于部门如何运作、层级如何管理的知识。他带走的这部分不会影响原企业的组织知识总量和完整性，原企业的体系和制度还是会像原来一样正常运转。但对于基层员工来说，即使了解企业文化，也很难接触到管理方式、管理经验等组织知识，所以可以认为基层员工跳槽基本上只能带走人力资本。诚然，有一些高技能的基层员工，离职时也能带走一部分技术知识，这个是很常见的情况。但是，组织知识只有中高层管理者才能带走，这是我们模型的一个假设，也是比较符合现实情况的。

如何定义企业的中高层管理者呢？当某位管理者不只有直接下属，还有间接下属的时候，我们才真正认为他属于管理层。在各个国家的职业分类里面都会提到基层管理者，也就是只有直接下属、没有间接下属的管理者，这类基层管理者不能算作管理层，他们的工作跟其下属的工作是一样的。

这个模型告诉我们：当一家企业在一个行业中有很多与它相似的竞争对手时，中高层管理者在这些企业间的相互跳槽会带来一些知识与技能的流失。比如说，在短视频领域，快手和抖音属于同类竞品，与它们相似的竞争对手还包括国外的 Instagram、YouTube 等平台，它们的组织风格类似，产品类似，核心资源的护城河并不牢固。在这种情况下，如果中高层管理者加入竞争对手企业，可能会导致对手崛起，损己利人。当两个企业的组织知识可以无缝对接的时候，这种跳槽一定能够帮助到对手。这时，企业是很有必要与中高管签署竞业限制协议的。

当企业的差异化竞争优势很明显的时候，比如像谷歌、微软、亚马逊，它们的市场定位是有差异的，且不同企业的企业文化之间也有较大的差异。这种时候，企业的组织知识或企业文化与企业的核心资源、核心产品紧密相关,无法独立存在。若中高管加入竞争对手企业,对手企业并不能从外来的组织知识中获益,所以中高管的加入只是增加了一个人手,而不能带来组织知识的膨胀和跃迁。高管没有动机跳槽,对手企业也没有动机挖人,这样的情况下其实不需要竞业限制协议。当一个组织、一个行业的内在秩序让人们不想跳槽,那么就没有必要特意设定不允许跳槽的限制,否则还会让员工感到不适。

行业的不同发展阶段会影响这个行业是否需要竞业限制协议。一个企业在不同的发展阶段需要不同的人才,对应地,行业在不同的发展阶段能够容纳的组织知识和企业文化也是不一样的。在某个行业中,如果出现了一批体量差不多,风格也比较类似的中型企业,大家在争相比拼谁先有技术突破,那么这个行业的发展属于第一类情形:行业中存在很多相似的竞争对手。当某一个行业中有一些企业已经发展成巨型的头部企业,其他的中型企业无法对其构成威胁,这时行业发展为第二种类型:行业内企业的差异化竞争优势十分明显。

此外,行业的核心资源类型,也是影响该行业是否需要竞业限制协议的一个因素。为什么在互联网行业关于竞业限制协议的法律纠纷层出不穷?这正是因为互联网行业的核心资源是无形资源,而且整个行业结构刚刚完成了从"有许多相似竞争对手"到"几家头部企业具有差异化竞争优势"的转变,适合旧的行业形态的竞业限制协议逐渐显得不合时宜,就引起了诸多争论和纠纷。最后当行业结构越来越成熟后,竞业限制协议终将被舍弃。

回到最开始的问题:基层员工到底需不需要签署竞业限制协议?答案是根本不需要。因为基层员工掌握的是行业内常见的核心技能,跳槽有利于企业之间知识和技能的流动,帮助企业查缺补漏,所以根本不需要竞业限制协议。

总结来说,行业中各企业的差异化程度,以及企业在行业中的位置,决定了它是否需要竞业限制协议。

案例 2-3

宁德时代与蜂巢能源的和解[1]

据韩国市场研究机构 SNE Research 统计,2022 年宁德时代在全球的动力电池行业的市场份额占比达到 32.6%,连续五年位居全球第一。另外一个新兴品牌——长城汽车旗下的蜂巢能源,以

---

[1] 秦艺逍:《锂电龙头不正当竞争案和解:宁德时代获蜂巢能源 500 万赔款》,澎湃新闻,https://www.thepaper.cn/newsDetail_forward_19081289, 2022-07-19。

2.5% 的市场份额刚刚挤进前十。

从蜂巢能源的角度，他们很有动机要扩大公司的市场份额，这时他们的做法是雇用了 9 位从宁德时代离职的员工。宁德时代也因此直接起诉了蜂巢能源和它的两家关联公司，指出这 9 位员工的跳槽违反了竞业限制。

宁德时代主张认为这 9 名员工违反了他们曾签署过的保密协议和竞业限制协议，要求他们每个人赔付违约金 100 万元。这个案例的核心是要认定两家公司为竞争企业关系。法院认为，虽然宁德时代的相关竞业限制协议并未将蜂巢能源列入竞业限制企业名单，但蜂巢能源的经营范围与宁德时代的经营范围高度重合，可以认定两家公司为竞争企业关系。所以法院支持了宁德时代的主张，最终两家公司达成和解，宁德时代收到蜂巢能源的和解款人民币 500 万元。

案例 2-4

王山诉万得公司竞业限制纠纷案[1]

王山 2018 年进入万得信息技术股份有限公司，双方签订了劳动合同，并在一年后签订了竞业限制协议，约定了行为期限与补偿金。2020 年 7 月，王山以个人原因辞职，并在几个星期之后，加入了哔哩哔哩，仍旧从事类似的工作。万得认为哔哩哔哩的经营范围与自己有重合，想要启动竞业限制协议。

万得先申请了劳动仲裁，仲裁委员会的裁决支持了万得的主张，王山需要赔付违约金 200 万元并返还公司支付的竞业限制补偿金 6 796 元。王山不服从裁决结果并反复上诉，终审支持了王山的主张，认为王山无须向万得返还竞业限制补偿金并支付 200 万违约金。这个案例的关键在于，考量劳动者是不是违反竞业限制协议的核心是评判原用人单位和劳动者现所在单位是否形成竞争关系。万得公司目前的经营模式主要是提供金融信息服务，其主要的受众为相关的金融机构或者金融学术研究机构。哔哩哔哩是文化社区和视频平台，提供网络空间供用户上传视频、进行交流，其受众更广，尤其年轻人对其青睐有加。法院认为，对比两家公司，无论在经营模式、对应市场还是受众上都存在显著的差别，即使是普通百姓也很容易分辨两家公司的差异。万得公司主要提供金融信息服务，哔哩哔哩显然是一个文化社区和视频平台，两者之间没有明显的竞争关系，仅以经营范围重合而认定王山入职哔哩哔哩违反了竞业限制协议限制是不妥当的。

以上两个案例经历了相似的过程，却得到了相反的司法裁判。这两个案例告诉我们，竞业限制协议的判定标准并不只是经营范围的重合，还要考虑两家企业的对应市场、经营受众、体量等因素。

---

[1]《关于为稳定就业提供司法服务和保障的意见》，中华人民共和国最高法院公报，https://www.chinacourt.org/article/detail/2022/12/id/7058013.shtml，2022-12-09.

第二节 规模性裁员

案例 2-5

想要压缩人力成本，应该裁员还是降薪？

2024 年，某大型金融公司想要压缩人力成本。企业中高层认为，裁员太令人尴尬，因此要求人力资源部门降低企业基层员工的固定薪酬水平，来达到压缩人力成本的目的。

从员工的角度看，工作责任没有减少而薪酬降低。许多员工产生不满情绪。其中，一些员工找到了其他企业的工作机会，或者发现了有吸引力的创业机会，就离开了公司。半年后，企业表现越来越差，公司管理层突然发现：员工群体中，很多能力强的都走了，而留下来的都是能力较弱的。这时才意识到，全员降薪得不偿失。

点评：裁员和降薪都能达到压缩人力成本的目的。裁员时，企业可以主动选择留下谁、开除谁；而降薪一定会劣币驱逐良币，让企业陷入恶性循环。

裁员是企业人力资源管理战略中十分重要的一环。裁员处理不当会给企业带来大麻烦。无论招聘的时候企业将员工看作人还是人手，在裁员的时候面对的一定是人，无助且痛苦的人。

建议即将和员工进行离职或裁员谈判的读者看一看《在云端》这部电影，前 10 分钟，它用一系列快镜头展示了很多被裁掉的员工的状态。这部电影的男主角是一位裁员专家，每天的工作是对被企业裁掉的人说："你被开除了。直面现实吧。"当别人在飞行旅程中和他攀谈，问他是做什么工作的时候，男主角回答："我们做什么呢？我们让地狱变得可以容忍，帮受伤的灵魂渡过恐惧之河，让他们看到渺茫的希望。"

裁员只有一种哲学，就是让破坏降到最低。对员工来说，裁员是破坏性的改变。尤其是企业裁员而非员工主动离职时，员工大概率还没有找到下一份工作，失去工作对他们的经济状况和心理状态影响非常大。做出裁员的决策很容易，但裁员的过程和后果很不容易应对。对于企业来说，大幅度的招人未必会影响股价，但是大幅度的裁员一定会影响股价，这是裁员的次生影响。同时，有研究显示，那些裁员后的幸存者工作表现下降了 20%，而且裁员 1% 会导致次年员工自愿离职率增加 31%。裁员并不会让这些幸存者更爱惜工作，反而会开始寻找新的出路，因为大幅裁员传递出的信号是企业存在问题，很多人会见风使舵，这与招聘给企业带来的影响完全相反。[1]

---

[1] Sucher, Sandra J., and Shalene Gupta. Layoffs that don't break your company better approaches to workforce transitions. *Harvard Business Review*, 2018, 96(3): 122−129.

案例 2-6

CEO 如何传递裁员的坏消息[1]

2023 年年底，Spotify 的 CEO 丹尼尔·艾克通过一封给全体员工的邮件，巧妙地传递了裁员约 1 500 人的消息，并在其中阐述了企业追求变革的理念。这封信的结构、陈述方式、详略安排都很专业。让我们来点评其中要领。

（1）邮件开头先讲经济形势不容乐观，表示企业对此也很无奈，裁员是不得已的决定。从宏观到微观的视角缩进，让员工感受到企业的无奈。

（2）直截了当地表明企业要裁员 17%，这是一个不可改变的决定。这里面使用了一个很有意思的词，叫作 "right-sized"，意思是规模合适。这个从经济学的角度看是合理的，企业的规模不是越大越好，而是存在一个最优规模，这是由企业生产函数的形式、行业的特征以及宏观经济形势决定的。而偏离最优规模的不良后果要求被裁员工来一起承担这一事实就被巧妙弱化了。

（3）感谢那些将要被裁掉的员工，认可他们的贡献帮助企业获得了价值成长，让他们感到被尊重。这部分感谢必须存在但要尽量简短，迅速转变话锋，解释为什么企业必须裁掉他们。

（4）企业在裁员时都要面临一个抉择：一次性全部裁员还是少量多次裁员？这里没有正确答案。一次性全部裁员要求企业对被裁员工的人选很有把握，不会出现误裁重要员工的情况。少量多次裁员的企业会面对在职员工人心惶惶、士气低落的情况。

（5）企业一定要表达遗憾，这是必备内容。企业尽量避免走到裁员这一步，但还是需要面对这个问题。企业最好是表达出真诚的遗憾和共情，但不要就自己的具体行为和决策道歉。在有些文化和行业氛围中，道歉代表着愿意承担一部分的责任，或者愿意共同分担负面影响，这样可能会引起后续一些不必要的诉讼。因此，在公开信中，只需要解释企业的战略，说明目前可能出现了一些没有达到预期效果的现状。

（6）紧接着要用量化的指标来表达并继续强化裁员的必要性：我们的生产力更高了，但是人均效率变低了，企业的目标是让员工真正地创造价值，而不是形成一个官僚化的庞大体系。

（7）告诉被裁员工，企业接下来的行政步骤。这有助于大家采取统一的行动，而不是每个人都用自己的人脉四处打听小道消息：接下来怎么办？我应该等什么？电话吗？邮件吗？还是直接就被拉进了人力资源主管的办公室？

（8）信里还应该包括展望未来、保持希望的内容。这部分内容的目标受众是那些留下来的员工，让他们了解企业的愿景和下一步发展。这是为了让员工明白，本次裁员行为已经结束，这种承诺可以让员工的情绪稳定下来，专注工作。公开信还可以回顾早期成功的决定性因素，比如充分利用了每项资产，每一个人都足智多谋……但现在，企业组织冗余，于是才有了裁员的结果，这是再

---

[1] EK, Daniel. An Update on December 2023 Organizational Changes. Spotify, Newsroom, https://newsroom.spotify.com/2023-12-04/an-update-on-december-2023-organizational-changes/, 2023-12-04.

次从战略层面陈述了企业规模变化及裁员的必要性。

（9）表示还会有一次 CEO 的公开视频讲话。这封文本形式的信在讲话之前可以帮助大家理解消化裁员的决定，感受其中的措辞和传递的信息。到公开讲话或者裁员面谈的时候，所有人都会更理性，减少意外面对坏消息对当事人的冲击，避免难堪的局面。

案例 2-7

诺基亚的两次裁员[1]

诺基亚曾有过两次过程和效果迥异的裁员活动，我们称之为：一次硬着陆，一次软着陆。

2008 年年初，诺基亚实现了 67% 的利润增长，但几年内，亚洲竞争对手使诺基亚的价格降低了 35%。与此同时，诺基亚德国波鸿工厂的劳动力成本上涨了 20%。对于管理层来说，选择很明确：波鸿工厂必须关闭。诺基亚人力资源高级副总裁专程飞到德国，与工厂的 2 300 名员工讨论裁员事宜。关闭波鸿工厂只要裁掉 2 300 名员工，但却让诺基亚损失了 2 亿欧元，对每位下岗员工的赔偿超过 8 万欧元，不包括抵制和负面新闻的连锁反应。这是硬着陆即不做任何软性的赔偿措施的裁员方式所达到的效果，8 万欧元基本相当于员工大半年或者一年的工资。同时，诺基亚在德国的市场份额暴跌，2008—2010 年，销售额损失 7 亿欧元，利润损失 1 亿欧元，还有种种连锁反应，负面效果很大。

2011 年，诺基亚的手机业务陷入困境，企业高层决定再次进行重组。重组涉及未来两年内在 13 个国家和地区裁员 1.8 万名员工。诺基亚实施了一项更全面和完备的裁员计划，以确保流程是公平且合理的。这项计划为员工提供了 5 种可以选择的途径：在诺基亚找到另一份工作、在诺基亚之外寻找另一份工作、开始新业务、学习新的职业技能、建立新的职业路径，相当于帮助员工规划好下一个阶段。这些针对被裁员工后续职业发展的计划，能够提高员工对裁员决定的接受度。

相比于 2008 年裁员人均 8 万欧元的成本，这次裁员的人均成本仅 2 800 欧元，节省了巨大的成本。同时，由于整体的配套后续服务非常好，有 60% 的员工在工作结束的那天就知道下一步该做什么。67% 的全球员工对该计划表示满意。在整个过程中，即将被裁的员工和幸存者的工作效率与裁员行动前持平或有所提升。在整个重组过程中，企业各个领域的员工敬业度得分保持稳定。在裁员的 13 个国家和地区中，没有发生任何形式的劳工集体行动。

一、中国式裁员[2]

与外国企业裁员的常见流程相比，中国企业裁员还有一些额外的注意

---

[1] Sucher, Sandra J., and Shalene Gupta. Layoffs that don't break your company better approaches to workforce transitions. *Harvard Business Review*, 96.3 (2018): 122–129.
[2] 《企业规模性人员调整研究蓝皮书》，资擎斯，2020.

事项。

1. 注意沟通时长，拖延只会增加隐性成本

《企业规模调整研究蓝皮书》显示，企业模型人员调整平均沟通时长为 3.3 天，其中人员调整规模在 100 人以下的企业平均沟通时长为 3.0 天，人员调整规模在 100 人以上的企业平均沟通时长为 4.1 天。其中互联网行业用时最短，平均只有 2.3 天，而制造行业用时最长，但也只有 4.3 天而已。如果某家企业在裁员沟通上花费了 1~2 个月，则说明过程中出现了问题，或流程设计有不妥之处。

2. 补偿水平也很重要

从《企业规模调整研究蓝皮书》的数据来看，全行业整体补偿水平中位值约为 N+3.1；从细分行业看，电子通信、互联网、制造三大行业的补偿金整体水平低于全行业平均水平。企业在设置补偿金时，要保证整体的大公平，减少对个体的妥协。

3. 关注舆情压力

一旦发生群体性事件，媒体关注度会比较高，会对企业运转产生舆情压力。企业需要做好舆情监控，防止公关危机。

4. 注意历史欠账

在中国，超过一半的企业在裁员时要面对"历史欠账"问题，其中社保、公积金最为突出。很多企业的社保都存在迟交的现象，包括社会经济环境波动期间，政府助企纾困的政策允许企业迟交。在这样的情况下，企业辞掉员工，要先把欠账处理好。有历史欠账的企业在进行裁员调整时，往往会比无历史欠账的企业面临更加不利的局面。根据过错补偿原则，企业通常需要选择相对更高的补偿水平。有历史欠账的企业的平均补偿水平为 N+3.8，高于无历史欠账企业的 N+3.0。企业尽量不要留下任何一种遗留问题，如果想要主动裁员，裁员谈话必须是双方最后一次正式互动。

所有的裁员过程需要管理层、法务部门、人力资源部门提前协商，集体作出决定。尤其需要法务部门的配合，给予相关人员法律建议和帮助。

案例 2-8

某地产集团的三次裁员

某地产集团在业务发展探索期需要进行战略性业务调整，开展了以部门为单位的裁员活动。2018 年下半年，公司希望裁撤 A、B、C 三个部门共计 150 余人。在确定裁员预算和方案后，公司人力资源部门分三步开展裁员活动。

第一步，裁撤 A 部门约 80 人。该事业部负责人和核心团队是一年前刚刚高薪招聘进来的。人力资源部门对负责人及其核心团队给出 2N+2 的高赔偿标准，给予其他人规定时限内 N+2 的赔偿标准，并集中宣布，限时两周离职。由于赔偿给付到位，加上限时激励，裁撤较为顺利。

第二步，裁撤 B 部门约 30 人。该事业部负责人也是一年前刚刚高薪招聘进来的。由于 A 部门的赔付过高，超出了预算，人力资源部门给予 B 部门所有人限时 N+1 的赔偿标准。由于 A 部门的赔付标准已经成为公开的秘密，B 部门员工对这种不公平的待遇感到不满，进而升级为群体性舆情事件。这极大地减损了人力资源部门的威信，同时使 15 位待裁员工长期待岗两年之久，使公司财务和形象都遭到了极大的损失。

第三步，裁撤 C 部门约 40 人。该事业部负责人是一位集团资深管理者，鉴于这位负责人在集团公司的资历，公司给了他集团内部调岗的安排（到另一分公司的另一部门任总经理）。人力资源部门对其他待裁人员也规定了时限内 N+1 的赔偿标准。早在一个月前，该负责人在了解到公司裁员决定后，就提前和部门全体员工非正式沟通了这一决定，希望能为大家提前寻找去处，并且利用自己在集团公司的工作关系，多方联系，帮助大家寻找调岗机会。通过提前沟通，这位负责人妥善安置了 60% 的部门员工。由于安置妥当、沟通充分，剩余员工也对 N+1 的赔偿没有太多异议，裁员进行得非常顺利。

综合分析三个部门的裁员工作：裁撤 A 部门虽然比较顺利，但是付出了较大的财务成本。裁撤 B 部门虽然预算较低，但是造成了群体性舆情事件，公司实际财务损失和声誉损失都很大，关键是让公司失去了威信。裁撤 C 部门的方案最为可取，一方面为集团其他业务单元输送了人才，降低了其他业务单元的招聘成本，由于这些员工熟悉了解企业文化和工作风格，也降低了培训成本；另一方面只有少数人真正通过 N+1 赔付方式离职，最大程度地降低了裁员成本。

二、裁员面谈注意事项[1]

1. 要精心做好面谈准备

面谈时间不超过十分钟，面谈地点避开双方的办公室，选择一个中性的地点，准备好裁员协议和解雇通知。关于谈话的时机，有的教材会建议周五谈，但是实际操作中，周五谈判时员工可能会说"我再想一想"而拒绝立即签署同意书。鉴于这个时间点是周五，企业可能没法要求员工一直留在公司直到完成谈判。员工会利用周末时间与律师、朋友商量对策，下周一的谈判局面可能会对企业更不利。因此，职业的人力资源从业者可能会建议周一上午谈判，用更充足的工作日时间来完成谈判。

2. 直奔主题，不要闲聊

谈话的目的是处理公务而不是聊天，传递坏消息的对话也无须过多铺

---

[1] 加里·德斯勒：《人力资源管理》，中国人民大学出版社，2017。

垫。代表企业一方的人力资源主管或者部门主管，要努力克服关于负面谈话的尴尬和不适感，以职业的态度完成谈话。反面例子的流程是这样的：从个人与企业或者个人之间的感情和共同经历谈起，再聊到企业的使命、愿景、价值观，最后说"企业不需要你了"。这样谈话会扩大被裁员工的心理落差，看似循序渐进但效果适得其反。

3. 说明情况

企业要向员工表明事实，即"过去一段时间他的表现没有达到企业的要求"，不要强调个人的问题或者缺点，重点要说明这是不可改变的最终决定。裁员谈判中最怕事情反复，拖泥带水，我们一定要想办法让这次对话成为最后一次对话。反面例子的做法是这样的：员工要求企业提出具体证据，说清楚他的哪些具体行为不符合企业要求。只要企业方列举了具体的行为和表现，员工就会说"我愿意改进""我保证不再犯错"。这样纠缠下去，裁员面谈就无法完成了。因此，当与员工交流他的负面行为时，若企业还想留下员工，谈话就要务实，但是如果想与他结束合作，这个谈话要务虚。

4. 要注重倾听

我们不能期望员工在裁员面谈结束后可以高兴地离开，所以，在我们把意图表达清楚之后，可以给员工几分钟时间，诉说他的想法，但我们不需要做出有针对性的回应，以避免争吵。给员工一些表达的时间，表达对员工情绪的理解，使员工在走出这个房间的时候是平静的，且已经接受了被裁的事实。如果员工反应过于激烈，会对其他员工和企业工作氛围产生不良影响。同时也要注意医疗或安全紧急情况，避免员工受到刺激出现安全问题。

5. 检查遣散计划中的各项内容，确定下一步计划

企业对员工接下来的安排一定要提前规划，如果可能的话，可以给予员工一些建议或资源。

第三节 关键人物出走

企业中的关键人物出走时，企业如何应对，企业管理层如何与之谈判或挽留，是集中体现管理艺术的环节。与此对应，当一个企业中的核心员工想要跳槽或者离职，如何能够顺利又体面地告别老东家，也是职场中人

的必修课。

这部分的内容几乎没有标准的流程和方法论,因此我们展示一个案例并加以点评,来给读者提供一些实践技巧和注意事项。

案例 2-9

雷厉风行的企业创始人与灰心的职业经理人[1][2]

1995 年,李玉琢以第一位从外部空降的职业经理人的身份加入华为。在他所著的《办中国最出色企业:我的职业经理人生涯》中描述了他在华为的出走事件始末。

"我接手时的莫贝克完全是华为旗下一个无足轻重的寄生企业。每年给股东的分红,莫贝克自己拿不出,只能靠华为的拨款。……从 1996 年 5 月开始,莫贝克就自己开工资了,之前的工资也全部退还给了华为。接手莫贝克不到一年,任正非完全失去了最初对我的客气和笑容。他的强势、多变、暴烈、狂热,让你心生不安的同时,又无法拒绝他的要求。不过,最终我还是认为,任正非的这些别扭的做法,积极的成分是主要的。他对我个人怎么想是一回事,逼企业尽快地独立生存可能是他的主要目的。1996 年年底,莫贝克实现了 2.16 亿元销售合同,创造了整整 5 000 万元的利润。年终总结大会上,一年的辛酸与成功的喜悦让我难以自禁,眼泪溢满了我的眼眶。另一方面,冲突也在积累着。"

"1996 年年初,一次在华为总部的七层与任正非相遇,他说:'李玉琢,你应当经常来汇报莫贝克的工作呀。'后来,他在不同场合又讲了两次'莫贝克搞独立'。他一次又一次找我谈话,先说要派聂国良来当顾问,又说要给我派一个常务副总裁。我感到这无非要监管我,或者让我当傀儡,就两次向他写信请辞。就这样,我怀着满腔热情辛辛苦苦做好的莫贝克,仅仅一年半就遗憾地交了出去。"

> **点评**:李玉琢在华为属于外来的职业经理人,他的价值观与华为的企业文化并不完全一致。因此,他做不成事,老板会不满意;做成了,又会被老板忌惮。华为拥有强势的企业文化;面对新的职业经理人、并购的公司、合作伙伴时,还有坚定的企业文化推行信念。这样的公司必然会要求职业经理人不只是管理能力强,同时还要价值观与企业高度一致。同理,这样的企业也会在校招和社招中更倾向于校招,着重培养出身平凡而靠自己的努力和专业知识崭露头角的年轻人,毕竟这一人群更能够认同并接受强势的奋斗文化和企业价值观。

"1998 年 10 月之后,我被任命为华为结构事业部总监兼合资合作部顾问。当时,电信分营已经开始,合资企业再做下去的可能性已经不大。之前我曾向任正非建议在华为应尽快实行事业部制,他对此一直在权衡利弊,今天他把这样一件事交给我,我觉得也隐含着对我的信赖。我在结构

---

[1] 李玉琢:《办中国最出色企业:我的职业经理人生涯》,当代中国出版社,2018。
[2] https://www.sohu.com/a/588232307_120023886,2022-09-26。

事业部工作了一年。真正的事业部必须独立面对市场或者单独进行成本核算，因此，说到底，结构事业部仅仅是一个探索，充其量只能算是准事业部。看得出，任正非还在犹豫不决之中。1999年年初，我开始明显觉得身体状况下降。此时，另一种感觉也越发强烈——我的逆耳忠言很难打动任正非了，预感到在华为的职业使命行将结束，于是隐隐有些退意。"

"1999年10月，又发生了一件更意外的事——在任正非发布的一长串干部任命名单中，居然有我。他任命我为市场总部新设的终端部（一个三级部门）的副总经理，并兼任下面一个小部门的经理（科长级）。这是明显的降职使用。这期间，我突然接到了利德华福投资人于波从北京打来的长途电话，邀请我出任总经理。这是一家亏损公司，但合作条件很好，总经理全权处理公司一切事务。为了表示诚意，于波还主动赠送我10%的股份，允许购买5%的股份。我答应10月底辞职，11月5日赴任。"

"11月1日，我以身体和家庭的原因，正式向任正非递交了辞职报告。为了避免见面的不快，我给他发了传真。以我在华为后期的情况，我以为辞职是容易的。当时我心里已经认定，任正非也许正等着我主动辞职呢。所以，我的计划是11月1日写辞职书，2日或3日他就会批准，4日我就可以走人，5日正好到利德华福报到。"

"但是，当天任正非根本没有理我。只有郭平副总裁来电话问我是不是闹情绪了，是不是对最近的任职有意见。我回答'都不是'。郭平说：'你不能走，你是华为唯一外来的副总裁，你走了影响不好。'"

> **点评**：李玉琢作为职业经理人，提的这个理由比较体面，而且是没有商量的余地了。要注意，如果这时以身体和家庭原因为理由辞职，后面必须坚持这种理由。
>
> 副总裁的电话并没有起到挽回的作用，李玉琢这样一位成熟职场人，被说"闹情绪"，心里肯定是不舒服的；并且高管对一个即将离职的人说"走了对企业影响不好"，也是没有任何逻辑的。

"时间紧迫，11月2日，我不得不写了第二份辞职报告。但是直到下班也没有任何回音。11月3日，迫不得已我写了第三份辞职书，大致内容与前两份差不多：身体有病，家在北京，需要有人照顾；在华为该做的事情都做完了，想要叶落归根；华为是一个高节奏的企业，我老了，不愿拖累公司。"

"11月4日，任正非终于有了回音。他的秘书打来电话：'任总约你下午1点过来。'郭平副总裁作陪谈话。任正非开门见山地问：'李玉琢，你的辞职报告我看了，你对华为、对我个人有什么意见？'我解释说：'我没什么意见，华为给了我很多机会，您也对我关照有加，我感谢都来不及呢。只是身体不行了，病了都没人给我一口水，突然死了都没人知道。'"

"'假话，我不听！'任正非很愤怒地大声说道。说完回到自己的办公桌上又去批改文件了。我与郭平尴尬地坐在那里，不知该说什么，气氛一下子凝重起来。一会儿，主管生产的副总裁周劲也赶来了，见我们都不吭声坐着，也识趣地坐下不说话。大概过了五六分钟，任正非又坐过来。这一次他坐到我的对面，口气也缓和多了：'李玉琢，如果你觉得市场总部不合适，咱们可以再商量。'然后把话头对准周劲：'周劲，你怎么把事情谈成这样呢？'接着任正非又跟我谈了一通华为的未来发展以及他个人的想法，也评价了我的人品和工作：'我们对你的人品和能力是肯定的，你在华为还有许多工作可以做。'这样的话此时已经不再起什么作用了。"

> **点评**：刚开始，老板把话题引到了他们的矛盾上。这样做很聪明，若对方开始谈对公司和老板的看法，此事就有转机了。而李玉琢也是经验丰富的职场人，无论对方如何提问，他从未提过其他理由，也就让谈判没有突破口。在谈判时切记：别人如何出牌无所谓，但是自己一定要保持立场。
>
> 老板后续的做法不甚高明。面对情绪稳定的谈判对手，自己本就是求人的一方，却表现出"对人不对事"的情绪，不会赢得谈判对手的尊敬。关于公司发展及个人理念的演讲，对所有企业一把手来说都是滚瓜烂熟的固定表演，但在这个场景中并不适用，更何况这位谈判对手作为高管恐怕已经多次观看过这个节目了。

"讲了大约半个小时，我打断了他：'任总，非常感谢你谈了这么多，但是我不想拖累华为。另外，我爱人又不在身边，我已经七年单独在深圳。'他说：'那你可以叫你爱人来深圳工作嘛！'我说：'她来过深圳，待过几个月，不习惯，又回北京了。'任立刻说：'这样的老婆你要她干什么？'我说：'她跟了我20多年了，没犯什么错误，我没什么借口不要她。'差不多谈了1个小时左右，任最后对我说：'好，李玉琢，那你先养病去吧！'"

> **点评**：这段对话是很不职业的。老板随意评论和指使员工家事，几乎已经放弃了谈判目标，只专注于宣泄情绪了。从事实性谈话转向观点性争论，也宣告了谈判的彻底失败。
>
> 李玉琢的最终决策很聪明，毕竟职业经理人和老板两个人的价值观和人际关系诉求都没有改变。只在职务任命和工作事项上调整，也是治标不治本。
>
> 如果以企业利益和工作效率为考量因素，招聘李玉琢是正确的决策，但在华为这样以企业文化驱动人才管理的企业，坚持个性的李玉琢与企业文化的冲突不断加剧，职业经理人与老板的这场合作是注定失败的。

在这个案例中，老板仅仅是在这次谈话中的表现有问题，还是存在积累已久的不信任呢？

如果老板要求员工价值观必须与企业高度一致，在此基础上才能谈业务，才能好好合作、不猜忌，那么在招聘外来高管的时候，就应当把这一诉求当作首要的筛选标准。如果前期招聘了价值观不相符的员工，招进来之后的用人过程就需要非常职业化。

第四节 劳动保护与职场公平

一、劳动保护

劳动保护包括劳动安全、劳动卫生、女工的保护、未成年工保护以及工作时间和休假制度等内容。

案例 2-10

法院关于过劳死的判决[1]

在南通法院通报的一起"过劳死"案例中,朱某丙患有基础性疾病,但朱某丙在发病死亡前曾连续超时、超强度加班,用人单位对此选择了默认。法院认为用人单位的行为存在过错,工作时间连续超时、超强度加班是导致员工猝死的原因之一,构成了违法用工,最终根据比例原则判决用人单位承担30%的赔偿责任。在这起案例中,法院的判决合情合理,在劳动者"非工过劳死"与用人单位违法用工之间建立了因果关系,为劳动者打通了一条保护自身权益的法律路径。

以往对劳动者"过劳死"进行工伤认定必须满足在工作时间、工作岗位发病或猝死等条件,但目前对于"过劳死"的认定条件已经有所放宽。现在很多"过劳死"的案例都发生在严重的加班期间或者员工在家里工作时,所以法律放宽了对于劳动合同上的工作时间限制和工作岗位的地点限制。这是国家保护劳动者的一种方式,用人单位也应该树立以人为本的管理理念,合法用工,规范用工行为,承担起作为雇用方的责任。

国家也十分重视对于新业态劳动者的保护。[2] 目前,互联网经济飞速发展,平台经济使"被个体户"现象蔓延,许多劳动者在不知情或不情愿的情况下注册成了"个体工商户"。如此一来,针对这些劳动者的福利及社会保障制度变得十分复杂,执行起来有相当大的难度,各方争议较大。2022年年底,最高法发布《关于为稳定就业提供司法服务和保障的意见》,明确据实认定用工法律关系原则。[3] 平台企业或者用工合作单位要求劳动者登记为个体工商户后再签订承揽、合作等合同,或者以其他方式规避与劳动者建立劳动关系,劳动者请求根据实际履行情况认定劳动关系的,人

---

[1] 刘俐珉:《司法判例拓展了"过劳死"的保护范围》,人民法院报,法治时评,2023-02-12。
[2] 李英锋:《识破企业的障眼法,为新就业形态劳动者撑腰》,中国法院网,https://www.chinacourt.org/article/detail/2023/01/id/7084559.shtml,2023-01-03。
[3] 《关于为稳定就业提供司法服务和保障的意见》,中华人民共和国最高法院公报,法发〔2022〕36号。

民法院应当在查明事实的基础上依法作出相应认定。

2012年公布的《女职工劳动保护特别规定》提出了16条相关规定。在人力资源管理实践中，尤其需要注意的有两方面：一是孕产期期间及生育之后的女职工职场公平及待遇问题，二是职场性骚扰问题。

1. 孕产期

在现实中，部分企业把怀孕的女高管边缘化，影响她们的职业发展，这种情况在职场并不罕见。《女职工劳动保护特别规定》明确规定了用人单位须善待怀孕、生产、哺乳期的女职工（如不得延长劳动时间、不得安排夜班、建立孕妇休息室等），也不得辞退员工。此外，还有许多较为隐性的、针对孕产期或有子女的女职工的职场公平规则，并未明文写入法律法规，但是需要用人单位自觉维护和执行。比如，孕期、哺乳期的女职工，只要工作表现优秀，应当得到公平的晋升与涨薪机会。管理者不可以基于"她未来会把重心放在家庭上"这类刻板印象，无端猜想女职工未来不会努力工作。

有些社会学或经济学的研究学者会认为，这是因为对女职工生育的社会保障不足，使一部分社会成本要由用人单位承担，但用人单位不愿意承担这一部分成本，所以会采取将孕产期的女职工边缘化的做法。在全球范围内，对女性职工在生育方面的区别对待是普遍存在的，各国仍有很长的路要走。

中国的法律对女性职工的产假天数也有明确的规定：女职工生育享受158天产假，其中产前可以休假15天；难产的，增加产假15天；生育多胞胎的，每多生育1个婴儿，增加产假15天。

2. 性骚扰

用人单位有义务预防和制止对女职工的性骚扰。职场性骚扰分为敌意型性骚扰和交换型性骚扰。敌意型性骚扰发生时，员工的处境更加艰难，他们会感受到工作环境中存在的敌意，这种敌意会逼迫他们离开。通俗一点说，敌意型性骚扰会让某一名员工因为外形或性别在工作环境中受到不友好对待，甚至被敌对、孤立，通过这样的方式把员工边缘化甚至清除出这个办公环境。利益交换型性骚扰相对来讲更为常见。根据公司程序和员工权益，被骚扰者本应得到的机会和利益，被领导、上司或同事以性要求或者具有性意味和性别歧视的言语或行为作为交换筹码，才能够得到这种应有的、本来无条件能够得到的机会和利益。利益交换型性骚扰的重点是这些机会和利益是被骚扰者本来应得的。很多国家和地区的人力资源或劳动保障部门都会发布与职场性骚扰有关的预防培训文件和案例集合，感兴趣的读者可以参阅这些资料。[1]

很多时候人力资源从业者或者企业管理层会误以为，只有发生在办公室中的性骚扰才算是职场性骚扰。然而，由于现在工作相对应的互动已经扩大到了其他社交场合，包括出差、应酬、社交软件等，且范围在不断扩大。实际上只有 1/3 左右的性骚扰是发生在办公室里的。有 25.3% 的性骚扰发生在工作应酬场所。由于出差导致的工作地点变化，有 19.1% 的性骚扰发生在工作差旅居住地或因公外出的交通工具上。另外，随着通信手段的发展，通过互联网讨论工作时发生的性骚扰行为，在所有职场性骚扰中占比 17.7%。

二、职场公平

企业应如何做到职场公平？基于实操，我们给出的简单建议是：在考虑筛选机制和决策机制（包括晋升、留用、调任）时，争取从决策加程序（程序包括筛选程序和公示程序）上，让怀疑自己被歧视的员工通过逻辑梳理打消疑虑。这需要企业管理者做到问心无愧，更要从程序和制度上让员工也认可这种公平。

前沿研究 2-1

不公正对待员工只有负面效果[2]

被管理者歧视的员工在工作中会缺乏激励，那么被管理者偏爱的员工在工作中会更受激励吗？如果被偏爱的员工更受激励的话，那么不公平地对待员工对整个企业来说，就可能有利有弊。

一项实证研究在法国的一家连锁超市开展调查，要求所有超市店长接受潜意识偏见测试，并收集超市员工的绩效信息。研究发现，歧视弱势群体的管理者会造成弱势群体绩效水平偏低，而他们偏爱的强势群体的绩效水平并没有更高。这说明，不公正地对待员工只有负面效果，而没有正面效果。

在中国，44% 的职场人认为，自己的年龄降低了他们在应聘时获得 offer 的机会。25% 的职场人认为，性别降低了他们获得 offer 的机会。72% 的职场人认为，企业管理者倾向于晋升与管理者的外貌、思想、行为类似的员工。[3]

---

[1] The New York State Department of Labor, New York State Division of Human Rights. Model sexual harassment prevention training. NY. gov, 2019.

[2] Glover, D., Pallais, A., Pariente, W. Discrimination as a self-fulfilling prophecy: Evidence from French grocery stores. *The Quarterly Journal of Economics*, 2017, 132(3): 1219−1260.

[3] 2019/2020 年瀚纳仕多元化与包容性报告，瀚纳仕，2019。

案例 2-11

残疾员工要求特殊待遇

在一家专注于新媒体内容创作的创业型互联网企业中,企业文化强调创新与团队合作,致力于营造一个包容和支持的工作环境。在企业中,有一位有手部残疾的老员工,企业也对他有额外的关照。这位员工因为家人生病,急需用钱,还需要常常请假陪护。他申请了长假,并表达了强烈的远程工作愿望,希望能够继续为企业贡献力量。考虑到他为公司服务多年,表现一直良好,公司批准了他的远程办公申请,期望他能在家中维持工作效率。

之后,该员工连续三个月未出现在公司。在此期间,他的工作表现开始出现偏差。他发布的内容错误频发,对公司业务造成了负面影响和经济损失。特别是在最后阶段,他停止了每日必须提交的数据报告,这在该企业内是比较少见的。这一行为不仅违反了公司纪律,也可能诱发其他员工效仿,形成懈怠或延迟报告的不良风气。

到了约定的复工时间,他既没返岗又没有与上级联系,仿佛突然消失。他的失联不仅给公司带来了更多的经济损失,更严重影响了团队的士气和凝聚力。当他最终回到公司并希望继续工作时,态度和表现已不如从前。鉴于这些情况,公司最终作出了辞退他的决定。

当公司做出辞退该员工的决定后,他并没有提出任何意见或进行沟通,而是选择了沉默。他做了三个举动:(1)提起劳动仲裁,要求公司赔偿,却不愿对自己给公司造成的损失承担任何责任。(2)向残疾人保护组织投诉,以此向公司施压。(3)在公司内部散播负面情绪,试图煽动其他员工离职,这种行为严重破坏了公司的稳定与和谐。

面对这样的情况,公司老板感到十分矛盾和痛心。一方面,这位员工曾是公司的得力干将,老板感念曾经一同奋斗的情谊;另一方面,他的行为严重违反公司规定,给公司带来了不小的麻烦。最终,公司还是决定给予他一定的赔偿,且没有追究他给公司带来的经济损失,希望以此平息争端并安抚其他员工情绪。

点评:在这个案例中,该企业雇用有残疾的员工,做到了职场公平。而该员工利用了企业的宽容,工作表现变差,违反公司管理规定,对企业造成了各方面的负面影响和损失。企业为了息事宁人而赔偿这位员工,对他过于宽容,又偏离了职场公平。

员工由于个人原因提出特殊请求是一种常见的人力资源管理风险。面对这样的风险,企业可以提前做两方面的准备:(1)建立预防性沟通策略:这包括明确沟通预期、设定清晰的工作目标和检查点,以及定期的进度回顾。在员工提出特殊请求时,启动预先制订好的沟通策略,可以减少随机应变带来的管理行为不一致或偏差。(2)建立风险评估流程:对于任何可能影响公司运营的人力决策,运用固定的风险评估流程,来分析问题、预测潜在风险、制订应对策略。

三、年龄歧视

在企业人力资源管理的活动中，许多培训和晋升机会，常附带年龄限制。比如，只对 35 岁以下的员工开放的培训机会，只考虑 40 岁以下的中层晋升机会，等等。然而到了从候选人名单中选择晋升对象时，高管们的讨论又常常是"他今年才 33 岁，你看那 ×× 都 39 岁了，今年再不评他，他就没机会了"。长此以往，所有人在未达年龄上限前都是陪跑选手，而所有人都实际上只在接近年龄限制时那一次评选中，真正有机会在企业中更上一层楼。规定年龄上限的制度本是好意，希望企业资源向青中年骨干倾斜。高管讨论人选时也是好意，希望所有员工都有机会，一碗水端平。但是这样的组织做法，到底激励到了谁呢？恐怕每个人只有接近年龄限制前的那几年会努力工作，来让自己唯一的有效评选机会能够更稳妥地转化为个人利益吧。

四、性别歧视

针对某一性别的歧视在职场中最常见。其中有些管理者的做法，看似是考虑到员工在生活中的责任和基于性别刻板印象而提前"体谅"员工，为员工安排的工作任务，或者越俎代庖做的职业发展决定，其本质仍然是不职业（代替员工做了本该由员工本人做的决策）和不公平（决策是基于对员工性别的刻板印象而非尊重其本人观点）对待员工的行为。

另外，性别歧视有时容易形成群体性效应。比如，在以男性为员工主体的行业，女性员工和女性管理者无法得到平等的尊重和对待。在以女性为员工主体的企业，同级别的男性高管比女性高管得到更多尊重和服从。再比如，在以女性为主的团队中，员工之间与工作无关的社交话题和活动主题会被刻意地转向男性较难参与的内容（明明是周五下班后的同事聚餐，但是被称为"女士之夜"），使男性员工在团队的社交氛围中被边缘化。在团队分配任务时，男性员工的专业素养被忽略，只因其在身体素质方面的性别优势，就被要求负责团队里对体力要求最高的任务，因此失去执行脑力要求高的任务的机会，无法展示本人能力以获得领导赏识。

性别歧视与传统文化中的性别不平等交织在一起，对不同年龄、成长环境、受教育水平、职业经历的人的职场行为有不同程度的影响。职业的管理者应当时时反思、自查，多问一问自己：如果对方是另一种性别，我还会这样想 / 说 / 做吗？

前沿研究 2-2

为了跻身管理层，女性不得不具备男性社交特征[1]

这项实证研究聚焦新加坡上市企业的女性高管人员，探究她们为了跻身董事会，会做怎样的努力。

高尔夫球是典型的具有社交属性并带有以男性为主的性别标签的运动。研究发现，当女高管距离进入董事会只有一步之遥时，许多人都会开始学习打高尔夫球。如果女性想要成为高管，她要采用很多行为上的信号来向大家表达：我避免了女性特征的处事方式，我拥有男性的社交能力和特征。因此，许多女高管选择了高尔夫球来展示这种特点。当然，这是女高管顺应了两种固化的观点（企业对女性特征的管理动作的歧视，以及人们对高尔夫球以男性为主的刻板印象），利用打高尔夫球来传递"我和男人一样有实力进入董事会"的信号。

关于高尔夫球的作用，傅莹在《大使衣橱：外交礼仪之旅》一书[2]中介绍，她学习打高尔夫球的初衷是为了外交。最初，她去参加重要谈判时，是自己埋头做好准备工作后直接上谈判桌，但是多方谈判时她发现自己根本挤不进其他国家外交人员之间仿佛已经熟稔且达成了初步共识的对话。后来她发现，在正式谈判前，重要的谈判方代表们经常已经在其他的社交场合（例如打高尔夫球时）开展了前期对话。因此，傅莹也开始找专业教练学习打高尔夫球，她也通过高尔夫球教练与其他外交官熟悉起来。如果外交官预见到这场谈判会十分剑拔弩张，他们就会想办法先与谈判对手的主要话事人约一场球，这样能够在一定程度上缓和矛盾。打高尔夫球时，双方也许会感受到最开始的几个球非常有敌意。而后面聊一聊、走一走，就会慢慢形成共识，球也打得越来越友好，彼此也能够从运动的互动中感受到与对手之间的关系变化。

回到这项研究，如果女高管马上要跻身董事会，她在这时开始打高尔夫球，会发生什么情况呢？她进入董事会的概率能够提高116%。而在男性主导的行业，这个效果会更加明显，概率能够提高158%，相当于提高2.5倍。但值得注意的是，研究发现这种手段只在大企业有效，在小企业是没有作用的。这也侧面印证了女高管打高尔夫球只是释放信号，展现管理者特质，而不是真的在某一项竞技体育方面去跟男性竞争。在大企业里，跨部门的中高管之间非工作互动较少，除了企业系统中已知的过往工作表现，正式述职答辩上的表现之外，只能通过这样的信号来判断晋升人选的为人和能力。而在小企业里，同事们和上下级之间互相认识，所以这种信号的作用就消失了。

另外，近年来，一些欧洲国家出台政策，要求企业管理层和政府高层职务上的性别比例必须是1∶1。已有一些学术研究证实，这种强制比例的做法对企业发展和政府效率都不利。我们鼓励企业和企业管理者考虑性别公平，在职场决策中专注于员工的工作能力和能够创造的价值，并忽略员工性别传递的与工作无关的信号和刻板印象。但是，我们不鼓励企业过分聚焦形式上的政治正确，为了达到企业公平性的形式正确，而采用僵化的制度要求，这会牺牲企业利益。

---

[1] Agarwal, S., et al. Playing the boys game: Golf buddies and board diversity. *American Economic Review: Papers and Proceedings*, 2016, 106(5): 272-276.

[2] 傅莹：《大使衣橱：外交礼仪之旅》，中信出版社，2021。

前沿研究 2-3

初创团队性别构成影响企业表现和规模化后的员工群体[1]

一项基于奥地利创业企业数据库的实证研究关注创业企业的员工性别比例。很多初创团队会认为，员工性别比例是企业规模化时期为了企业声誉才需要考虑的问题，而初创企业只关注核心成员能力、绩效，企业团队能否合作，企业能否存活即可。研究发现，如果初创企业第一次招募员工时女性员工比例过低，对企业有两方面影响：从短期来看，企业幸存概率下降。这说明，初创团队的性别构成对团队产出和企业表现有直接影响。从长期来看，企业发展过程中，直到规模化时期，都会继承初创团队的性别构成。等到企业已成规模，再想要扭转行业内其他员工对该企业以男性为主的印象，就需要刻意纠偏，实施倾向女性的招聘政策。这样会带来许多行政成本，急迫招募的女员工能力偏弱，在职的男性员工心里也会感到不平衡。因此，企业应当在初创阶段就注重考量员工的性别构成，这对企业短期和长期都有好处。

六、自然偏见[2]

相较于年龄或者性别这样显而易见的歧视因素，自然偏见更加隐蔽，也更需要通过制度来约束。自然偏见指管理者倾向于优待与自己的外貌、思想、生长环境、性格和行为风格类似的员工。在招聘员工时，有些面试官倾向于招与自己在主观问题上观点有共鸣的候选人。这时应该区分这一主观问题是否与企业文化、专业领域、工作方式有关。如果有共鸣的话题与工作没有直接关系，面试官本人就应当克制这种倾向，一起参与面试的人力资源部门同事也应在注意到面试官的这类行为规律后私下主动提醒。

在管理已入职的员工时，自然偏见较重的管理者，往往对自己所处的工作环境比较没有安全感，才希望用优待"自己人"的方式，在工作中得到更多的安全、稳定和支持。管理者的这种倾向一旦被员工发现规律，精明的员工就会刻意从外形和着装、生活方式、个人观点方面表现与管理者的相似，以拉近距离，获得好感和优待。

---

[1] Weber, A., Zulehner, C. Female hires and the success of start-up firms. *American Economic Review: Papers and Proceedings*, 2010, 100(2): 358−361.
[2] 《2019/2020 年瀚纳仕多元化与包容性报告》，瀚纳仕，2019.

第三篇
组　织

- 组织是个人和群体之间展开协调行动的系统。[1]
- 管理者的时间定义了企业规模的边界。
- 组织核心资源类型决定了组织架构类型：无形资源使用扁平化管理；有形资源使用垂直化管理。
- 管理者公开赏罚员工，会导致强者在团队中被孤立。
- 组织架构与权力分配的核心是寻找权力与责任、风险与利益的最佳配置，这是一个动态的过程。
- 每个管理动作就是管理者手上的一张牌，牌要一张一张地打，才能与员工形成可持续的关系，并在关系中掌握主动权。

---

[1] March, J. G., Simon, H. A. *Organizations*. John Wiley & Sons Inc, 1993.

第三章
组织架构和权力分配

  组织是将多个独立的人按照合理的结构形成团体，并用这种结构指导个人产出如何组装成团体产出。组织中的个人各有能力，为了团体产出作出贡献。组织设计与管理的目标是将个人贡献集合起来，形成尽量高价值的团体产出。一个企业、企业中的一个部门、部门中的一个小团队，都是不同规模的组织。企业中各层级的组织架构和权力分配都会影响个人贡献到团体产出的转化效率。

  在第一节中，我们首先聚焦组织的形成，探讨组织为何存在、何以存续，然后探讨组织架构的设定及其特性。在第二节中，我们探讨组织中的权力从一把手分配至各个层级的原则和方法。在第三节中，我们探讨已成形的组织如何更好地抵抗风险。

第一节 组织架构的类型

前沿研究 3-1

组织的核心资源类型决定了适用的组织架构类型[1]

1. 一个组织由什么组成?

组织的存在基于它独一无二的价值。这种价值来自某种核心资源。接下来将围绕两个方面展开讨论:组织中的个人更愿意从属于一个组织,使用组织分配给他的核心资源,还是更愿意占有他使用的那一部分核心资源来形成独立个体或新的组织展开呢?

组织架构直接体现权力与责任的划分。企业通过组织架构确立的三种机制都与核心资源有关。

第一种机制是核心资源的使用权。如果组织将核心资源的使用权过多地分予员工,被员工背叛的概率就会变高。员工可能掌握了核心资源后带走资源另立门户。如果组织不允许管理人员及员工接触核心资源,那么核心资源能带来的所有价值都要经由企业一把手产生,这会造成企业的生产效率低下。一把手的时间被大量消耗在运营核心资源上,没有时间统筹管理企业,也没有精力思考企业的战略发展,企业规模难以扩大。因此,这一机制需要解决组织效率与组织稳定性之间的取舍。取舍方案决定了企业的内部结构、发展速度、最终规模。本节将围绕这个问题提供分析思路和解决方法。

第二种机制是使用核心资源创造价值的专业化。随着企业深耕于某一领域,企业中的人才职业技能、团队行业经验、企业在行业中的地位都会越来越专业。这种专业化能够帮助企业在市场上站住脚跟,进一步吸引人才、资源和客户,最终在某一细分领域形成较为强势和稳定的商业地位。专业化程度高的企业对员工来说是高质量的平台和环境,也能够吸引员工从属于企业。因此,这一机制需要解答组织靠什么存续以及组织如何发展。

第三种机制是创造出的价值的收益权。企业生产环节的终端是企业产出作为商业社会中的产品出售而换取的财富。财富在企业的投资人、企业、员工之间的分配方式也影响着企业对个人的吸引力。假如企业的生产主要依靠员工的脑力劳动而给员工的物质回报却极少,员工就会考虑从组织中独立出来,以获得更高的回报率。因此,这一机制需要解决组织利益到个人利益的对应关系。[2]

2. 什么是核心资源?

企业的根本是某种资源的垄断使用权。这种资源可以是商业灵感、客户关系、技术或工具、管理方法和服务特色。商业灵感是最常见的核心资源;对一百人以下的小企业来说,少数几个大客户

---

[1] Rajan, R. G., Zingales, L. The firm as a dedicated hierarchy: A theory of the origins and growth of firms. *The Quarterly Journal of Economics*, 2001, 116(3): 805−851.

[2] 详见第四篇相关内容。

就能养活一家企业，因此客户关系是他们的核心资源；大部分高新技术企业的核心资源都是新技术或者新工具；像海底捞这样的品牌的核心资源是它独特的服务（而巴奴毛肚火锅这样的竞品企业的核心资源实际上是它的产品）。

3. 两种最基本的组织架构类型

最基本的两种组织架构类型是垂直和扁平。企业中常见的其他结构，比如大型企业常见的矩阵式管理、稻盛和夫倡导的阿米巴经营模式，都是垂直与扁平的反复堆叠。接下来的讨论可以应用于整个企业的组织架构设计，也可以应用于企业内的某个具体部门或分公司。组织架构设计，在庞大组织的各个层级和部门都可以分别探讨及决策。

（1）垂直化结构。

垂直化结构如图 3-1 所示。E 指的是 Employer，是雇主；M 指的是 Manager，是管理者。图中展示了一个 5 层的组织。在这样的组织中，E 将核心资源分配一部分给 M_2，M_2 再分配一部分给 M_3，层层向下；M_5 将大部分作为组织利益上交给 M_4，并留下一小部分作为自己的个人利益，M_4 再次将大部分上交并留下一小部分，层层向上。

图 3-1　垂直化结构示意图

这样的组织架构的优势在于：组织将职位权力赋予管理层，使管理者可从企业收益中获得固定回报，因此，管理者可以安心在某一领域提高其专业化程度。这是一种集体主义导向的、各管理层齐心合力把蛋糕做大的思路。让我们聚焦 M_5 来思考，他是否乐意组织扩大规模，即增加一个 M_6 作为他的下属呢？他一定是乐意的，因为增加他的下属并不影响他分得的核心资源总量，而多了一个人帮他干活以从核心资源中获利。

这种组织架构的主要风险来自高层管理者对核心资源的掠夺。让我们聚焦 M_3 来思考他在当员工还是自立门户之间如何抉择：当员工的话，M_2 会分给 M_3 的核心资源由 M_3 带领其下属产生收益后，M_3 只能留下一部分，而其余要上交给 M_2。当老板的话，M_3 带走 M_2 分给他的所有核心资源，然后与 M_4 和 M_5 形成一家新公司。他仍然可以从同样体量的核心资源中获利，而无须再向上"交租"。因此，M_3 背叛组织比留在组织的收益更大。

由于这个抉择的核心是两种方案给 M_3 的物质激励总量，而最符合组织利益的方案与最符合个人利益的方案不一致，因此，这种利益冲突被称为"激励相容性问题"。如果企业担心这类风险，就不得不尽量将核心资源的使用权向高层集中，或者减少企业层级，这样垂直化程度就很难纵向发展了。由此可见，激励相容性问题限制了垂直化组织的规模。注意，同样的讨论可以应用于每一个管理层级，所以这类企业的每一位管理者对自己的每一个下级都有同样的担忧。

（2）扁平化结构。

扁平化结构如图 3-2 所示。雇主 E 下有 n 个平行的管理者 $M_1 \sim M_n$，每位管理者下面还有各自的团队。在这样的组织中，E 将核心资源分配给 n 位管理者，而 n 位管理者利用核心资源获利后，再分别将小部分留下作为个人收益，大部分上交给 E 作为组织收益。为了简化接下来的讨论，

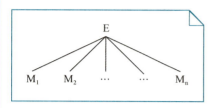

图 3-2　扁平化结构示意图

我们假设核心资源在管理者之间是平均分配的，即每位管理者分得 1/n（不平均分配的场景中，此逻辑和结论仍然成立）。

这种组织架构的优势在于：核心资源被分割成极小的部分交给每一位管理者，这样下级拥有的资源对上级不构成威胁。下级拥有的职位权力很少，这使得在行业中或组织中，每一位管理者都感受不到自己专业化程度带来的垄断性话语权，因此专业化程度带来的优势全部归企业而非企业中的个人所有。

让我们聚焦 M_n 来思考，他是否有动力从组织中独立出去，成立一个规模很小的作坊呢？他一定是没有动力的。他只能带走 1/n 的核心资源，只靠 M_n 的专业化程度也无法形成垄断性话语权。这部分核心资源能为小企业带来的价值以及 M_n 能够得到的个人利益，会远低于留在大企业中，利用这个平台对核心资源的高度整合以及平台的垄断性优势所带来的价值和利益。另外，即使 M_n 表示"就是乐意自己当老板"而不在意个人利益的损失，那部分核心资源也可能倾向于舍弃 M_n 而回头去与 E 合作。因此，核心资源无法持续与扁平化组织中的个人绑定。

这种组织架构的主要问题来自管理者是否看重个人利益。让我们聚焦 M_n 来思考，他是否乐意组织扩大规模，即增加一个 M_{n+1} 来作为他的平级呢？在扁平化的组织中，平级之间合作频繁，人员变化必须得到在职员工的支持，才能让扩大后的组织运转顺利、合作愉快。如果核心资源总量不变，增加一个平级人员，就意味着人均占有的核心资源减少。与原来相比，个人分得的资源和收益要减少，M_n 当然不会乐意增加新的平级成员。这也是为什么在扁平化的组织中，如果让中层领导去招聘一个与自己平级的同事，他们最后大概率会说："我看了许多的候选人，他们都不合格。"其实是现有的中层自己不愿意。由于这个抉择的核心是两种方案给 M_n 带来的个人收益差距，而最符合组织利益的方案与最符合个人利益的方案不一致，因此，这种利益冲突被称为"个人理性化问题"。

如果企业想要说服管理者接受组织规模扩大，仅用新增的核心资源来保持或提高这 n 位管理者中每一位分得的核心资源量是不够的，这是因为他们还是会想要通过反对新增管理者来获得更大的个人利益。因此，如果企业一定要增加平级管理者的人数，只能通过改变核心资源使用量与个人收益的比例，出让更多的企业利益来换取其他管理者的同意。用这样的思路扩大组织规模，会将投资人和企业的组织利润越削越薄，需要投资人不断烧钱来扩大扁平化企业的规模。

由此可见，个人的理性化程度限制了扁平化组织的规模。注意，同样的讨论可以应用于每一位管理者，所以这类企业想要扩大规模的话，需要说服所有管理者才行。

4. 核心资源类型决定组织架构类型

表 3-1 帮助读者确定对于两种组织架构该如何选择。首先，确定企业所拥有的核心资源是什么，并分析核心资源属于什么类型。然后再以此决定适合的组织架构。核心资源可以分为有形资源和无形资源两类。资源所有权受物权法保护的，就是有形资源。而资源所有权被剥夺后，无法使用法律手段夺回所有权的，就是无形资源。

表 3-1　组织架构对比

核心资源类型	有形资源	无形资源
适合组织类型	垂直化	扁平化
原因	所有权已由物权法保护	所有权很难由法律保护，例如人力资源
适用行业	寡头垄断行业 例如汽车制造业	竞争性行业 例如咨询业、法律服务业
对待资深员工	老员工价值高 职位升迁以论资排辈为主	老员工没有特殊价值 员工之间可替代性强
组织扩张速度	慢	快
管理层获利方式	管理层通过核心资源的使用权获利	获取下级员工的人力资本收益（得到晋升成为管理层后，再次获取新的下级员工的收益）
忠诚	每一级员工的忠诚都不能保证 下一级员工不会带走企业的资源	当管理层对企业忠诚，下级没有与企业竞争的动机

当核心资源为有形资源时，组织可采用垂直化结构，这是因为物权法保护了核心资源所有权，企业将核心资源分给员工使用时，不必担心资源被员工据为己有。这种组织架构常见于寡头垄断行业，如汽车制造业。中国的国企、央企中，核心资源归国家所有，因此不论行业属性如何，都可以采用垂直化结构。在这样的组织中，为了长期维护稳定的垂直化结构，老员工价值很高，职位升迁以论资排辈为主。这种组织的扩张速度较慢，只有当核心资源总量增加，基层员工忙不过来时，组织才会给他们配备下属，使组织层级增加一层。管理层通过核心资源的使用权定期获利。企业中，每一级员工的忠诚都不能保证下一级员工不会带走企业的资源，因此这类企业的企业文化往往强调忠诚。

当核心资源为无形资源时，分给员工的核心资源都可以被员工以合法形式带离企业，单独成立公司，从这部分核心资源中获利，因此企业应采用扁平化结构，使每位员工能够掌控的核心资源很少。最常见的无形资源就是人力资源。这种组织架构常见于竞争性行业中的公司，如咨询公司、法律服务公司、互联网公司等。在这样的组织中，由于单个员工的垄断性专业化程度较低，老员工在组织中没有特殊价值，员工之间的可替代性很强。这种组织的扩张速度就是无形的核心资源增加的速度。比如，当企业获得更多人才，企业规模自然也就扩大了。再扁平的组织，高管人数也不会太多，而高管对应的下属会非常多。高管通过获取下级的人力资源获利，而以后年轻员工（从 n 个下级中脱颖而出）得到晋升成为高管后，会再次获取新员工的收益。因此在扁平化的组织中，当高管对企业忠诚时，他们管理的下属就没有背叛企业、与企业竞争的动机。

现实中，我们会看到一些从京东、阿里巴巴、腾讯、百度等大企业离开后自主创业的人。但是大企业对此毫不担心。这是因为大企业前员工能够掌控和带走的核心资源很少，即使创业成功也不会变成大企业的对手。有些前员工创立的企业会成为大企业核心领域中的供应商，以乙方的身份继续服务于老东家。

另外需注意，核心资源的类型是可以通过法律手段来调整的。我们举两个例子。

（1）企业要求核心员工签署竞业限制协议，就是一种使人力资源从无形变为有形的尝试。中国目前对企业使用竞业限制协议少有限制，就使有些以人才为核心资源的企业，通过大范围签订竞业限制协议的方式管理核心资源。然后，这些企业就可以在企业内部采用垂直化结构管理企业了。

（2）有些集产品研发、制造、销售于一体的企业为了激励销售人员，允许销售团队单独成立公司，成为总公司的下游企业；同时让总公司专注于产品的研发和制造。此举将客户资源这一有形资源变为无形资源，允许员工带走资源。从"企业的客户＋销售人员的薪酬"这样与垂直化结构对应的利益分配模式，转向了"企业从产品中的分成＋销售公司的利润"这样与扁平化结构对应的模式。这时，企业可以再引入其他营销公司与原公司分出去的销售团队竞争，打开产品的销路。

案例 3-1

企业组织架构的合理性和稳定性

这是一家企业信息化服务公司，组织架构如图 3-3 所示。公司的主营业务是针对企业的数字化需求，定制化设计信息化系统。在企业创立之初的 10 年中，它用每年 1 000 万元的运营资本撬动了近 4 亿元的销售额。企业效仿华为的合伙人制，每年将近 2/3 的利润分给持股员工。公司以每年翻一倍的速度发展，员工也获得丰厚回报。但这家企业最近遇到了一些问题：核心员工从企业出走，创立了同类的新公司，与该企业形成了竞争关系。企业的创意和业务拓展方式等管理技术被复制，还造成了客户流失。这时企业没有核心应用能提高垄断权。

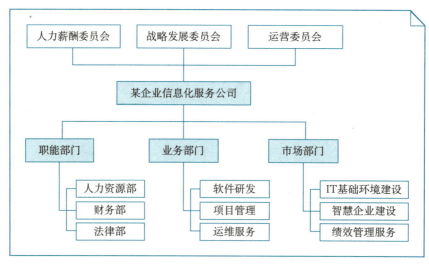

图 3-3　企业信息化服务公司组织架构示意图

请思考：这家企业的问题出在哪里呢？

从整体的组织架构来说,这家企业采用垂直管理,但是它的核心资源类型是无形资源,核心资源类型和组织架构类型没有对应。

关于组织稳定性的分析有一个固定的套路:首先,确定企业的核心资源类型。其次,根据核心资源类型选定适合的组织架构。本案例公司以无形资源为核心资源,如果进行垂直管理,基本上每一个已经培养成熟的部门分出去都可以成为竞争对手,如果几个部门都这样做的话,整个企业将面临很大的挑战。所以,正确的做法是进行组织架构的调整,根据核心资源类型选择扁平化管理方式。

在此,我们介绍一个判断企业组织架构稳定性的小技巧:当我们拿到一个企业的组织架构图时,试着用笔在图上圈出一个小企业来。这个小企业应该满足两个条件:

(1)这个小企业应当包含这个大企业中能够产生核心价值的人才和资源。其他职能部门(如财务、人力、行政)或者其他非核心部门(如采购和品宣)可以后期再配备。需要注意的是,如果这个大企业所属细分领域中,客户资源并非核心资源,那么在圈出小企业时,也不需包含销售部门。

(2)这个小企业与大企业的整体组织架构之间的连接点只依靠1~2位管理者。如果你能够成功在图上找到这样的小企业,那么这个企业的组织架构就是不稳定的。对图3-3来说,核心部门是业务部门,如果业务部门主管想要单独成立公司,只需另外招募职能部门和1~2名销售人员即可。因此,这家企业的组织架构不稳定。

案例 3-2

律师事务所的组织架构

律师事务所的组织架构是扁平化管理结构的典型例子。其中,管理层由合伙人组成,合伙人根据权力和分配的等级不同分为无限权益合伙人、有限权益合伙人和工资制合伙人。员工则是律师和行政人员。

(1)律师的九个级别:律师事务所内的律师分为初级律师、中级律师和高级律师,每个级别之内又细分为A、B、C三个子级别,每年可以根据工作完成的情况以及考核的情况晋升。

(2)从员工到管理层的晋升:律师经历过这九个级别后,可以申请晋升为工资制合伙人,由无限权益合伙人来投票决定是否可以晋升。

(3)在管理层内部晋升:类似地,由工资制合伙人晋升为有限权益合伙人,再由有限权益制合伙人晋升至无限权益合伙人,均由无限权益合伙人投票决定。

(4)团队结构:由于法律服务行业的细分领域越来越专业化,律所根据无限权益合伙人所擅长的领域分为不同的业务组。每个组都由擅长该领域的无限权益合伙人牵头,这位无限权益合伙人是团队的核心管理人。在无限权益合伙人下面有若干有限权益合伙人、工资制合伙人和律师。每个业

> 务组内部都非常扁平化,在律师层面的可替代性非常强。客户和案源大部分掌握在无限权益合伙人手中,部分在有限权益合伙人手中,少量在工资制合伙人手中。当合伙人组成的管理层对律所忠诚,没有带着团队离开的想法时,下面的律师不会有与合伙人或者律所竞争的动机。

企业并购后,总公司如何从人力上掌控新的分公司。根据我们访谈过的企业案例,从总公司向分公司派遣管理层时,一定要指派一个团结的、效忠于总公司的领导班子。这个领导班子应当包括:CEO,前台部门高管,部分中台部门高管,部分后台(职能)部门高管。其中,职能部门整体分为人力、法务、财务三个大的方向。若分公司的核心资源为人才,则人力部门高管要由总公司派遣;若分公司的核心资源为有形资源,则财务部门要由总公司派遣。若只派遣 CEO 的话,很容易被老资历的高管班子架空,阻碍并购后的企业融合。

第二节 权 力 分 配

一、分权、放权与授权

权力的分配和组织的活力息息相关。分权、放权和授权听起来是非常相似的词,但实际上有区别。辨析这三个概念有利于管理者在企业实践中准确地调整组织中的权力分配方案。

分权是企业的战略,是长期的决策,涉及组织架构和企业文化的调整。分权是将权力和责任分散到组织的各个层次,使每个部门或个人能够更好地掌握自己的事务,更好地满足客户的需求,提高效率和质量。在企业中,CEO 的管理风格就决定了他们想要的分权程度。

放权是企业中管理层的战术,是相对稳定的,旨在提高组织的效率和灵活性。放权是将权力和责任从一个管理层面下放到另一个管理层面,以便更好地利用和发挥下属的才能和能力。放权不会改变下属的职责和权力,只是赋予更多的自主权。

授权是管理者面对具体事项的决定,可以是临时性的,通常是为了应对特定的任务或情况而进行的。授权是指授予下属某些权力或权限,以便他们能够独立完成一些任务或决策。授权需要在一定程度上放弃管理者的控制权,但是授权者仍然保留最终决策权。

前沿研究 3-2

企业分权程度与总公司所在地有关

分权是战略层面的决策。一项实证研究通过采访美国、欧洲、亚洲的 4 000 家企业，证实了分权是一种长期的、与地域有关的战略。[1]研究调查了这些企业从 CEO 到分散在各地的工厂经理之间的分权程度，发现分权程度取决于企业总部所在地区的社会资本，即当地人们彼此信任的程度。彼此越信任，就越能集中力量办大事。这是除了人力、物力之外，依靠社会产生的第三种资本力量，因此被称为社会资本。

研究者向不同国家的受访者提问：在你周围的人当中，你是不是觉得大部分人都值得信任？然后统计各个国家有多少的受访者认为周围大部分人值得信任。另外根据各企业去中心化的投资、招聘、生产、销售决策程度量化定义企业的分权程度。

对于周围人的可信任程度与企业分权程度这两个指标，各个国家的员工反馈有明显差异。对大部分国家来说，对周围人的信任程度与企业的分权程度成正比。其中，关于中国企业的调查结果与整体规律不太一致，中国人对周围人的信任程度很高，但是中国企业的分权程度不高。这里面的具体原因，我们在关于放权的前沿研究中会展开讲解。

这项研究发现，企业总部（注意，是总部）所在地区的社会资本越强，企业的分权程度越高。这是因为信任有助于企业内部资源的灵活调配，还能使效益水平高的分公司获得更大的发展空间。

这项研究告诉我们，企业的分权程度是企业扩大规模的结构变革基础；而人们彼此的基本信任感是整体的社会资本。在社会资本强大的国家中，企业分权会比较顺利，而分权程度高的企业，发展速度更快，生产效率更高，最终将有益于国家的经济发展。

前沿研究 3-3

不肯放权的老板定义企业规模的边界[2]

一项基于 15 个国家的企业问卷的实证研究通过分析企业的权力分配，来探究为什么发展中国家的企业生产效率偏低。研究者发现，哪怕在技术水平相同的情况下，发展中国家的中型以上的企业仍然效率较低。

研究发现，这些企业的管理方式落后，没能分散企业的决策权。要知道，100 人以上的企业运营复杂度高，就需要基于规则进行管理，以激励企业内的高效协作。然而，这种符合企业利益的变革方向与发展中国家的企业老板行事风格产生了冲突。这些老板习惯于高度集权，独自做所有重要

---

[1] Bloom, N., Sadun, R., Van Reenen, J. The organization of firms across countries. *The Quarterly Journal of Economics*, 2012, 127(4): 1663−1705.

[2] Bloom, N., et al. Why do firms in developing countries have low productivity. *American Economic Review: Papers and Proceedings*, 2010, 100(2): 619−623.

决定,甚至独自与核心客户维持关系。当一个企业的老板习惯如此时,当这位老板忙到极限,这家企业的规模也就达到了极限。正如我们之前反复强调"管理者的时间定义了企业规模的边界"。这些老板为何无法放权呢?在实践中,有些老板也曾尝试聘用职业经理人,然后自己只作为主要的资方,坐稳董事长的角色。在这种尝试中,大部分老板都无法适应职业经理人主导做企业决策的情形,害怕被分权并架空,从而失去对企业的控制力。这种尝试往往以失败告终,老板又重新兼任董事长和CEO。研究还指出,放权不充分的企业在发展中国家多以家族企业的形式存在,即使经营不善,也有家族成员维持企业,直至完全瓦解。因此,这类企业的存续时间较长,降低了经济体中企业优胜劣汰的迭代速度。

实际上,对于企业来说,有利的做法是形成"不效忠于某一个人,而是效忠于组织"的内部氛围。但对于老板来说,要迈出这一步,下放权力、理解下属是很难的。企业员工服从职业经理人的决策,常常会被老板理解为员工"转向效忠于职业经理人",因此才产生了这样的不适应和恐惧。老板在谈到人力资源管理时,会强调"希望企业的中高层可以更有主人翁意识",而不是除了老板的其他员工都把自己当作普通打工人。然而,这些老板没有意识到,自己从权力分配的心理预期方面,并没有准备好通过放权来让核心人员从工作感受中产生主人翁意识,也没有从心理上准备好应对具有主人翁意识的员工的自主决策行为。

近年来,中国的一些家族企业开始用更理性的态度对待放权问题及家族中的二代接班问题。一家传统制造业企业的一代创始人在家族中寻找接班人时,着重考察管理能力和思想格局,真正从对企业长期有益的角度思考问题,而不是仅考虑对自己个人和直系后代有好处。最终,他选中了侄女作为主要接班人来培养。由于两代人之间年龄差距较大,这位创始人找到一位职业经理人作为第二代管理者暂时托管企业,然后将侄女作为第三代管理者培养。这样的解决思路和实际做法都值得家族企业学习。

在企业的日常运营中,最常遇到的决策问题是授权。常见的工作对话大概是这样的:"领导,项目下一步这么做可以吗?""你负责这个项目,你拿主意就行。""领导您有经验,您还是看一看进展,您拿主意吧。"这样的对话里面,为什么上级将决策权授权给了下属,下属仍然不愿意做决策呢?这是因为企业面对内部和外部环境中的不确定性,员工做决策意味着员工要为这个决策负责,不确定性带来的风险也就要由员工来承担。授权的本质是将决策权对应的风险下放给下属。我们用一项研究为例来探讨,什么样的情况适合授权,什么样的情况适合集权。

前沿研究 3-4

员工决定操作,管理者只看结果[1]

这项理论结合实证的研究以建设工厂为场景探讨授权问题:一个来自A国的企业老板想要新建

---

[1] Prendergast, C. The tenuous trade-off between risk and incentives. Journal of Political Economy, 2002, 110(5): 1071−1102.

两个工厂。其中一个工厂要设在 A 国，而企业老板对 A 国如何建厂的行政手续、可能的风险、各环节的成本、执行每个环节应该找怎样的公司或者团队都非常熟悉。另一个工厂要设在 B 国，企业老板对 B 国建厂的手续、流程、可能的合作商一无所知。老板要从两地各聘用一个项目主管来负责建厂事宜。核心问题是：老板与两位项目主管的劳务合同中，权力、责任、薪酬，应该如何设定？

首先，我们先设想两个不同的合同，再思考合同与具体 A、B 两地项目主管之间的匹配。

合同 1：项目主管拥有较大的决策权。那么在这个合同中，项目主管应该对决策负责。

合同 2：项目主管拥有较小的决策权，大决策需要向企业老板汇报，由老板来拿主意。在这个合同中，应当明确，老板决策后的进展和结果中的不确定性，都由老板负责。

显然，合同 1 的薪酬应当比合同 2 的薪酬高。这是因为，合同 1 要求项目主管承担的风险比合同 2 多。

然后，我们来思考：老板应该给 A 国的建厂项目主管哪一个合同呢？老板对 A 国建厂的过程非常熟悉，老板做决策，负责人承担风险的成本较小。因此，A 国项目主管应该得到合同 2。B 国项目主管来自 B 国当地，对本国建厂的过程比老板更熟悉。B 国项目主管应该得到合同 1。在合同 1 中，老板可以强调对结果的详细诉求（也就是工厂要达到什么样的标准），而不对过程汇报做太多的要求。合同 1 的薪酬水平是老板根据工厂的成品设定的价格，而不是根据整个工作过程设定的。如果 B 国项目主管在当地人脉资源丰富，有能力以更低的成本完成建厂任务，并确保工厂符合老板的要求，那么他利用信息和知识的不对称，为自己赢得了更多个人利益，这种利益是合理的。

案例 3-3

清朝的选官任官制度[1][2]

雍正六年（公元 1728 年），有官员向朝廷建议，将萌发于明代的"冲繁疲难"制度与选官任官制度结合，被朝廷采纳。

制度对各个州县的政治经济地位做了四个维度的标记：(1) 冲，指州县位于交通要冲。(2) 繁，指州县政务多而繁杂。(3) 疲，指州县经常拖欠税负，财政呈疲态。(4) 难，指州县民风狡猾强悍，较难治理。一个地区在四个标记中占几项，就是该地管理难度的一种量化评级。四项俱全的地区被列为"最要"，兼三项被称为"要缺"，两项为"中缺"，其余所有地区合称为"简缺"或"常缺"。

制度对各级别州县的官员任命做了分别的说明。

---

[1] 张轲风，戴龙辉：《清前期"边缺"与边疆治理述论》，网易，https://www.163.com/dy/article/G0K3FAVF05438Q4K.html，2021-01-18。

[2] Liu, K.Z., Zhang, X. Discretion, talent allocation, and governance performance: Evidence from China's imperial bureaucracy. SSRN, 3813754, 2023.

1. "最要"和"要缺"地区

（1）道员、知府等高级官员，由吏部开列候选人名单，由皇帝确认名单后任命。

（2）同知、通判、知州、知县等中级官员，由该省督抚于属员中拣选补授，即"督抚题补"制度。

2. "中缺"和"简缺"地区

（1）所有中高级官员均由吏部月选（每个月的25日，吏部列出所有空缺职位和当时没有任命的官员，在天安门外掣签决定什么人任什么官）。

在这次制度改革之前，所有的中高级官员任命都是用月选制度完成的，这很容易造成能力弱的官员被派往管理难度大的地区，或者管理难度高的地区的督抚与随机派来的官员合作不顺畅等问题。

点评：这项改革有两个亮点。第一，将空缺职位按照难度分类，保证将能力强的官员派往管理难度大的职位。这是人才与职位在合理排序后的有效匹配。第二，对于管理难度大和地位重要的地区，由皇帝集权任命高级官员，并赋权当地封疆大吏任命中级官员。这兼顾了团队合作经验与当地办事经验带来的管理效率，和皇帝直接任官带来的政权稳定性。

（2）在此基础上，清朝还有一项"俸满优升"制度，规定不论官员的辈分高低、资历深浅，只要满足历俸年限（各地根据官缺情况规定年限，缺人的地方年限较短）即可升迁。实职官员由地方高级官员在公文中举荐进行转岗或补缺，虚职官员遇到官缺则不必遵循常规的晋升节奏，立即择优晋升。

这项制度打破了论资排辈、循例推升的常规，加快了人才短缺严重地区的官员升迁速度。这是针对高风险地区官员的额外激励机制和优惠政策。

案例 3-4

律师事务所的权力分配

在上一节中，我们介绍过律师事务所的组织架构。这种扁平化的管理结构，对于像律师事务所这样的无形资源占主导的组织来说，是一种很好的管理模式。但是，在同一个律所内不同的业务组之间却有着明显不同的效果。有些业务组发展得越来越好，业务、人员、收入都越来越多。而有些业务组却逐步萎缩，导致组内的律师看不到向上发展和晋升空间，于是人员离职现象也很严重。

同样的制度在同一家律师事务所的不同业务组团队中，为什么会发展出截然不同的结果呢？最主要的区别是，业务组的核心管理人（此人必是无限权益合伙人）是否愿意放权。有的组中，核心管理人独自管理和维护客户，在具体业务上也是亲力亲为。他们对下面的有限权益合伙人和工资制

> 合伙人不信任，害怕客户被分走。核心管理人忙到极限，没有时间和精力再去拓展新的客户和业务，那么业务组的规模也就到达极限了。在一些发展很好的业务组，就可以看到，组里的核心管理人对于有限权益合伙人和工资制合伙人非常信任，愿意将客户和项目交给他们去管理和维护。这样核心管理人就可以有更多的时间和精力去开发更多的业务和客户，这样业务的规模就越来越大，形成了良好的循环。
>
> 为什么有的核心管理人会愿意信任下属，不害怕客户被分走呢？主要原因是，这些核心管理人本人开拓新客户和新项目的能力极强，这样的核心管理人的核心技能是开拓市场、做大蛋糕，而不是完成项目。因此，这样的核心管理人带领团队的业务和人员规模就会不断扩大。

二、向上管理：企业中层管理者在组织中如何自处

大部分员工辞职不是对工作不满，而是对老板不满。员工甚至会悄悄吐槽："知足吧领导，就你这管理能力，我还来上班就不错了。"这说明，员工与企业的合作破裂往往是上下级互动不愉快造成的。因此，在每个人的职业生涯中，向上管理老板与被下级向上管理都不可忽略。向上管理的核心是让上级为员工的成效、成果和成功提供资源。这些动作不是出于私人利益，而是为了让组织减少摩擦和内耗。

员工真正能管理的只有老板对员工的期望值。这种期望建立在员工给老板提供的安全感上，而老板的安全感来自"凡事有交代，件件有着落，事事有回音"。员工汇报的要点并不是每一个任务完成的节点，而是定期地与老板同步，任务被解决到了什么程度。当员工和老板建立足够强大的信任机制，老板就更愿意授权和交付重大任务，员工对老板而言就愈来愈有价值，因此员工就变得不可替代。

要知道，老板不会因为员工做他们喜欢的事情而支付报酬，而是因为他们做了正确的事情而支付报酬。在企业中，老板大都是对的，因为老板掌握的信息更多更全面。这导致上下级之间存在信息不对称。因此，事实上管理者没有义务向下属解释自己的决策理由，而只需要下属相信他的决策是有道理的。

你可以用这个思路来思考如何与上级相处，也可以用这样的话术来鼓励下级与自己建立良性的关系。

三、权力与责任、利益与风险

组织架构与权力分配的核心是寻找权力与责任、风险与利益的最佳配置，这是一个动态的过程。明确合理地配置权力与责任、利益与风险可以减少组织运转中的摩擦。拥有权力就必须承担相应责任；责任就是对集体

利益的得失负责；个人利益要与集体利益挂钩；承担风险可以获得利益补偿。想要个人与组织能够协调行动，就必须做好组织管理，也就是必须做到权、责、利、风险在每个核心的个人层面上是完全匹配的。

以上讨论对理性的人和组织都是成立的。但是，我们也注意到有些倾向于追逐权力的人可能会犯一个错误：为了拥有权力本身而追求权力。同理，当企业管理者在企业中识别出这种人时，就可以为他们在企业中设一些虚职。对虚职都十分渴望的人关注的是权力本身，而不是对应的利益。

你也许会想要反驳：很多老板有一些副业的职务，这些职务对他们有什么好处？聪明的老板一定会让所有的职务都可以为他们输送利益。为了得到权力而去争夺权力，本身是没有意义的。

四、管理动作的使用顺序和时间节奏

在企业中遇到管理上的摩擦很常见，我们希望管理者在遇到管理困境时，可以冷静下来，仔细分析每一个管理动作的适用性，然后依次按合适的时机使用这些管理动作。要记得，每个管理动作就是管理者手上的一张牌，牌要一张一张地打，才能与员工形成可持续的关系，并在关系中掌握主动权。

比如，有一位员工的工作表现不符合企业要求，管理者在单独处罚他之后，需要观察该员工的工作表现是否有改善，还应该观察其他员工在看到这次处罚后会如何改变工作行为：是了解到管理者的包容边界而产生更多擦边行为，还是受到警示而工作更加小心谨慎，抑或对此无动于衷？

实践中，大部分管理者并不能够预测出员工的反应。因此，他们就需要在管理动作上循序渐进，注意管理动作的使用顺序和时间节奏。具体来说，使用顺序上，先进行单独处理，若无效再采用制度化的整体改变；时间节奏上，要先看到前一个管理动作对当事人和旁观者的作用效果，之后再决定是否采取下一个动作，以及采取什么动作。

若发现其他员工还在效仿，可以再次尝试加大惩罚力度。还不奏效的话，再考虑修改激励制度。同理，当员工为企业做出巨大贡献时，也不必急于调整激励机制，而应该先直接奖励员工。等一段时间，看看其他员工是否认为这种贡献是可复制的（即作出贡献是因为努力，而非幸运），是否愿意效仿。若这种贡献的可复制性很强，且企业未来一段时间都希望员工努力效仿，此时再考虑将贡献与奖励的关联形成制度。

第三节 | 抗风险的组织

组织的稳定性从宏观上取决于整体的组织架构和权力分配。从微观上，组织的稳定性也取决于具体的人力资源配置。企业在进行人员规划（招聘的准备工作）时就会考虑，怎样的配置能够提高企业的稳定性。在运营过程中，人力资源部门及各部门高层也应思考，企业是否对某些个人和团队过分依赖。

前沿研究 3-5

管理重心从人转向工作产出[1]

近年来，线上办公变得越来越流行。在此情况下，企业以及市场对人才的核心技能有怎样的需求转变，管理风格又有什么变化呢？我们发现，根据居家时间持续的长短，不同企业的反应有所差异。我们的研究问题是：居家时间较长的地区内，企业人才技能需求有哪些变化？

通过分析国外的招聘广告数据，我们发现了三种方向的变化。

1. 管理风格

对员工的管理方式从上级对下级的监管转向了员工的自我管理。企业对管理者的人员管理能力要求下降，对全体员工的性格要求下降，而对员工的自我管理能力要求提高。这说明，在混合办公、灵活办公为主的工作环境当中，人际关系的重要性下降了。企业从人才的自身素质和自我管理能力出发，来判断员工在无监管状态下的工作效率。当大量企业都希望员工可以有自我驱动的工作激励时，对整个劳动力市场来说，人岗匹配度的重要性也就随之提高了。

2. 工作流程

部门之间、地区之间的工作流程都在简化。过去，跨国企业不同国家的分公司之间交流可能需要依赖翻译人员，生产部门和销售部门沟通产品需求和交付时间可能需要项目经理从中协调。现在，随着外语技能和行政技能以及一般化的社交技能的提高，企业中部门之间的沟通可以省去那些复杂流程，变得更加简单高效。简化后的工作流程要求专业人才具备跨专业沟通的社交技能，只有这样才能完成任务对接。从人才需求角度，这种变化一方面使复合型人才需求大涨；另一方面，当复合型人才供不应求时，企业可能退而求其次，要求原有的专业人才具备跨部门沟通的专业技能。

3. 专业技术技能需求升级

已经普及的技能在招聘时不再用于筛选核心人才。远程办公促使大部分员工具备了基本的计算

---

[1] Gu, R., Zhong, L. Effects of stay-at-home orders on skill requirements in vacancy postings. *Labour Economics*, 2023(82): 102342.

机技能。由于基本计算机技能已经非常普及，企业在招聘中提出人才技能需求时，更倾向于要求员工具备一些计算机的专业软件技能，而不是像 Word 或者 Excel 这样的基础软件。同时，由于线上办公以及混合办公的趋势增强，经济的规模化效应（economies of scale）使有些行业（比如教育行业）的人才需求下降。另外，远程教育的规模化效应也使这些技能更容易掌握，最终造成了劳动力市场的技能升级。

各种职业居家办公的可能性有所不同，劳动力市场中的职业类型可以按照"能否居家办公"进行分类。对无法居家办公（如制造业、建筑行业）和完全可以居家办公（如计算机、法律、教育行业）的职业来说，人才技能需求没有太大的变化。大部分的人才市场技能需求调整集中于那些部分任务可以居家完成的职业。对于这些职业，人才市场对他们的基础计算机能力和教育能力需求降低，但是对他们的行政以及语言沟通能力需求提高，自我管理能力的需求也提高。所以，企业管理人才的整体思路是：让那些部分任务可以居家完成的职业提高远程办公的可能性。也就是说，通过调整技能要求，让这部分员工更大比例的工作任务是可以在家完成的。如此，当缺乏线下办公的条件时，企业就可以调动更多的员工居家办公，提高特殊时期的人员利用效率。

按教育背景要求区分职位，可以将职位分为：初中或高中学历、本科学历、研究生学历。从人才市场对受教育水平的需求差异来看，我们发现：（1）对于没有受过高等教育的人才，企业不再期待他们具备很多高阶的、通过工作经验而获得的专业技能，而只是希望他们可以承担工作中的辅助性任务。（2）对于受过本科教育的人群，他们所受的影响不太大，企业对他们的专业技能要求提高，人员管理的需求下降，这是因为企业对于本科学历人群的定位是执行技术类的专业任务，只要求他们具备职业化的沟通能力即可，负责项目与流程的运行和管理。（3）对于有研究生学历的人群，他们所受的影响是非常小的。人才市场对他们的管理技能和科技专业技能的需求有所提高，而对社交技能的需求下降，这是因为有研究生学历的人才会被企业直接放进两类工作角色中：一类是管理者（而且是以管理人才为主），第二类是专业技术很强的技术专家（只负责技术，不需要他们具备社交能力）。这种招聘风格的变化，启示我们在无法举行正常的线下笔面试、试用时，可以依赖员工的教育和工作背景，直接对员工进行模式化的职位定性和分类。这可以让企业在非常时期得到更多的安全感，让组织更稳定，提高抗风险能力。但是同时，这对社会来说是不利的，这是一种基于教育背景的职场阶层僵化。

管理者的管理技能分为管人、管流程和管项目。我们发现，2020 年以来，企业对管理层管理人员的技能需求下降，管流程和管项目的技能需求上涨。因此，我们认为职场发生了结构性转变，管理的重心从以人为中心转向以工作内容为中心，这也意味着更大比例的劳动者被当作了"人手"而非"人才"。这与最近几年各个行业的集中化活力（industry concentration）降低是同样的道理。

当政治、经济和社会环境波动时，企业总要思考如何制订一个可以抵抗风险的人力资源策略。主要的人员风险是人才的流失。如何分析并测试组织对人的依赖性呢？首先，企业应分析风险来源。风险的来源可能是经济社会人文环境，也可能是人力资源的流动性，抑或是企业内部的管理因素。当面对人才流失风险时，要对风险的产生因素做一些分析，分析要素包括具体发生什么样的事件，事件发生的概率以及可能带来的后果。近几年，企业的人力资源管理需要考虑的风险往往是突发事件，概率虽小，但是影响巨大。应对策略是要首先做好人才的储备，这属于事前准备；事后，要运用团队分担风险，用合同进行约束。[1]

当我们在事前进行企业人员流失风险评估的时候，要进行四个步骤。[2]

第一步，监测风险事件。分析可能影响企业用工的政策变化和突发事件的类型，并分析这些事件会影响企业的哪一类人才。

第二步，识别风险的来源。从企业中找出与风险来源相关的员工，比如，国际关系或外交关系的变化可能会影响外籍员工的人才流失。性别和年龄同样是常见的风险来源因素。另外，教育背景也可能是风险来源因素，我们可能面对的风险是国家监管条件的变化，比如要求某一类职位必须拥有某些职业证照才可以上岗。

第三步，诊断企业的抗风险能力。从整体上，要将风险来源同质化的员工分散到企业运转和生产的各个环节，这样可以保证企业整体的流程运营管理比较稳定。

第四步，测试风险抵抗力。测试的思路是检验当部分员工无法到岗的时候，企业能否正常运转。测试的具体做法可以是，向一位或者一组员工提供一个较短的假期，然后测试从团队到整个企业，在缺少这一位员工或者这一组员工时，盈利效率、利润率和工作效率下降了多少。如果我们发现企业因此无法运转，那就要培养储备人才来降低企业对这一些员工的依赖程度。也可以适当调整组织架构，为关键职位上的管理层和核心技术人员提供副手、助手或临时负责的替代人选，当正职员工缺席时，可以由副手来接任，保证组织的顺利运转。如果我们发现企业的生产和盈利速度大幅度下降，要识别这一类员工的风险来源，分散分布与他风险来源同质化的员工，确保这一风险的来临不会中断整个企业的运转。这一测试最好的结果是，无论如何企业的运转效率都没有打太大的折扣，只受到少量的影响，说明企业的稳定程度较高。

这部分内容的核心是要告诉读者，企业应当有意识地测试和观察企业对每个具体员工的依赖性，在依赖性较高的职位上多培养一些储备人才。对于企业高层，安踏采取联席创始人、联席 CEO 的策略，[3]华为设置轮值

---

[1] 郭辰希：《企业人力资源管理风险控制探析》，合作经济与科技，2015 年第 17 期．
[2] 罗帆，佘廉：《企业人力资源危机的预警管理》，工业工程与管理，2003 年第 4 期．
[3] 辛晓彤：《安踏史上最大人事调整："双 CEO"能否解决增长难题》，新浪财经，https://www.sohu.com/a/632499940_120814277, 2023-01-29．

董事长,[1]这些举措都是在提高企业的抗风险能力,保证内部的稳定性和整个企业运转的稳定性。这样使企业只要有核心能力的人坐在那个职位上发号施令或安排工作即可运转,而并不依赖某一个特定的人。

---

[1] 任正非:《一江春水向东流》,华为,2011.

第四章

团 队 管 理

  在企业中,团队管理的第一步是将团队任务分配到个人,并对应地将团队绩效分解成个人绩效。这个步骤的核心是分配与统筹,在执行中将不同的员工当作独立个体看待。我们将在第一节中讲解分配的方法和实践技巧。

  团队管理的第二步是要充分考虑团队成员的社会化互动,分析互动中对企业有益和无益的部分,再合理地调整团队管理制度来提高团队效率。我们将在第二节中介绍关于团队成员互动影响团队效率的前沿研究和企业实践。

第一节 团队管理方法

前沿研究 4-1

将工作任务分类可以建立有效的风险应对机制[1]

当团队接到一项复杂的、需要协调团队成员才能合力完成的任务，如何保证团队任务到个人任务的合理分配，再从个人产出到团队产出的有效整合呢？当团队缺乏管理者的时候，团队中的每个人都希望得到其他成员的配合，也都被要求配合他人工作。当两个人之间需要双向协调时，极有可能由于协作不顺导致合作失败。因此，无论任务如何分配，团队领导如何管理，团队协作的核心是将双向协调简化为单向协调，来最大限度地保证协调成功。另外，当一个新的任务或者一种新的意外情况发生时，我们希望团队能够敏捷而稳定地处理突发情况。然而，考虑到管理者精力有限，我们希望团队任务的执行可以不依赖管理者来分配任务和调度流程，用团队自治代替人为监管，节约管理成本。我们介绍一种团队任务分配思路，来达到这个目的：在规划单向协调时，先将任务和人才分类，再分别制订执行任务的规则和协调的规则。

对企业中的一个团队来说，它得到的各种任务之间，必然有一部分共性。但如果高层分配任务不当，使某个团队得到的新任务，其每一个细节步骤都是这个团队不熟悉、没经验的，那么团队管理者应当拒绝这样的陌生任务。每个团队任务中，应当还会有一些个性化的部分，或许是针对客户需求，或许是针对当时的内外部环境，这部分任务是无法直接将过往经验拿来用的。例如，有时团队需要面对工作场景中的不确定性，意外情况发生后，团队任务执行过程中需要做的调整也属于团队任务中的个性化部分。用这样的思路，我们可以先将团队任务拆解，分为核心工作任务（团队任务中个性化的部分）和辅助任务（共性的部分）。

辅助任务的执行可以提前设计好标准作业流程（standard operating procedure，即 SOP），分配给团队成员中的专才或经验较少的初级人才。辅助任务执行人负责严格执行 SOP，让自己的行为和产出完全可预测。辅助任务执行人能够向团队其他成员提供协助而不需要其他成员协助他们。这部分任务和人才都可以提前反复训练，或者将一些专业度极高的人才放在这种职位上，使其熟能生巧。因此，辅助任务的训练与执行是团队任务或意外事件开始前的保障机制。

核心任务的执行基于沟通和协调，适合分配给沟通能力强或综合技能强的复合型人才。核心任务执行人负责对团队任务中的个性化部分作出反应，尽量将非标准化的任务转化为标准化的任务，再交接给辅助任务执行人。核心任务执行人可以要求辅助任务执行人提供各种标准化的工作产出，以配合自己的工作，但不需要参与辅助任务 SOP 的执行过程。因此，核心任务的随机应变是意外

---

[1] Dessein, W., Galeotti, A., Santos, T. Rational inattention and organizational focus. *American Economic Review*, 2016, 106(6): 1522-1536.

事件发生后的主要调节工具。

在规模较大的企业，尤其是互联网企业中，由于没有实现流程化管理，往往会花费很多时间在双向协调需求上。从扁平化的敏捷灵活的创业团队逐步扩大到新兴行业企业，这是常见的历史拖累。而很多传统行业企业的作业流程相对复杂，在梳理作业流程时，会建立企业中台来大规模推行流程化作业。当建立了一个规模化的、独立于各个业务部门的企业中台之后，中台承担了大量的辅助任务，而企业前台可以专注于核心任务。这样，企业的运转效率更高。并且，由于企业的核心产品需要中台与前台部门配合才能产出，前台部门内部生产环节不全，中台部门缺乏市场知识和客户资源，这两个部门都没有脱离企业单独成立公司的动机，因此这样的组织架构更稳定。

这样的任务分配方式还可以降低企业对人才水平的要求，节约人力成本。这是因为，只有复合型人才有能力执行双向协调（比如团队中有经验的前辈会被管理者用来在各个项目之间穿梭，来回"灭火"）。而人才市场中，复合型人才稀缺且昂贵。在上述的任务分配方案中，辅助任务执行人只需要专才而不需要全才。通过这样的方案招募少量全才和大量专才，团队的整体人力成本就降下来了。

这样的任务分配方式看似很符合直觉，但在实践中的应用常常不够充分。比如，很多团队管理者会让团队中的唯一的实习生或职场新人打杂，给所有有经验的团队成员四处帮忙。也就是说，这个新员工的工作产出会影响多个项目的进展，而且他的产出往往是其他人工作所需的原材料。那么，一旦这个新员工的工作产出质量整体欠佳，就会影响很多项目进展和其他员工的工作效率。对于这样的新员工，应当安排他全职参与某一两个相对不紧急的项目，给他机会学习新技能，同时控制好他对团队产出可能的影响。再比如，小型团队的管理者会自己承担核心任务负责人的角色，但是在其他员工执行辅助任务时，又忍不住对他们进行监管、培训和辅导，还沉浸于员工具体技能提升带来的成就感中。然后顾此失彼，不能及时对意外突发情况作出反应。在这时，管理者应当将调度员和教练员这两个角色出让其一。有时候，每个项目由一位资深员工担任核心任务负责人，将统筹调度的责任和压力分散到不同的资深员工身上，比团队管理者一个人扛下所有责任，效果会更好。

一个团队中员工能力参差不齐是很常见的情况。管理者如果简单地将任务平均分配给员工会出现两方面问题：一方面，由于员工工作能力有差异，他们感受到的工作量仍然会是不均等的。员工根据自己感受到的工作强度判断管理者是否公平，而且初级员工很可能会抱怨管理者分配任务时没有考虑到他们能力有限。另一方面，由于初级员工的工作产出数量和质量都较低，管理者不得不让资深员工再去帮忙和收尾。这样导致资深员工承担了大部分的工作，而初级员工却可以有意示弱来得到更多帮助，结果资深员工越来越累，初级员工却丝毫没有进步。

应该让初级员工做什么样的工作任务呢？从上述前沿研究提供的思路可知，首先要减少初级员工执行任务过程中必须与其他员工协调的步骤。工作技能弱的员工，往往职业沟通技能和职业素养也弱，从工作内容衔接到沟通过程中都会有较大摩擦。另外，要尽量让初级员工执行对流程要求较多的任务，给他们机会学习和练习工作技能，让他们先成长为合格的辅助任务负责人，再参与核心任务。对于初级员工，管理者应当主要抓执行过程，这样才能规范他们的办事流程，帮助他们提升能力和工作效率。

另外还需注意一个细节：对执行流程要求多，不是说在任务执行过程中通过监管提出要求，而是尽量提前规范流程，减少项目进展中对流程进行复杂烦琐的管理的情形。

案例 4-1

团队管理中的有效授权和高效团队

一家拥有百年历史的制造业家族企业，历经几代人的传承，规模和领域都越做越大，员工多达数千人。企业在多年的管理中沉淀出一套管理模式，旨在达到吸引、激励人才的效果。他们的团队管理方式包括以下三个方面。

1. 权、责、利一致

在团队中向每位员工分配任务时，需进行五个步骤：说明工作任务的个人目标和个人任务贡献于什么样的组织目标，界定工作范畴，宣布工作对应的个人绩效和奖励，给予任务所需的资源，让员工承诺将会承担相应责任。

2. 团队保持高效的办事风格

企业内奉行的组织文化包括：组织利益高于个人利益，要追求高效益，部门之间和团队之间互相借力、发挥各自的比较优势。另外，团队遇到问题时，团队成员应当集体直面问题，勇于承担责任，而不鼓励员工之间互相推卸责任。

3. 在企业内设立团队层级的评奖机制

在上述两个方面执行得好的团队可以得到团队奖励。

点评：当企业达到一定规模，通过严格的内部工作流程和规范来管理员工是不充分也不够灵活的。小微企业（50人以下）尚可以靠人来管理，中型企业（51～299人）就需要靠制度管理，大型企业（300人以上）还需要用企业文化来管理。企业文化管理除了从宏观（整个企业）到中观（小团队）都遵循的办事风格、奖励机制之外，还纳入了微观（个体员工）管理的细节要求。

要注意，若大型企业对个体员工进行大量的微观管理，大部分员工的注意力会偏离企业利益，对企业发展不利。当企业里面可做的高价值任务变少，企业无法用员工产出来衡量工作表现时，为了维持原有的绩效管理体系，企业只能用更多的员工动作指标（比如上下班打卡、工作总结等）来衡量绩效。这是经济下行期的常见误区。

案例 4-2

团队中的优秀员工有改不掉的坏习惯,该怎么办?[1]

在销售团队中,有的销售人员会习惯性地过度承诺。要知道,有些订单本来很难谈下来,当销售人员愿意过度承诺时,他更有可能签下这些订单。也就是说,过度承诺这个坏习惯是因,销售业绩好是果。

向客户过度承诺会带来许多不良后果:(1)过度承诺能够帮助销售人员更轻松地签下高额的订单,但是有可能存在后续无法兑现的风险,影响企业的信誉。(2)为了兑现过度承诺,业务部门将承受很大的压力。

过度承诺给企业带来的长期影响弊大于利。首先,从企业在行业中的定位角度看,一家企业并不是要赚这个市场中的所有客户的钱。它在同行业的企业中,应当有其明确的定位,其大部分订单的利润率应当在一个具体的范围内。企业不断在这个利润率区间内提高其专业化程度,形成差异化优势,垄断该区间内的主要市场需求,也就是业界人士说的"垂直领域"。以这个思路去看那些通过销售人员过度承诺才能达成的订单,它们恐怕超出了企业本该专注的市场范围。其次,在企业内部,其他销售人员观察到这位员工的行为后,可能会效仿。尤其是在上述具体案例中,坏习惯和优秀绩效形成了因果关系,意味着这种高绩效也许是可复制的,容易引起模仿。当企业中许多销售人员都这样做,企业在行业中的利润率区间下限降低。一方面,企业内的资源总量相对固定,那些本属于企业核心目标的客户能够得到的服务质量下降。另一方面,企业品牌质量受损,高端客户可能会转向同行业的其他企业,这就是业界人士说的"市场下沉"。

企业应该如何处理这样的员工呢?我们先从人力资源管理角度介绍两种解决思路。

(1)如果销售人员手握重要资源,可以为他配备副手,慢慢接管核心资源。在这个过程中,如果副手受到其影响或者开始模仿过度承诺的行为,可以将副手开除以儆效尤。

(2)必须以保证企业形象为先,不可过度拖延对这类销售人员的处理时机。企业形象是伴随企业长期存在的,是符号化的。如果等到事态严重后再开除,可能会给人留下企业"卸磨杀驴"的坏印象,不利于挽回企业形象。

企业管理者还可以考虑以下五个解决方案。

(1)加强监管,通过流程监督,如果发现过度承诺就在奖金上惩罚。

(2)请业务部门配合,让销售人员与业务部门进行对接。

(3)设置底线,如果触碰底线就开除。

(4)考虑到某个人对组织的重要性(比如手握资源),如果情况不是特别严重可以睁一只眼,闭一只眼。

(5)考虑制度设计,每笔销售都以基本固定的制式合同为准(合同分制式和备注两部分,某些

---

[1] 本·霍洛维茨:《硅谷资深创业家:我靠这三步招到真正的优秀人才》,HR 转型突破,2016.

特殊要求可以在备注中体现），员工的过度承诺是无效的。

这些方案对应的人力负担、行政管理负担、部门协作负担各不相同。在企业具体应用时，可以分别估算成本，择优采纳。人力资源管理的核心是在尽量不增加企业成本的同时，提高企业收益，所以我们要提醒读者，上述五个方案中的方案（1）、（2）、（5）是运用管理成本置换了行为不妥的员工带来的销售和企业商誉成本。

案例 4-3

当团队任务中有大家都不愿意做的任务，该分给谁？

这是一个美国高校中发生的真实案例。在美国高校中，系主任一职以行政服务责任为主，并无薪酬变化或学术利益。系主任负担的学术和行政管理职责极其繁复。在很多大学中，教授们都非常想逃避这个任命。因此，大学开启了系主任轮岗制度，一个任期少则三年，多则五到十年。即便如此，轮岗时，教授们仍然会互相推脱，这可怎么办呢？一所大学的数学系教授们，用密封竞价的拍卖形式来处理这个问题。每位教授在密封的信封中放入一张支票，上面写明自己为了逃避系主任职务最多愿意付出多少钱。由于信封是提前密封好的，教授们没法通过偷窥其他人的出价来降低成本并同时逃避职务。集齐所有教授的信封后，大家一起拆开所有信封。出价最低的教授是全场最不嫌弃系主任职务的人，他会被全系教授推举为下一任系主任。同时，所有人的支票都归他所有，他可以去银行兑换支票，这就是其他教授对他做出的现金补偿。

第二节 | 团队管理中的员工互动

大部分人力资源管理的教材中，并没有员工互动方面的内容。这部分内容是学界和业界近些年才开始关注的话题。这种将团队看作一个社会群体的思路，能够帮助企业优化许多初衷很好却效果欠佳的管理制度。这是因为绝大部分制度都是针对个人制定的，但是这些以个人为作用对象的规则，会受团队内部互动的干扰，产生一些次生效果。我们希望发生有利的次生效果，但很多时候这些次生效果会降低规则的有效性，所以我们只能在制订规则的时候预判次生效果，之后对次生效果持续关注、定期评估，再对规则做出相应调整。

前沿研究 4-2

榜样可以刺激整个团队[1]

企业中总会评选优秀员工,这是因为企业希望优秀员工可以激励整个团队。

将高绩效员工和普通员工放在同一个团队中,可能会出现两种情况:(1)搭便车效应,即团队任务主要由高绩效员工完成,其他员工在摸鱼;(2)正面的外溢效应,即优秀员工的高绩效与其他员工的低绩效水平形成了鲜明对比,低绩效员工因惭愧而主动提高了工作产出。我们希望看到第二种情况。

在实践中,究竟哪一种情况会占上风呢?一项研究以美国的超市收银员为研究对象,用实验探究,如果在一组收银员里面加入一名工作效率特别高的收银员,会发生什么情况。

高绩效员工加入团队之前和之后的其他员工平均绩效水平如图 4-1 所示。图上横轴是时间,加粗纵线代表高绩效员工加入团队的时间节点。研究发现,高绩效员工加入团队后,该团队的平均工作效率会先升高,再稍有回落。最终的长期效果均值高于高绩效员工加入前的水平。

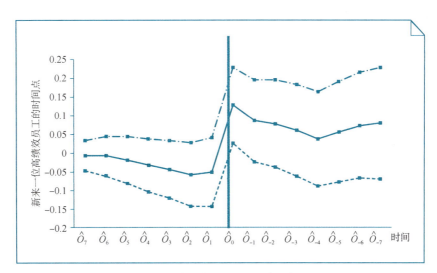

图 4-1 高绩效员工加入团队引起的其他员工累计表现变化

以图 4-1 为例,请读者记住图上显示的员工反应随时间变化的整体形态。这种形态在"制度或环境变化对人类行为的影响"这类研究中特别常见。它展示的规律是:当制度或环境发生变化的时候,大家会出现应激反应导致行为变化。之后出于惰性,行为变化量会减少,也就是环境变化的影响力会减弱。在企业实践中,改变环境需要行政成本,因此在考察制度变化的影响效果时,要以短期干预的长期效果为主要关注点。在企业管理中,如果只有加强管理才能产生影响,而回到原

---

[1] Mas, A., Moretti, E. Peers at work. *American Economic Review*, 2009.

来的管理方式就故态复萌,就必须认真计算加强管理的成本与收益,来决定是否永久性改变管理制度。

回到这项研究,已知高绩效员工加入团队能够提高其他员工的平均工作水平,我们进一步探究,这一变化具体影响了哪些员工。(1)如果员工原来的工作效率接近或高于原团队成员工作效率的平均值,那么榜样的加入无法激励他。(2)如果员工原来的工作效率在原团队中垫底,那么榜样的加入可以促使他提高工作效率。这就好比,中小学老师安排学生座位时,会安排班里的第一名和最后一名当同桌,却不会考虑让第一名坐在第二名旁边。

另外,考虑到员工之间的影响可能是双向的,我们也应该关注,低绩效员工是否会把高绩效员工带坏呢?这项研究发现,榜样是不会被带坏的,这可能是源于优秀的人的自我要求。

从企业的人力和行政成本出发,企业应该希望用尽量少的榜样激励尽量多的员工。所以,接下来我们要探究,普通员工是如何受榜样影响的。这项研究提出两种可能的激励途径。第一种叫作社会压力激励:当普通员工被榜样发现存在怠工、敷衍等行为时,普通员工会感受到压力,因此他们在榜样的视线范围内会努力工作。第二种叫作亲社会行为:即使不在榜样的视线范围之内,普通员工了解榜样的工作水平后,会自发地感受到压力,因此他会努力工作,无论榜样是否在他附近。研究发现,员工主要受社会压力激励。在工作环境中看到榜样和被榜样看到非常重要。普通员工看到榜样的频率越高,激励效果越强。

这一发现对企业实践有两条启示。

(1)企业中的优秀员工比例宜大不宜小。在现实中,大部分企业都担心扩大比例会让榜样变得不稀缺,或者这个头衔不被重视,因此优秀员工比例很少超过20%。华为是一个特例,他们的优秀员工比例高达60%。这项研究的结论说明,华为的做法是明智的。

(2)企业中的优秀员工名额要按比例分配至各个部门,而不宜在企业层面根据统一的绩效排名或投票选定。按部门分配优秀员工名额确保了大部分员工都在优秀员工的视线范围内,可以用相同数量的榜样激励到更多的普通员工。

前沿研究 4-3

默契价值高的团队不可轻易打破[1]

在创造性强的团队中,团队成员之间的默契对团队工作效率非常重要。打破这些团队的固有合作关系会使团队成员工作效率大幅下降。一项研究以 1996—2012 年间曾参与发明专利注册的 75 万名美国发明家为研究对象,探讨发明家意外离世对健在队友工作效率的影响。这些发明家的专利有个人的,也有以团队形式注册的。在这 75 万人中,有 4 924 位发明家在 60 岁之前突然离世,而

---

[1] Jaravel, X., Petkova, N., Bell, A. Team-specific capital and innovation. *American Economic Review*, 2018, 108(4−5): 1034−1073.

他们离世后还有 14 150 位健在的队友继续从事发明工作。研究发现如图 4-2 所示，与其他发明家相比这些健在的队友总收入下降了。总收入包括从过往发明中获得的收益和从新发明中得到的工资性收入。

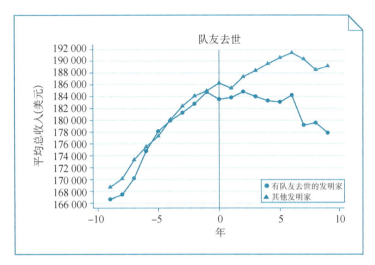

图 4-2　健在队友的总收入的变化趋势

这个结果究竟是因为缺少了队友帮助他们宣传已发明的专利，还是因为缺少了有默契的老搭档，开发新专利的效率下降了呢？研究发现如图 4-3 所示，他们的工资性收入下降了，而已有发明专利的获利并没有受到影响。这说明，缺少了有默契的团队伙伴，他们当下的工作效率下降了。

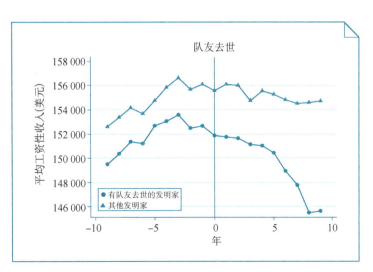

图 4-3　健在队友的工资性收入的变化趋势

研究长期追踪了这些发明家的工作表现和收入水平，发现队友意外离世对于健在队友收入的影响是长期的——直到 8 年后，这种影响持续存在。他们的工资性收入减少 3.8%，总收入减少 4%，专利数减少 15%。由此可以看出，在特定的团队合作关系中才能施展的技能、经验和支持，在另外的团队中很难重塑，并不只是找到拥有同样技能的人并互补技能这么简单。另外，研究还发现这种变化主要集中在需要合作的项目上，而发明家们的其他独立发明项目并没有受影响。

在企业中，常常碰到的类似情况是研发团队中有成员跳槽或离职。由于这种离开是因为个人原因而非企业原因，所以这种变化往往比较突然，且不会同时有许多人离开。这时，管理者要意识到团队协作效率可能会大幅度下降。在寻找补位员工的同时，管理者可以适当减少让这个团队执行团体任务，直到他们习惯了新的团队人员构成。

我们延伸讨论一下企业中最常见的打破团队的做法——轮岗。企业中针对不同层级员工的轮岗目的是不同的。

1. 积累基层员工技能

基层员工轮岗一般是为了积累员工技能。这一类轮岗要注意两点：（1）基层员工轮岗的频率应当适当增加。随着人工智能逐步取代专才的专业知识技能，抽象思维和沟通能力在人才技能中的价值会上升，这类能力是可以通过接触新的业务、人群、职业技能获得的。（2）让员工的技能组合丰富但不全面，能够降低人员流失率。当一个员工的技能组合丰富时，他在企业内能够创造更多价值。当他的技能全面时，他能满足很多职位的技能要求，因此他的跳槽难度会大幅度降低。这样被老东家辛苦培养出来的全才，就成了新东家的骨干。

2. 弱化办公室政治和"小团体"现象

基层和中层管理者的轮岗一般是为了弱化办公室政治和企业中的"小团体"。基层和中层管理者与基层的骨干员工之间如果形成紧密的私人关系网络，一旦管理者跳槽，可能带走整个团队。同时，由于基层员工与企业高层缺乏直接沟通，企业文化和忠诚很难从高层触达基层员工，使基层员工的主要效忠对象往往是他们的直接上级。轮岗打破了工作场合中原有的上下级关系，能够让双方更关注企业发展目标和组织管理，弱化直接上下级之间的私人交情对工作的影响。

3. 培养合适候选人

高层管理者的轮岗一般是为了寻找和培养合适的 CEO 候选人。我们在介绍高层管理人员的章节[1]详细讲解这部分内容。

企业实践中，当企业的人力资源管理部门发布轮岗计划时，即使是让中层轮岗，比较体面的理由仍然是"丰富员工的职业技能"。

---

[1] 详见第五章相关内容。

前沿研究 4-4

促进同事之间的信息流通可以提高绩效[1]

企业管理者总是希望老员工和新员工多交流。如果老员工可以向新员工介绍经验和信息，既能节约企业的大规模统一培训成本，又能提高新员工的职业技能水平。在企业实践中，有许多鼓励交流的措施，比如鼓励员工之间"传帮带"，比如老员工在企业内部工作坊或培训会上发言。但是，大部分这类措施并不奏效。

一项研究利用电话客服中心员工开展实验，从老员工和新员工两方的角度，分别分析了工作经验传播中可能存在的阻碍因素。然后通过实验来识别，到底是哪一种因素实际阻碍了工作经验从老员工向新员工传播。

老员工缺乏分享信息的动力有两个可能的原因。

（1）绩效评级顾虑。俗话说"教会徒弟饿死师傅"，老员工分享信息后，新员工绩效水平提高，会使老员工在绩效评级或排名中压力更大，甚至排名变差。

（2）缔约成本。中国传统的师徒制关系包含一个社会契约，即徒弟学会技能后，会作为助手留在师傅的团队中，而师徒二人的团队收益中，师傅分得的比例较大。直到师傅认为通过"徒弟个人产出—团队产出—团队收益—师傅个人收益"的路径转化的收益与当初培养徒弟的成本持平，二人的团队合作关系才可以解散，徒弟才算是出师了。由于师傅可以决定何时解散合作，师傅在这种合作中必不会吃亏，因此才有意愿分享经验来培养徒弟。而现代企业中，企业人事制度比师徒制中的社会契约行政力量更强，师徒制面临师傅无法收回培养成本的风险，于是不愿意开启这种契约，因此这种风险称为"缔约成本"。

新员工不擅长向老员工求助或提问有两个可能的原因。

（1）社交顾虑。新员工怯场或担忧与老员工的互动被其他同事议论或曲解，因此对这种社交心存顾虑。

（2）协调和搜索成本。对新员工来说，他们可能并不能迅速识别众多同事中，谁具备自己需要的专业技能，谁有帮助新同事的意愿。如果直接上级没有主动且客观地介绍同部门老员工的背景信息，新员工可能要花费很长时间才能知道，自己应该找谁学习经验。

在这些可能的原因中，究竟是哪一个原因真正阻碍了信息流动呢？我们必须识别出真正的原因，才能有针对性地调整企业制度，促进员工交流。

这项研究利用某销售公司的电话客户服务中心开展实验来回答这个问题。在这个实验场景中存在大量电话客服人员，他们的绩效考核指标是平均每个电话的销售额。因此，员工的工作经验包括：怎样的话术可以达成销售，怎样的客户是目标群体等。

实验分前、中、后三个阶段。实验前，先收集了 4 个星期的员工绩效信息。实验中，对员工分

---

[1] Sandvik, J. J., et al. Workplace knowledge flows. *The Quarterly Journal of Economics*, 2020, 135(3): 1635−1680.

享信息的行为进行人事制度干预并收集员工绩效信息，干预持续 4 个星期。实验后，停止所有的制度干预，继续收集了 22 个星期的员工绩效信息。

人事制度干预考虑了两个策略：（1）团队绩效奖。让老员工与新员工结对子，组成小团队，然后在企业内进行团队之间的绩效竞赛，胜出者可以得到奖金。（2）工作午餐。让老员工和新员工定期一起共进工作午餐，餐费由企业负担，午餐时的谈话内容由企业提供提纲和大概的话题方向。

请读者先思考一下：如果上面两种策略同样奏效的话，企业应该采用哪种策略呢？

答案：当两种策略都有效时，企业应该推行工作午餐。这是因为，团队绩效奖是可变成本，它越奏效，就越应该提高奖励金额来更大程度地鼓励员工之间的交流。而工作午餐是固定成本，企业可以基于这个形式，打磨午餐时的谈话内容和形式，来增加员工之间的信息流动。

实验结果如图 4-4 所示。当分别采用团队绩效奖和工作午餐时，工作午餐效果更好。当两个策略同时使用时，并没有附加效果。

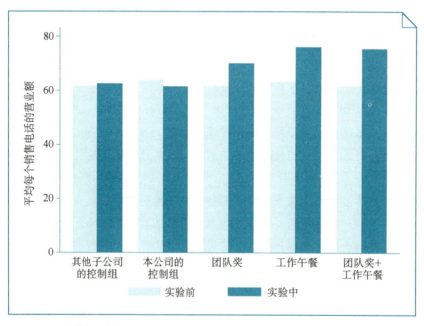

图 4-4 团队奖与工作午餐对工作表现的影响

这个实验结果告诉我们，管理者和研究者担忧的老员工不愿分享信息的顾虑都并不是实际阻碍员工交流的真正原因。当企业为员工提供专门用来交流工作经验的场景和时间，员工就会开始交流工作信息。

另外，在 4 个星期的干预结束后，实验干预的效果仍在持续。在实验后 22 个星期的监测期中，实验组的绩效依然明显高于控制组的表现，这些差别全部都是这样的信息沟通带来的绩效提升。各实验/控制组的绩效水平随时间的变化如图 4-5 所示。图中横坐标是时间。图中第一条竖线是实验前和实验中的时间分界点，可以看出各组在实验前的绩效表现相同。图中第二条竖线是实验中和实验后的时间分界点，可以看出在实验的 4 个星期中，实验组的绩效水平高于控制组。另外，还可以看出，在干预结束后，实验组绩效水平有所下降，但还是比控制组的绩效水平显著更高。我们熟悉的"短期干预可以产生长期效果"的典型结果又出现了。

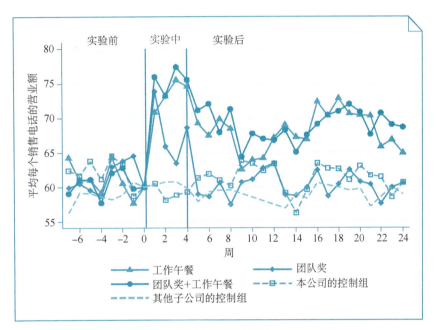

图 4-5　实验效果的持续性

这样的实验结果说明，新老员工对话的启动成本阻碍了他们之间的信息流动。只要企业运用人事制度推动他们开始对话，他们就会持续交流，分享工作经验。

这项研究还对员工进行了访谈和问卷调查，并将这部分分析结果与实验结果进行比较。实验结果说明，新员工有能力发现和自己职业技能对口的老员工，但在访谈中发现，新员工低估了自己的这种搜索能力，认为很难在员工群体中识别出专业对口的前辈。因此，在实践中，企业应该多鼓励新员工去和老员工交流，而不需要过多地运用行政权力安排谁和谁说话或结对子。另外，实验还发现，新员工绩效水平的提高量与他和常交流的老员工工位之间的物理距离无关。这说明，这种新老员工的信息交流，更需要的是关于交流本身的鼓励，而不需要管理者费心安排他们平时工作坐在一起。

前沿研究 4-5

工作午餐的谈话内容

受这项研究启发，一家化学检验实验室的区域实验室负责人用自己的企业做实验，细化和拓展了这项研究成果。[1] 她的研究问题是：既然工作午餐有效，那么工作午餐时应该让员工聊什么呢？她遇到的主要人力问题是：企业中的新员工需要经过一段时间在工作中的学习才能全面掌握工作技能，而新员工年纪小，文化水平以职高到大专为主，员工流动性强，往往刚刚培训好，员工就跳槽了。所以，她想通过鼓励员工之间的信息流动，达到缩短培训时间和降低员工流动率这两个效果。实验测试了三类谈话的参与者及内容。

（1）闲聊天：新员工与新员工交流，谈话内容不作要求，可以聊与工作无关的内容。

（2）聊工作技能和经验：同职位的老员工与新员工交流，聊该职位的工作技能和经验。

（3）聊企业办事方式和文化：同部门主管与下属新员工交流，聊在企业里的做事风格。

这项研究不仅分别测试了上述三类谈话的效果，还测试了组合效果。研究发现了一个效果最好的组合方式：新员工入职后的前三周，让新员工之间闲聊天，先让新同事之间培养感情、交朋友，这样能够产生对企业的归属感。这种归属感可以让新员工更想要留在企业长期工作。为了在打算长期工作的企业内提高绩效和收入，新员工学习专业知识技能的动力也就提高了。

案例 4-4

大型民营企业中的管培生制度

某乳制品行业龙头企业的市场部门以追求高业绩为首要且唯一目标，部门内以学历水平不高却拥有丰富一线市场开拓经验的老员工为主。同时，由于早期市场空白期已经过去，同品类品牌竞争激烈，市场开拓不再像过去那样简单，因此需要拥有更高素质和综合能力的员工进一步开拓市场。而老员工在能力上难以胜任，且受困于过往经验，很难迅速适应新变化。老员工开始逐渐"躺平"，市场表现趋于平庸，团队氛围逐步失去活力。

2015 年，该企业实施了全链路人才培养计划，很快拥有了相对完善的新员工培养计划，帮助应届毕业生快速转换身份，适应新的工作环境和职能岗位。新员工结束了集团总部系统培训、工厂生产车间各段位培训后，正式进入市场管理岗位，开始接手不同区域的市场管理。由于管培生刚从学校毕业不久，加之培训阶段学习了一套崭新的实践技能，整体精力充沛，与老员工之间形成鲜明的对比。

经过了半年左右的市场实战之后，这批管培生的市场业绩表现已经在整体上明显高于以往老员

---

[1] 王旭宁：《应用有效的激励机制留住人才——在企业 A 开展田野实验》，长江商学院工商管理硕士学位论文，2023。

工的业绩表现，还出现了很多新颖的市场开拓形式和活动。老员工们也逐步意识到了在公司内蔓延的竞争氛围，虽然不愿意却又不得不加入其中。从考勤记录和基础工作活动（晨会、客户拜访、回访、复盘会……）可以看出老员工们逐渐也开始有所改进和提升。最终，市场的整体业绩表现得到了多方位提高。

点评：一定密度的人才被大家看到，可以有效激励整个团队的绩效产出。管培生职业技能、工作动力强。管培生的加入，加上高层领导对新管培生相对重视，给予了更多激励和荣誉，使老员工需要重新审视自己在公司中的位置和价值，被迫跟随做出调整和改变，最后使公司整体绩效提高。另外，在企业层面推行管培生制度，企业内管培生群体人数可观，这对于老员工接受新的制度、新的同事和企业竞争氛围至关重要。

第五章

高层管理人员

"在制定任何决策、采取任何行动时,管理层必须把经济绩效放在首位。""管理层是经济器官,是工业社会所独有的经济器官。管理层的每一个行动、每一项决策和每一个考虑,都必须以经济作为首要尺度。"这是现代管理学之父彼得·德鲁克对"管理层"的定义。[1]

彼得·德鲁克还说:[2]"管理是要把事情做对,领导力是做正确的事情。""管理是要把事情做对",指的是过程正确;"领导力是要做正确的事情",指的是目标正确。好的高层管理者应当以企业利益为导向,同时做到过程和目标正确。

第一节 | 高管能力对企业的影响

动机与行为:如何成为一名优秀的管理者呢?管理者的动机与行为非常重要。企业的管理者必须拥有对于权力的强烈渴望,但是这种愿望必须

---

[1] Drucker, Peter F. *The practice of management*. Routledge, 2012.
[2] Drucker, Peter F. *The essential Drucker*. Routledge, 2020.

得到适当的控制和引导。优秀的管理者应当明白，拥有权力才能更好地发挥，为企业做贡献，这是为了企业的整体利益而不是个人利益。他们对于权力的欲望应该大于对得到员工喜爱的欲望。一个对良好人际关系有过高期望的管理者不会成为一个优秀的管理者。

前沿研究 5-1

管理者能力的提升是持续的附加生产力[1]

管理能力到底在企业里面起到一个什么样的角色？这项自然实验研究可以告诉我们答案。它以意大利的 6 056 家企业作为研究对象。研究发现，管理者能力的提升是持续的附加生产力。

第二次世界大战结束后，欧洲经济恢复期间，美国政府出资启动了美国技术支持与生产力项目，为 6 056 家意大利企业提供扶持。他们提供了两种帮扶项目：一种是派管理层赴美进修培训，

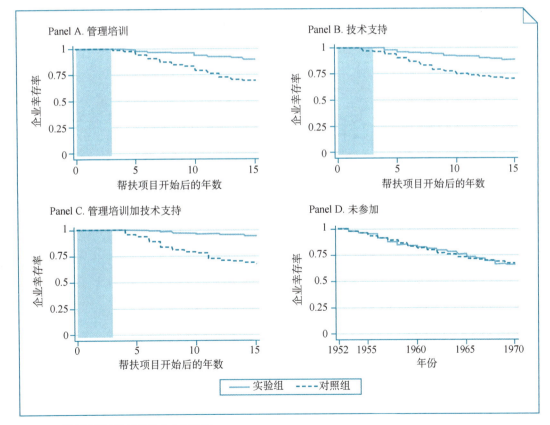

图 5-1　选择不同帮扶项目的企业幸存率

---

[1] Giorcelli, Michela. The long-term effects of management and technology transfers. *American Economic Review*, 2019, 109(1): 121–152.

一种是向企业赠予先进机器。项目进行3年后，由于美国政府预算减少，项目停止了。

这项研究收集了帮扶项目的信息，以及这6 000多家企业在帮扶期间和帮扶后15年的企业表现数据。

研究发现，比起选择引进先进机器的企业，那些选择了提高管理层的管理能力的帮扶项目：企业幸存概率更高，销售额更高，员工水平更高且人数更多，生产效率更高。在帮扶项目结束后15年间，这些差异仍然显著且持续增长。

选择不同帮扶项目的企业幸存率对比如图5-1所示。管理培训和技术革新均提高了企业的幸存率，两种方式叠加效果更佳：该图展示了企业幸存率随时间的变化，其中实线代表实验组（即接受帮扶的企业）的情况，虚线代表控制组（不受帮扶的企业）的情况。蓝色区间为帮扶项目进行期间（即前3年）。图A为参加管理进修的企业，图B为引进先进机器的企业，图C为两个帮扶项目都参加的企业，图D为可以参加帮扶项目但选择不参加的企业。图中灰色区域为项目进行期，白色区域为项目停止后的持续追踪期。我们可以看出，控制组的企业到15年后的幸存率约为74%，参加管理进修可将幸存率提高至90%，引进先进技术可将幸存率提高至88%，而两个项目都参加可将幸存率提高至95%。

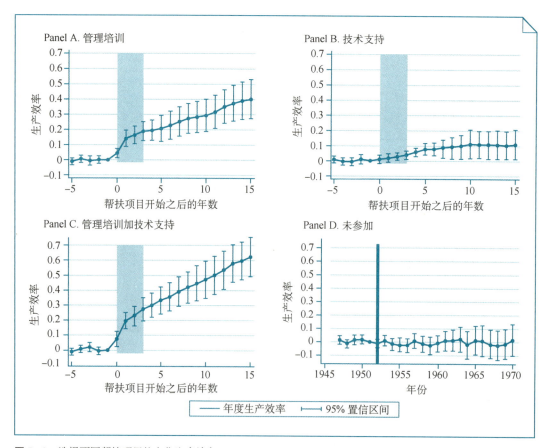

图5-2 选择不同帮扶项目的企业生产效率

企业生产效率随时间的变化如图 5-2 所示。我们可以看出，引进先进机器只能将企业生产效率提高至一个新的水平然后保持不变，而提高管理能力可以使企业生产效率持续提高。两个项目都参加的企业，生产效率增速更快。

研究还探讨了为何有些企业可以参加帮扶项目却选择不参加。研究发现，那些企业的管理能力和生产效率并没有比参加了帮扶项目的企业更优秀。

案例 5-1

郭士纳拯救亏损 50 亿美元的 IBM[1]

在 20 世纪 90 年代初，国际商业机器公司（IBM）亏损达 50 亿美元，其前任 CEO 曾提出拆解 IBM。郭士纳上任 CEO 后，决定削减与企业客户服务无关的业务，裁员 4.5 万人，推动 IBM 从硬件向软件服务业继续转型。1993—2001 年的 8 年间，IBM 主机销售量增长了 6 倍，服务收入从 74 亿美元增长到 300 亿美元。郭士纳的自传《谁说大象不能跳舞》一书，记录了这位临危受命的空降 CEO 如何迅速挽救局面，带领企业寻求突破。

郭士纳在首次公开亮相时提出了 IBM 要做的五件大事：第一是尽快实现盈利；第二是赢得客户信任；第三是强化服务器业务；第四是强化 IBM 作为整体服务提供者的独一无二的定位；第五是提高回应客户的速度和效率。这五件大事是他最初为 IBM 设计的基本战略（保持公司的完整性，改变公司的经济模式，再造业务流程以及出售生产力不足的资产）的具体体现。这一战略贯穿于郭士纳在 IBM 重整过程的始终。

> **点评：** 当董事会聘用一位 CEO 时，需要他完成的企业任务是非常明确的。因此，一位 CEO 上任之初提出的战略方向和理念，就是董事会聘用他的意图的体现。

郭士纳第一次参加 IBM 高层会议，当被引入会议室时，他发现除了他所有在座的人都清一色地穿白衬衫——而他穿的是蓝色衬衫，这与 IBM 高级经理的风格相去甚远。不过有意思的是，数周以后，还是跟这群人开会，郭士纳改穿白衬衫时，其他人也穿了其他颜色的衬衫。郭士纳后来说，公司文化常常是某个领导人影子的延长。

郭士纳很看重和管理班子的第一次见面，虽然也许其他人只把这看作一个相互认识的机会，郭士纳更希望这是他为新同事制订新的日常工作日程的机会，他希望尽快地进入工作的状态。整个会议分为三部分。

（1）向同事介绍自己并说明为什么接受这个工作；介绍以前的经历；发表对官僚习气、公司结

---

[1]《郭士纳靠什么带领 IBM 走出低谷？读〈谁说大象不能跳舞〉，看大企业是如何运作的》，虎嗅网，https://www.huxiu.com/article/164.html，2012-10-05。

构和战略问题、员工士气的看法；介绍自己的管理哲学和管理实践。

（2）布置5个90天内的优先性任务。

（3）要求每个分公司负责人提交一份10页纸的报告。

这次会议无疑是很重要的。郭士纳在回顾他在IBM这9年任期中所有的观点时，他惊讶地发现，9年来所做的事情在这45分钟的会议上几乎都讨论过了，也几乎都变成了现实。

点评：这是一个复制性很强的空降CEO的上岗第一天的模板。其中许多细节可圈可点。

第一，企业管理层的言行举止和个人风格都会影响整个企业，而企业文化也在潜移默化中体现和形成。当郭士纳与高管们的着装不同时，这无形中强调了他的空降身份；而后期双方都试图向对方的着装风格靠拢，这是一种用行为表达善意和融合意愿的方式。美国前国务卿奥尔布莱特的"胸针外交"也是用类似的方法表达外交意图和谈判态度。管理层成员都应该下意识地使用多元化的手段和方式来表达沟通、合作、谈判等意愿。

第二，郭士纳介绍自己的内容就是宣布了高管与他互动的游戏规则。将企业为什么雇用他说清楚，是在传达他代表的企业利益需求。考虑到他从前是纳贝斯克食品集团总裁，该集团的核心产品是薯片和饼干，IBM这样的技术公司选择他来做新任CEO引起了热议。将他的过往经历说清楚，老资历的高管也就不必拿他是"卖饼干的"说闲话。直截了当地表达自己的管理风格和对官僚习气等"大企业病"的看法，使高管后面无法再以不了解大领导的习惯为借口，在行事方式上与郭士纳绕弯子。

第三，将长期的目标和规则落实到近期的工作任务，提出的5个90天内优先性任务，让管理层立即行动起来。对于刚上任的新领导，老高管一定会倾向于先观望，看清楚局面之后再着手做事情。这样时间期限的核心人物一旦确定，相当于要求高管必须立即行动起来。

第四，强制要求高管与自己开始交流，并规定了每人与他交流的信息总量一致。从老高管的角度来看，空降CEO刚来，因此他掌握的信息是片面的。董事会任命他之后，一定会给他一些关于企业的信息，但是企业内部的具体情况和执行风格，空降CEO恐怕并不会特别了解。那么，这时谁能够掌控CEO的耳朵，谁就能影响CEO的决策。而从CEO的角度来看，他一定需要了解情况，所以他会愿意听老高管分享的信息。假如没有交流规则，这时的局面大概会是各个高管争相与CEO约时间，讲述自己本人的情况、自己了解的企业情况。这时，CEO再要分辨信息的可靠和客观性，就更要花时间了。而且，这样还会造成高管之间互相竞争、戒备的情况，对管理层的凝聚力极为不利。郭士纳公布交流规则，并要求每位高管提供的信息总量一致，这一做法很妙，有助于推动高管的思想和行为都回到更职业化的轨道上来。

"他介绍了他的管理哲学和管理实践：我将按照原则而不是程序实施管理。市场决定我们的一切行动。我是一个深深相信质量、强有力的竞争战略与规划、团队合作、绩效工资制和商业道德责任的人。我渴求那些能够解决问题并能帮助同事解决问题的人，我会开除那些政客式的人。我将致力于战略的制订，执行战略的任务就是你们的事了。只需以非正式的方式让我知道相关的信息，但不要隐瞒坏消息——我痛恨意外之事，不要试图在我面前说谎，要在生产线以外解决问题，不要把问题带到生产线上。动作要快。不要怕犯错误，即便是犯错误，我们也宁愿是因为行动太快而不是行动太慢。"

> **点评**：郭士纳传递的管理风格是去官僚化的，是以解决问题为核心的。他还强调了决策速度与准确性之间的主次关系。在大企业中，中高层常因为怕担责任而拖延决策时间，并尽量将决策权向上级让渡。不灵敏的决策机制使企业越来越僵化，会让企业错过机会、在错误路径上走得太久太远，而且这些损失基本上都要由企业来承担。他切中了大企业的管理痛点。

"郭士纳认为，关注点对于一个机构的成功来说是关键性的因素。如果一个管理团队没有搞清楚公司的关注点，就很有可能误入歧途；缺乏关注点是平庸的公司中最常见的现象，郭士纳展望IBM前景时信心十足，找到了关注点，就等于为公司确立了方向。关注点能迫使公司限制其野心，避免'这山望着那山高'，使管理者能够集中资源，搞好经营管理。初到IBM，郭士纳为了找到蓝色巨人的关注点，为自己定下了'90天内不做决策'的规定。"

> **点评**：俗话说"新官上任三把火"，而郭士纳给自己定下的规则就是从自我约束角度杜绝了在信息不全面时妄下决断的可能性。这种自律很值得职业经理人学习。

第二节 管 理 风 格

在人才市场中，有两种游戏规则。

技术人才市场的游戏规则是排序：将人才按能力强弱排序，将工作机会按照技术要求高低和薪酬高低综合排序，然后将两个有序的序列从强至弱一一对应起来，形成人才与岗位之间的对应。高管人才市场的游戏规则是匹配：绝大部分企业高管的整个职业生涯都在用同一种管理风格管理企业，而企业的董事会与股东代表会根据企业的情况，选择他们认为适配的CEO，也就是选中了这位CEO的职业经历和管理风格。

前沿研究 5-2

管理风格的市场价值[1]

管理者的个人风格从何而来？对经济学家来说，每一个具体的企业场景应当存在管理方式上的最优解，那么任何一个经验丰富到可以找出这个最优解的企业高管在面对这一场景时，做出的管理策略选择应当是一模一样的。然而，在现实中，一项基于上市企业数据的实证研究发现，高管的管理策略是风格驱动而非决策驱动的。他们过往经历过的外生事件塑造了这种贯穿整个职业生涯的管理风格，换句话说，职业经历和环境塑造了管理风格。

职业经理人管理企业时，他们的个人风格重要吗？研究发现，管理风格对企业的业绩表现和走势有很大影响。董事会会有意识地根据企业需要选择高管及其管理风格。高管也会用差异化的管理风格打造个人品牌。

研究发现了一类风格鲜明的企业高管：他们的事业始于经济衰退期，成为高管后的管理风格偏保守。比如，他们在资本开支和研发方面的投资较少，企业日常管理开支较低，使用杠杆比较少，运营资本需求较低。这类企业高管任 CEO 的企业股价波动较小。

市场如何看待这类高管呢？企业和高管市场都识别出这类高管的独特管理风格和特征。企业股东了解这种特征的价值，高管市场认为这种特征有利于企业发展。甚至，资本市场也学会了反向利用这类高管的任免信息来推测企业情况。比如，如果某企业聘用了一位这类高管，这是该企业的意外利好消息。考虑到这类高管在高管市场中是稀缺资源，该企业能够聘请到他们，说明企业最近势头很好。

一、三种类型的管理者[2]

管理风格大概可以分为三种类型：奋斗型、妥协型、独裁型。我们分别讨论每个类型管理者的优势和劣势，再讨论一个稳妥的高管团队应该由什么风格的管理者构成。

（1）奋斗型管理者拥有较高的权力欲望，能够自我约束，而且不因为人际关系而在制度上妥协。他们重视企业化的权力，并通过这种权力来激励员工的工作热情。这种管理风格的优点是比较职业化，能够约束自己，不会因人际关系在制度上妥协。这种风格很适合中高层管理者，也是一把手所喜欢的类型。但是，过于理性的判断会让他们有时候缺乏魄力。他们总是会认为所有东西都有利有弊，这会降低他们的决策速度和准确度。当他们从高管再上一层，比如晋升 CEO 的时候，理性思考可能会产生负面效果。

---

[1] Schoar, A., Zuo, L. Does the market value CEO styles? *American Economic Review: Papers and Proceedings*, 2016, 106(5): 262-266.

[2] McClelland, David C., Burnham, D. H. *Power is the great motivator*. Harvard Business Review Press, 2008.

（2）妥协型管理者对良好人际关系的渴望大于对权力的渴望。这种管理风格的优点是做事时想让所有人都高兴，一定人际关系非常好。但是，作为管理者时情况有所不同。一开始做基层管理者时也许能够做到大家都满意，而做中层管理者时很难让每个人都高兴。有时候，这类管理者甚至会出现情绪低落、不想晋升的心理，害怕自己再往上升会得罪一些人。妥协型中层管理者的典型情况是：过于爱护自己的下属，对于上级分配的团队任务，尽量地要求上级降低要求、宽限时间、提高奖励待遇；下属对他极其爱戴；上级对他虽然不满，但是考虑到他在企业内的好口碑，也不太好轻易处理他。因此，妥协型管理者最容易停在基层或中层管理者的职位上，不再能继续晋升。

（3）独裁型管理者与妥协型管理者相反，对权力欲望的渴望大于对良好人际关系的渴望，但是自我约束能力较低。他们不怕得罪人，认为把工作完成才是最重要的。独裁型管理者的优势是对做事情和解决问题的关注度极高。只要他们能够指挥得动下属，整个团队就会非常高效。然而，独裁型管理者承受的心理压力是最大的。作为管理者，要么让下属很喜欢你，要么你的决策是对的，这两项至少要占一项。对于独裁型管理者，他们的管理风格已经决定了很多下属不喜欢他们，这导致他们在"决策必须正确"这方面的心理压力非常大，就像电视剧《豪斯医生》中的一句台词：如果他们不喜欢你，你就必须事事正确，否则你就一钱不值。[1]独裁型管理者的格局和眼界决定了他的决策水平和被信服的程度。因此，如果独裁型管理者决策错误，他们将被那些本就不喜欢他们的下属要求对错误的后果负责，出现墙倒众人推的局面。

常见且稳妥的高管团队中，我们常常看到一把手是独裁型，二把手是妥协型，他们之下的一众高管是奋斗型。当管理团队是这样的结构时，企业员工就会"跟老大不敢讲的话，跟副总可以先聊一下"，兼顾了高管团队的战斗力和决策力，以及员工观点和意见能够顺畅传达至管理层。

二、管理风格与高管的绑定，是人性的制约还是市场的需要？

许多企业高管习惯用本人的行事风格去处理工作，这样非常真诚，但也使他们的管理风格与本人绑定，缺乏多样性。然而，就像管理学之父彼得·德鲁克说的，管理层是一种经济器官。理想状态下，高管人员在做高管时，应当投入他的职业角色中去，而与其本身是个什么样的人区分开。既然是职业角色，就不必受困于本人的性格和习惯，应该有能力在多种管

---

[1] 豪斯医生（House M.D.），第四季第五集。

理风格之间自由切换。对企业高管来说，最理性的、能够最大化个人价值的做法是根据当前的局面，因地制宜地选择对局面最有利的管理风格。

案例 5-2

初入家族企业，如何快速令人信服，站稳脚跟？

一家能源类企业创始人的女儿 Z 女士，本科毕业后，因看好家族企业未来发展前景，回企业任职。她先从基层员工和基层管理者做起，了解一线生产部和技术部。她希望短时间内证明自身能力、建立威信。

刚入职时，通过学习生产技术与流程的专业知识，她发现了一批产品抽检质量不稳定的问题。她向直接上级报告情况时，这位上级担心要负监管失误之责，以及考虑到产品召回会带来附加成本，上级不愿继续上报。Z 女士决定跨级上报并负责产品召回。同时，Z 女士与客户沟通表达歉意时，了解客户需求后发现有瑕疵的产品不影响客户使用，因此客户表示无须召回，免去了额外成本。由于 Z 女士代表企业展示出的坦诚态度，客户续订了订单，企业信誉也没有受损。

2019 年，企业更换生产设备影响产品交付，Z 女士临危受命负责解决危机。她通过向同类企业租借设备的方式，按时完成了生产任务并交付了产品。通过这次处理危机的经验，她意识到了深入了解市场、拥有全局意识的重要性，明白了应当事前居安思危、事后临危不乱。

2020 年，工厂停产又一次影响订单交付时，Z 女士更加有条不紊地安抚客户，争取弹性交付时间。同时，她通过预估未来的最差局面，提前布局有针对性的危机预案：推进数字化开采的转型，保证现金流，简化企业内部行政手续。另外，她还关注了当地同类企业的情况，为遇到困难的企业提供帮助，在行业内广结善缘，因此拓宽了客户群体。

Z 女士说，这些经历带给她许多思考：在回归家族企业初期，雷厉风行的行事作风、坚实可靠的业务能力、虚心请教的真诚态度、为企业做实事解决实际问题，使她在家族企业迅速站稳脚跟。同时，也需要懂得适当利用自己的身份特权，该越级上报的时候及时上报，积极面对问题、解决问题。

第三节 通向 CEO 的"最后一公里"

本节讨论如何寻找合适的 CEO，以及 CEO 候选人的常见优缺点。[1]

---

[1] Hildebrand, Claudius A. et al. The last mile to the top: Future CEOs who beat the odds. SpencerStuart, 2021.

京东换帅曾经是大家热议的话题。徐雷退休，CFO 徐冉上任成为新的 CEO。CFO 接任 CEO 合适吗？如果 CFO 是十分在意控制成本的人，对于技术上需要大量投资的项目很难支持，决策保守。但如果大环境较差，一位会精打细算的 CEO 也许是比较合适的人选。

企业在高风险时刻如何寻找合适的 CEO 呢？高风险时刻是指企业处于低谷、危机四伏的时候。安踏亏损 27 亿元，海底捞亏损 30 多亿元，这两家企业都曾在高风险时刻换帅。

一项实证研究分析了 21 世纪初以来所有标准普尔 500 强企业 1 330 次 CEO 换届后，新任 CEO 的职业发展路径（即他们是如何晋升到 CEO 的）及他们管理企业期间的企业表现。研究还分析了各企业董事会在 CEO 换届时向他们的下属高管提出的发展建议，以寻找顺利交接和企业发展路径中的共性。这项研究的目标是阐明为 CEO 职位培养顶尖人才的复杂性，并为有抱负的 CEO 提供如何获得必要的能力和经验的前瞻性观点。

CEO 有 4 种可能的来源：原企业的 COO（首席运营官）、部门 CEO（首席执行官）、CFO（首席财务官）、越级晋升。这 4 种来源中，哪一类人担任 CEO 之后表现最好呢？研究对 CEO 候选人晋升 CEO 后的企业表现进行了分布统计。在这项研究中，用经市场调整的股东总回报率来测度企业表现。四类 CEO 候选人晋升后的企业表现分布如图 5-3 所示。上方斜线部分代表企业表现在所有企业中排名位于前 1/4，中间空白部分代表排名在后 1/4，下方网格部分代表排名在 1/4 到 3/4 之间。

我们可以看出，越级晋升的 CEO 中，有 41.2% 能带领企业将业绩做到全球 500 强的前 1/4，而另有 25.8% 的表现在后 1/4。表现最好和表现最差的占比都比较大，说明越级晋升 CEO 容易有别出心裁的洞见，导致企业表现主要取决于这些洞见是否正确，风险较大。部门 CEO 晋升为 CEO 后在所有 CEO 中表现最差的占比为 20.1%，表现差的概率在四类 CEO 候选人中是最小的。所以，为了避免企业表现不佳，最安全的选择是从部门 CEO 中选拔下任 CEO。CFO 晋升为 CEO 后的表现水平在所有 CEO 中排名前 1/4 的占比最小，为 7.9%，且表现排名后 1/4 的概率也最大，为 31.6%。这说明 CFO 最不可能具有最佳表现。可能是因为 CFO 比较保守，虽对于企业的稳定很有好处，但不擅长处理冲突，对高风险的研发与战略成本比较排斥，也就很难

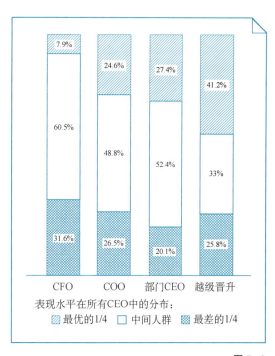

图 5-3
四类 CEO 候选人晋升后的表现分布

图 5-4　世界 500 强企业中 2000—2020 年上任的 CEO 背景

抓住企业发展的机会了。

研究统计了世界 500 强企业中 2000—2020 年上任的 CEO 的背景，四种人选的比例如图 5-4 所示。其中，最常见的 CEO 人选来自 COO，占比在 2003 年高达 76%，到 2020 年减少至 38%。另有 20% 左右的 CEO 是由部门 CEO 晋升的，到 2020 年，占比升至近 40%。越级晋升和 CFO 晋升都是较为小众的选择。接下来，我们逐一探讨以上四种类型的 CEO 候选人的特点、中国企业案例，以及从当前职位向 CEO 迈进需要做的功课。

一、首席运营官

COO 的兴衰体现了运营资历在组织中的兴衰。随着全面质量管理等提升管理水平的趋势出现，COO 这一职务在 20 世纪 90 年代得到普及。因为拥有监督复杂运营的经验并掌握组织各个方面的知识，COO 被视为合乎逻辑的 CEO 继任者。在 21 世纪初期，高达 76% 的新 CEO 是从 COO 中诞生的，COO 几乎是 CEO 的唯一跳板。但从那以后，COO 晋升为 CEO 的比例持续下降到 2020 年的 38%，这也属于正常情况。

2020 年，海底捞创始人、董事会主席张勇在一次采访中谈到用积分制选拔接班人时，曾说："积分就是你多干一样工作，你干得好，我们就给你积分。主要有三个维度：第一，未来的接班人一定是热爱海底捞的。第二，对各项业务都要熟练。如果你现在是干会计的，对厨房或者供应链一点都不懂，那你就当会计好了。你要想当总经理，就需要把供应链摸一摸，还得把门店的管理摸一摸，而且你要证明你很专业，很懂行才行。所以必须什么都干，通过轮岗，逼着他成长。第三，要有洞察人性的能力。对于一些愿意干好的人，有了这种政策，他们都欢欣鼓舞。我们把这个道路打开了，他自然会去积分，到时候谁说了算？积分说了算。干的工作多，干得好，每多干一个是多少分。现在刚刚开始，有十年时间，慢慢来，不急。"而2021年接替张勇的前COO杨丽娟就是符合这个选拔思路的候选人。[1]

COO要晋升到CEO，有一些具体的注意事项。

第一，建立广泛的内部员工支持：（1）通过广泛地刷存在感的方式，传达自己喜欢更大挑战、能够看到同事及下属的优点。（2）花时间加深同事关系，建立工作之外的联系，且让这种内部人脉网络覆盖核心圈内外。（3）让同事们都了解你是一个什么样的人，适度地自嘲和放下完美人设，可以让周围的人认识你的职位角色，也认识你这个人。

第二，用企业的使命与愿景领导员工：（1）思考长远的未来，对齐企业战略的执行落地与发展方向。（2）向同事反复输出企业的愿景、战略重心、发展过程中的里程碑事件。（3）与高层团队在企业使命、文化、价值观方面统一思想。

第三，扩大战略话语权：（1）制订战略议程，并多接触企业各部门。（2）了解集团内部各地区和各细分市场的微妙差异。（3）挖掘自己的差异化优势，通过与前辈交流，找到自己与现任CEO之间的差异化战略洞见。

总的来说，COO擅长保持企业运转，并与前中后台都比较熟悉。但是，COO在战略思考、企业宏观愿景的领袖式发言及感染下属方面，经验较为欠缺。因此，从COO迈向CEO的行动都是围绕着建立并展示自己的战略思维方式来开展的。

二、部门CEO

部门CEO是CEO的第二大来源。2000年以来，企业和领导层发生了很大变化，组织更加扁平化。在日益激烈的竞争中，优先考虑客户成为必需。组织中的权力已经从职能转移到业务，运行一套完整的损益表（P&L）被广泛认为是CEO候选人所需的经验。在这些变化中，部门CEO自然而然地成为CEO人才库。

有很多部门CEO晋升为集团CEO的成功案例，比如：徐雷从京东商城CEO升任集团CEO；LG家电部门主管乔晟金被任命为集团CEO；蘑菇街业务总经理范懿铭成为新任CEO。部门CEO比较容易培养，数量也较多，比如：京东的管理层以部门CEO为核心成员，管理层基本上就是每一个部门的CEO。在部门CEO数量较多的情况下，如何才能从中脱颖

---

[1] 陈晓萍：《海底捞张勇卸任CEO，接班人培养需靠"积分制"》，复旦商业知识，https://mp.weixin.qq.com/s/Sr39xvwKTlWIp_Z--NLSog? 2022-03-03.

而出呢？

部门 CEO 要晋升为企业 CEO，有一些具体的注意事项。

1. 要打造企业级的领导力

（1）突破原有部门，去参与企业层面的项目，以建立跨部门的信任。（2）站在企业的角度考虑问题，思考企业各部门职能、企业的核心价值以及当前面临的挑战；反思企业战略；践行企业的发展路线。

2. 打造领导气质

（1）意识到自我言行可以影响他人，试图运用这种影响力，体会"润物细无声"的领导力行为。（2）减少自己的情绪内耗，克制面对坏消息时的情绪反应，留意能够引起自己情绪波动的事件。（3）探索个性化的激励方式，让自己熟悉多样化的组织管理、绩效激励、职级晋升等制度手段。

3. 鼓励企业内的公开对话

（1）在制订战略的早期讨论中花时间与同事充分沟通。（2）积极倾听其他观点，鼓励公开表达不同意见。（3）对企业中团队的成功表达祝贺，即使对方是你在企业内部的竞争对手。成功的首席执行官会通过营造一种鼓励激烈辩论和共同创造的心理安全文化来培养高绩效团队。通过对话可以帮助部门 CEO 更广泛地了解业务、资源分配以及企业内部的其他观点，帮助他们产生战略构想，为成功做好准备。一些固有观念对他们的部门来说可能是正确的，但对组织来说可能并不总是正确的。他们可以开始转变领导风格，通过积极倾听来创造一个更具包容性和协作性的环境。

总的来说，部门 CEO 完整的企业运行经验是他们的长处。但是，部门 CEO 习惯从企业内部寻找竞争对手，对手部门的业绩表现自然成为本部门表现水平的锚定点。也就是说，部门 CEO 思维中的表现好是一种相对的好。而当部门 CEO 成为企业 CEO 后，这种锚定点将不再存在，因此需要部门 CEO 逐渐习惯跟自己比。另外，部门 CEO 与内部竞争对手之间会有一些敌意，在竞选阶段如何争取竞争对手的支持，上任后如何获得过往竞争对手的认可和服从，都是部门 CEO 必须做好的功课。

三、首席财务官

CFO 通常是 CEO 的得力助手和顾问，他们对塑造高效企业的财务杠杆有着深刻的理解，这使他们成为许多企业（尤其是资本密集型企业）CEO 继任者的合理选择。2020 年任命的 CEO 中有 9% 是前任 CFO。虽然在全球金融危机后的几年里，被任命为 CEO 的 CFO 有所减少，但 CFO 晋升的比例此后有所回升。

在资本密集型企业中，CFO 显得尤其重要。CFO 直接与董事会合作，深入了解企业的战略和财务状况，这使他们成为 CEO 继任者的天然竞争者。CFO 了解投资者的观点，并且通常善于与股东沟通。他们也是常见的紧急继任人选，但并不代表他们非常合适。CFO 出身的 CEO 成功的案例包括：新浪 CEO 兼董事长曹国伟是第一个 CFO 转型 CEO 的成功案例，万科集团董事会主席兼 CEO 郁亮是万科集团前 CFO，蚂蚁集团董事长兼 CEO 井贤栋曾经担任支付宝 CFO。

部门 CEO 要晋升到企业 CEO，有一些具体的注意事项。

1. 从后台走向前台

CFO 往往有一种行为特点，他们没有太多沟通的欲望，在日常工作中习惯于被需要，而非主动领导。所以，CFO 要做到以下几点：（1）开阔视野，主动去了解企业的职能、运营、核心资源和可持续发展的驱动力；（2）主动领导，在财务部门之外获得更广泛的员工支持；（3）让财务部门成为企业内的强势部门，通过授权有能力的财务团队，来利用财务思路解析企业面对的挑战。

2. 平衡理性与感性

对于 CFO 来说，他们常常过于理性。CFO 倾向于财务保守主义，在沟通和决策制订时可能过度依赖数字和分析，当他们的工作是确保数字准确无误时，这是一种优势。但是，考虑到当今市场的活力，CEO 们必须为取胜而战，而不是避免失败。成功的 CEO 在做出决策时必须做到以下几点：（1）了解更广阔的前景，有大局观，并针对不同的受众提出不同的看法；（2）学会承受风险，克制财务人员的保守主义思想，学着探索新的方向和理念，接受一些暂无论据的创造性思维和解法；（3）学会说服别人，用好故事把 CFO 擅长的事实论据包裹起来，耐心听别人的故事并友善地探索故事背后的动因，再用双方都能接受的话语体系展开讨论。

3. 关注人才的管理与培养

（1）应用专业的方法管理好财务部门的人才，利用合理的制度和算法，提高财务部门的积极性；（2）帮助团队成员运用比较优势补足技能短板，调动团队的主观能动性。

4. 运用领导力，而不是统治权力

（1）学习超越财务思维的管理。财务出身的管理者对企业的管理更偏向于"统治"而不是领导，他会理所当然地认为所有东西都是制度化的，都要依靠数字决策，所有没有反映在数字上的信息都不可靠。要时刻提醒自己，数字只是反映一部分企业的事情，并非全部。CFO 只有摆脱财务化思维套路对他们的束缚，才有可能培养超越财务部门的思维和眼界。（2）避免不必要的内部冲突。CFO 应该想办法避免业务部门和财务部门之

间的对抗,要让业务部门感受到前台部门和后台部门是一体的。还可以让财务人员更多地融入业务部门的会议当中,旁听业务部门的会议,通过财务掌握的数字为业务部门提供一些建议和指导。

总的来说,CFO 出身的 CEO 做得最好的一点是,他对外部人员包括投资人、股民等能够看到的数字非常负责(数字本身还是能说明问题的,因为数字是企业外部人员评估企业表现的关键依据)。但是对内部,要放弃数字是全部指导性意见的想法。

四、越级晋升的 CEO

越级 CEO 代表了稳定但相对较少的 CEO 继任者。董事会希望新的思维和观点可以弥补候选领导者相对缺乏经验的不足。在将越级晋升的 CEO 视为 CEO 人才来源时,存在一个固有的程序问题,因为董事会需要严格的人才开发和筛选流程,以了解管理层以下的人才质量和 CEO 准备情况。然而,越级晋升本身也有一个微妙的好处。要知道,从平级同事中提拔一人上位,他与那些没有得到晋升的前同事的关系会经历一段时间的尴尬,甚至其他人会不服气。而引入一位新人可以很好地解决这个问题。企业只需注意,要用一个固定的程序严格进行人才开发与筛选,来降低这一非常规晋升决策的风险。

越级晋升的 CEO 往往名不见经传,但是也有很多人取得了辉煌的成就。惠普的总裁兼 CEO 梅格·惠特曼,还有雅虎 CEO 玛丽莎·梅耶尔,均是越级晋升且做出了一番成就。值得注意的是,部门 CEO、CFO、COO 基本上都是男性,只有在越级 CEO 这里才出现较多女性。

越级晋升到企业 CEO,有一些具体的注意事项。

1. 磨炼领导力

(1)向上社交。利用董事会会议机会与董事们互动。对于越级晋升的 CEO 来说最大的问题是如何能够被注意到,有这份野心是好的,但是被董事会注意到,并把你当作一个候选人是至关重要的。(2)打磨社交能力。即使在企业以外,也要多参与复杂的互动,磨炼自己游刃有余的外交官气质。(3)练习当领导。在执行团队任务时担任关键角色的领导者有机会成为成功的 CEO。(4)建立旁观者视角。作为越级 CEO,往往只有企业内的群众视角,而缺乏局外人视角。应与有经验的外部专家及投资者接触并听他们如何分析企业,学习和理解不同的观点。(5)增加曝光度。通过看似与工作无关的社会活动(例如企业可持续发展的讨论、提高社会影响的活动、践行社会责任的事务)增加在整个企业内的曝光度,博得好感,增加影响力。

2. 越级 CEO 也要建立群众基础

（1）通过和企业元老"套瓷"的方式，寻求建议和指导。（2）恰当的时机在关键人物面前秀肌肉，包括在高层会议中发声，展示专业素养，参与战略讨论。（3）意识到自我行为的影响力，要知道员工都会盯着大领导的一举一动，想做高管就必须习惯自己的行为有观众。

3. 管理能力的自我建设

（1）领导力不等于做榜样，学会运用间接的领导力，同时要物色人选来搭建自己未来需要的领导班子。（2）拥有自己的幕僚团，在领导新团队时，就可以向幕僚寻求可靠建议。（3）了解企业管理体系，包括组织架构和各部门的职能。

4. 思考自己的长期定位

对越级晋升的候选人来说，要考虑自己能力的上限。虽然他们可能还没有意识到自己有资格角逐 CEO 的角色，但他们可以从发展的角度考虑，以便在下一个角色及以后的角色中取得成功。

总的来说，越级晋升的 CEO 因其非常规的晋升路线，有不必循规蹈矩、墨守成规的先天优势。但是这样的晋升，从候选人本人，到周围的同事，再到董事会与股东，都需要面对许多挑战与磨合。

五、新任 CEO 的成功取决于很多因素

从 CEO 候选人的角度，新任 CEO 的成功取决于很多因素，机会只留给有准备的人。CEO 的候选人应当做到以下几点：（1）有寻求反馈的习惯。对于习惯了成功和顺利的优秀人才来说，尤其难以主动保持这种习惯。（2）愿意挑战新角色。要体验多种企业角色，从不同的角度思考和观察。（3）候选人的能力和风格应当与角色要求相匹配。这个听起来有点像影视剧选角色，这位候选人是否能把这个角色扮演好呢？有些职业素养需要很多年的时间才能看出积累效果。如果我们看到周围的青年职场人开始有意识地积累知识、经验、技能，我们就知道，他有职业发展的野心，在提升自己在人才市场中的价值。

其他因素也会影响 CEO 的成功：（1）候选人要围绕自己建立团队，并不断提升整个团队的实力和活力。（2）候选人应当尽力从董事会、即将离任的 CEO、企业 CHRO（首席人力官）那里获得支持。

从企业的角度，应该对 CEO 的人选持比较开放的态度：（1）人无完人。一个潜在的 CEO 继任者无须非常完美。不必用一些特定的复杂职场经验当作硬性指标来筛选 CEO 候选人。（2）不拘一格降人才。深入了解

会扩大选择范围，并且通常会发现以前未被认可的顶尖人才作为跳级选项。采用多元化的领导力测试来考察候选人在复杂场景中推动事情的影响力。（3）建立测试环境。正如我们招聘员工时会进行工作模拟和工作样本的测试，企业也应该给 CEO 候选人准备一个考验领导力的测试环境。将 CEO 候选人放在企业内的高增长部门，考察他是否能敏捷、高效、坚韧地管理这个部门。好的候选人应该能在不可预测且快速变化的环境中，辨识出好的机会和有用的信息，并迅速采取行动。

另外，无论从怎样的职位走上 CEO 的职位，都要注意：一个好的企业 CEO 除了管理层级上的直接下属之外，在企业内部还应该有独立于权力和职位的幕僚团。这个幕僚团中的成员可能分散在各个部门和层级，CEO 与他们的关系是相对平等的私人关系，幕僚团负责随时向 CEO 提供诚实、客观的企业内部观察，并与 CEO 沟通从同事中听取来的意见、建议，但不需要为这些建议的可靠性负责。我们在实践中发现，老一辈管理者往往是在同一家企业积累了多年经验才升任高管的，群众基础非常深厚；而许多年轻有为的企业高管和家族企业接班人在这方面的意识和行动都有所欠缺。

六、离任 CEO 的回归

乔布斯重新回归苹果 CEO 一职之后，通过一系列辉煌的变革和创新，帮助苹果公司重新定位和重建，从一家濒临崩溃的企业最终成为世界上最强大的企业之一。CEO 回归的消息总是能引人注目。但研究表明，回归的 CEO，其表现并不令人瞩目。

史宾沙咨询公司的一项研究表明，[1] 与最初任期相比，回归的 CEO 往往在第二轮表现更差。2010 年以来，标准普尔 500 企业中，回归 CEO 的案例只有 13 人次。这些 CEO 在他们的第一任期间实现了 6% 的股票年化回报率，而在第二任期间带来的回报率仅为 2%。另一项发表于《麻省理工学院斯隆管理评论》的研究也有同样发现。[2] 1992—2017 年，标准普尔 1 500 强企业中，6 000 多位 CEO 中仅有 167 人次回归原企业。这些回归 CEO 领导的企业，年度股票表现比其他企业股票平均低 10%。

为什么曾经创造过辉煌的 CEO 重回企业却不能复制成功呢？许多 CEO 回归后会对企业的现状感到很陌生，而由于人的行为惯性，他们回归后做的第一件事就往往是先全部恢复原样。这对企业来说是倒退的，是一

---

[1] Tasman-Jones, Jessica. From Disney to Starbucks: Do boomerang chief executives bounce back? FT services for organisations, 2023.
[2] Bingham, Chris, et al. Boomerang CEOs: What happens when the CEO comes back? *MIT Sloan Management Review*, 2020: 19-27.

种严重的浪费和误导。这是因为，企业的业务状况、消费者偏好、竞争对手、供应商、人口统计数据或更广泛的经济环境已然发生变化。这些变化在充满活力和快速变化的行业中尤为明显且存在问题。比起第一次接触这个企业的其他 CEO，回归的 CEO 抱着更老旧的认知来管理新环境下的企业，因此会造成企业表现更差。

董事会在考虑离任 CEO 回归时，应注意以下三点。

1. 前进而不是后退

回归的 CEO 可能头顶光环，但这样做最终可能会使企业倒退而不是前进。许多成功的 CEO 其实只会一招[1]。对 CEO 的研究多次发现，他们对所在行业的运作方式、哪些选择是可行的以及组织应该如何运作有一个相对固定的范式。

2. 不要忽视继任计划

召回前 CEO 实际上表明管理上有大问题：首席执行官继任计划失败。为了很好地规划继任，企业管理层应该广泛地考虑周围的执行团队，而不是狭隘地只考虑 CEO。研究表明，为团队成员提供广泛的业务实践经验并培养他们担任最高职位所需的广泛技能，将确保企业始终有人可以接手。

3. 尤其要小心召回创始人

研究表明，大多数回归的创始人表现特别差。尽管创始人拥有领导新企业所需的创业技能，但他们往往缺乏必要的管理技能应对更大、更复杂的组织。如果企业陷入危机或需要扭亏为盈，需要的管理能力与创立新企业截然不同。

---

[1] 详见第五章第二节相关内容。

第四篇
激　励

- 在目标、过程、结果这三个方面中只能选两个进行绩效管理和考核。
- 管理的机制和行为中引入一定的随机性，可以避免管理者与员工的博弈白热化。
- 管理规则的改革可以改变人的行为，短期影响大，长期影响小；规则制定者应该关注长期效果。
- 增加运营成本来提高人力资源效能不算本事，好的人员管理制度变化是在不增加企业成本的前提下，提高人力资源效能。
- 需要激励的不是能力和经验，而是实际产出的工作效率。

第四章

滲透

第六章

绩　效

当今社会，管理者普遍地认识到绩效管理是影响员工行为的一个重要因素。绩效管理能够把员工的工作行为、个人利益得失、集体利益得失这三者连接起来。绩效是把定性目标转换为定量得失的中间环节。苹果前CEO乔布斯曾说："绩效管理应当能够激发员工的内在优势。绩效管理应当能够包容和鼓励员工提出改变现状的创意。"

对于绩效管理，我们推荐一个重要的实践要领：在目标（工作的方向）、过程（工作的执行流程）、结果（工作的产出）这三个方面中选两个进行绩效管理和考核。如果三个都管，相当于没有给事情不成功的风险和不确定性留下任何包容余地，工作中的意外风险全部都由员工负担，员工压力会很大。如果只管一个，会大大降低绩效管理的激励效果。应该根据员工特征和任务特征，从这三方面里面挑选两个进行管理。比如：对于缺乏经验的年轻员工，绩效管理应当注重过程和结果，而暂时不需要向员工宣讲企业的大目标；对于有经验的老员工，绩效管理可以抓住目标和结果，注重完成度，而无须关注过程；对于不确定性很大的工作任务，绩效管理只需明确目标，考察员工是否尽力推进，而无须定期要求达成某种进度的结果。

第一节 | 绩效管理体系

绩效管理要能够协调组织的战略目标和个人的利益，使个人和组织成为一体，而不是采用个人作为乙方、组织作为甲方来考核个人的方式。IBM 前 CEO 郭士纳曾说，绩效管理不是一个考核的过程，而是一个管理的过程。

一、绩效管理是人力资源管理的核心功能

绩效管理是一项系统工程，对于商业组织达成自身战略目标和运营目标至关重要。战略目标指的是企业长期的方向，运营目标指的是企业当下的行动。绩效管理要做到将长期的发展、短期的发展、个人的长期目标、个人的短期工作行为全部统一起来。在宏观层面，它应该起到三方面的作用。

1. 锚定

企业与员工在产出速度及总量的预期方面达成共识。很多时候，员工并不清楚多少产出是合格的，而绩效管理就是要设定及格线以及各种分数线对应的产出水平。企业在建立绩效管理体系并对员工提出绩效要求时，就是在设定员工工作表现的打分体系。有了打分体系，双方就达成了共识，这就达到了锚定的效果。

2. 监督

在建立了一个绩效管理体系之后，就可以定期比较企业对员工的预期与员工实际产出之间的差距，不论是超出、刚好做到或是存在差距，企业都可以对员工进行监督和反馈。

3. 管理

把员工的实际产出与预期之间的差距同员工的个人收益挂钩，这样员工即使出于利己的目的，也会努力工作，为企业的发展添砖加瓦。

在微观层面，绩效管理涉及员工个人职业生涯中的晋升或加薪。在晋升时，企业会在所有员工中选择绩效水平高的员工纳入考虑范围。在薪酬方案中，企业可以给高绩效员工发放项目奖金或年终奖等物质奖励。

绩效管理无论是在宏观的组织管理层面，还是微观的个人发展层面，都是人力资源管理的核心功能。绩效管理的具体功能，是把商业组织的宏观目标（组织绩效）拆解成每一个员工的微观目标（个人绩效），使每一名员工的个人工作产出在组织产出中有一个具体的位置和贡献，并且可以

对每个人的微观进展及组织的宏观进展进行定期考察。

二、绩效管理体系设计的难点

第一个难点在于，从宏观指标到微观指标之间存在着一些难以操作的模糊地带，设计绩效管理体系的过程既是科学又是艺术。在团队管理章节中，我们详述过协调的重要性：每一个人做好分内的事情，再经过合理的协调，才能保证企业完成目标。绩效管理就是通过考核制度将员工行为与组织目标对齐的工具。因此，一个好的制度不仅应该在微观层面对员工群体是合理和公平的，也应该在宏观层面对推进企业发展是有效的。

在设计制度时，由于一些实际因素，企业无法运用一个固定的绩效管理制度模板进行管理。比如，当管理者对员工的实际工作能力以及潜力并不准确了解的时候，绩效指标要如何设定？是为员工设定一个增长幅度，还是一个具体的KPI[1]，或者要求员工自己来定绩效指标？这个过程不仅会涉及一些纯理性的、类似于数学或工程学的内容，还有一些艺术化的、通过对人性和组织的了解才能够进行的个性化处理。

第二个难点在于，事前确定的目标和事后的结果之间存在不可控因素。正如我们在本章导言中介绍的实践要领那样，在目标、过程、结果这三个方面中，选择两个方面进行绩效管理，才能使绩效管理体系包容不可控因素。

企业在绩效管理上的投入非常大，但是结果参差不齐。对企业来说，它们认为绩效管理非常重要，管理层尤其是一把手会认为绩效管理是最刚性的管理手段，是在向员工提出直接的工作产出要求。然而，员工往往对绩效管理怨声载道。人力部门与业务部门员工谈绩效时，员工一定能说出许多关于绩效管理在制度、执行、设定上的不合理之处。但如果问问员工："既然你这么不喜欢绩效管理，用固定工资如何？"员工都不愿意，因为双方都要依赖绩效来确定部分的薪酬。企业也是如此。努力工作的员工想要获得物质奖励，企业要通过物质奖励调动员工积极性。

绩效管理的力不从心有两方面原因。在执行层面，员工普遍认为这是一种琐事，是一种形式，是凭上级主管对员工的整体印象来给绩效评分。在管理层面，管理者普遍认为这会耗费很多时间和精力。我们一直强调，管理者的时间定义了企业规模的边界，绩效管理的执行耗费管理者的很多时间，而这些时间也许可以用来见客户或思考公司战略，从而获得更大收益。

---

[1] 关于KPI的定义，详见本章第二节相关内容。

基于这样的背景情况，本节接下来主要探讨三个问题：（1）好的绩效管理体系应该符合什么样的标准？（2）目前许多企业的绩效管理体系不奏效是哪里做得不对？（3）绩效管理的未来应该是什么样的？

三、优秀的绩效管理应该符合怎样的标准？

好的 KPI 不是在衡量员工为企业创造了多少利润，而是要寻找企业当下发展和未来发展需要的特质，让员工为了这些特质去努力，这样才能让企业向着成功的方向顺利发展。而为了达成这个目标，企业需要负责两点：第一，确认企业战略的方向和落地是正确的；第二，在绩效管理层面，确认对员工的要求与企业的战略发展方向一致。

在这个过程中，绩效管理应做到公平。只有公平才能使绩效管理推动正向的商业成果。[1]管理者应该怎么做才能让员工认为企业的绩效管理体系是公平的呢？

（1）绑定个人的目标和企业的核心目标，防止员工产生迷茫心理，让员工明白自己的贡献在企业的整体发展中占据了什么位置，起到了怎样的作用。这样员工会更加有成就感。

（2）企业给员工设定个人目标后，要确认员工有能力达到这个目标，这不仅需要员工有这方面的技能、经验和知识，还需要团队、组织的其他成员以及管理者给予员工足够的支持，对员工进行有效的辅导和培训。通常情况下，成年人都有相应的学习能力，但是在大部分的职场人身上，让他们保持长期的自驱力即学习的需求，需要很强的自律。因此对于大部分员工来说，企业设定绩效目标以及个人目标之后，再对员工进行有效的辅导，会显著增强他们的学习意愿，加快他们的学习速度，让他们能够迅速地把自己的所学应用于达成个人目标中去。

（3）使绩效和薪酬挂钩。大多数员工在意的是，完成个人的目标对员工自己有什么好处？这归根结底是激励的问题，而薪酬又是激励的核心部分。因此，企业可以通过个人对物质利益的渴望来督促员工完成个人目标。

（4）处理好企业与员工的风险分担。外力带来的风险到底应该由个人承担还是由企业承担呢？比如，两名员工得到的任务是一模一样的，技能、工作环境和辅导也完全一样，但在任务进展过程中出现了外力带来的风险，导致其中一人完成任务的进度受到影响，得到的绩效打分较低，这就构成了绩效管理中的不公平。因此，公平的绩效管理体系应该做到：外

---

[1] Chowdhury, Sabrin, et al. Harnessing the power of performance management. McKinsey & Company, People & Organizational Performance, 2018.

力带来的风险由企业承担，员工个人行为引入的风险由员工承担。

四、OKR 管理体系

OKR 是一种管理工具。它最早来自彼得·德鲁克的目标管理理论，认为目标应该既关注短期，也关注长期。像组织战略发展方向这样的长期目标，也应该纳入目标管理。后来，英特尔总裁安迪·格鲁夫将德鲁克的思想框架进一步细化，提出了"高产出管理"的思想。[1]高产出管理强调以下四个方面：（1）聚焦少数重要目标，使管理者和员工都把精力放在收益率最高的核心目标上。（2）目标设定过程是一种上下级之间的双向互动过程。这包括了从上级的组织目标到下级的个人目标的分解过程，和下级的个人产出到上级的组织产出的整合过程。（3）提高目标设定的频率，以季度或月度为周期，提高企业对外部环境变化的响应速度。（4）目标有挑战，通过高目标激发挑战精神，促使员工为了提高目标的完成度而努力工作。之后，接受过格鲁夫管理培训的英特尔员工约翰·杜尔将他的"高产出管理"理念带入谷歌并不断完善，逐渐发展成熟，最终形成了今天的OKR 模型。[2]

OKR 是一种定性的工作目标与工作行为对齐方法。O 是指目标（objectives），KR 是指关键结果（key results）。每位员工应该有一个 O 及与这个 O 对应的 3～5 个 KR。在实践中，理想状态下的企业 OKR 体系如图 6-1 所示。由 CEO 先确定自己的 O（一般情况下，这个 O 等同于企业发展目标），然后确定自己的 3～5 个 KR。然后，CEO 的直接下属从 CEO 的多个 KR 里面领取与自己的职能相关的一个 KR，并让这个 KR 成为自己的 O，然后再确定自己的 O 对应的 3～5 个 KR。以此类推，所有员工的 OKR 之间，由他们的上下级关系相连，构成一个树状图。图中每一个员工的每一个工作动作都应该贡献于该员工的某个 KR，然后所有人的 KR 经过组织的汇总，最终都贡献于 CEO 的 O，也就是企业发展目标。

OKR 体系中，每一个周期开始设定的 KR 到周期结束时完成度不必是 100%。实际上，健康的 OKR 体系中，大部分人的 KR 完成度应该在 60%～70%。若完成度超过 80%，说明目标挑战性不足。若完成度低于 40%，代表目标挑战性较高，需要重新判断之前设定的目标是否合理，

---

[1] Doerr, John. *Measure what matters: How Google, Bono, and the Gates Foundation rock the world with OKRs*. Penguin Publishing Group, 2018; Grove, Andrew S. *High output management*. Random House, 1983.

[2] Grove, Andrew S. *High output management*. Random House, 1983.

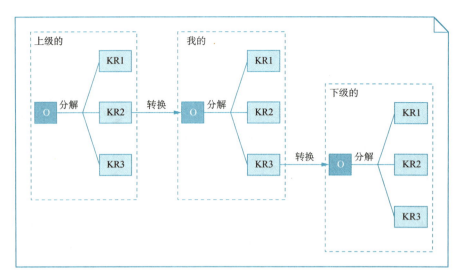

图 6-1　企业 OKR 体系示意图

或调整该目标。因此，KR 应当是有些难度和挑战的目标，跳一跳能够得着。

OKR 衡量的是一个有挑战的目标的完成度，且预期的完成度是六到七成。它传递的管理信号是：工作过程中遇到的风险由企业承担，完成度高可以奖励，完成度低会被认为是目标设定过高，因此有奖无罚。OKR 看重的是完成度的定性划分，因此这种没有明确量化规则的管理体系，无法直接用于制订绩效薪酬制度。

在企业实践 OKR 体系的时候，会出现一些具体操作上的挑战。我们举两个例子。

（1）在团队分配任务时，下级都想从上级的 KR 中领取更容易做的那些来当作自己的 O，而难度大的任务没人愿意做。而 OKR 体系并没有详细规定在下级之间如何分配 KR，因此，下级们都会想要与上级搞好关系，才能先挑选 KR。出现这么多主观因素后，可以想见，无论怎样的分配方式，都会令一些员工不满。

（2）上下级之间的 OKR 协调不完美，导致下级的 O 不在他的直接上级的 KR 中。他的 O 可能在上级的 KR 中，也在他直接上级的其他平级同事的 KR 中。这时，他想要推进他的 OKR 来达成他的 O 时，就无法从他的直接上级那里得到支持和帮助。然而，越过他的直接上级去向那些 KR 与自己有交集的上级们求助，又犯了职场中不可越级的忌讳。这会导致员工的工作难以推进，在企业的人际关系中举步维艰。

案例 6-1

谷歌 OKR 管理体系的六个方面[1]

1. 频率为半年一次或一年一次

在谷歌的 OKR 管理体系中，OKR 的设置及回顾每季度进行一次。季度末进行 OKR 的回顾与总结，是关于工作进展的总结、评估与反馈。OKR 管理侧重对齐正在进行的个人工作任务与企业阶段性目标。而 KPI 绩效考核频率为半年或者一年一次，考察项目的完成情况。绩效考核侧重对过往工作行为的评估和追责，能够与薪酬定量对应。

2. 员工自评

在每半年或一年开展的绩效评估中，员工对自己过去的 2~4 个周期的 OKR 目标及完成度进行总结评估。这样的自我评估，使员工更看重自我价值，企业就可以通过这种自我价值来驱动员工的主动性和积极性。

3. 同事反馈

同事反馈是绩效评估中的一个重要环节，通常可以邀请合作伙伴、其他部门协作的同事来评估。

4. 上级评估

上级根据该员工的季度表现、员工自评与同事反馈以及其他因素为员工的绩效打分。

5. 绩效校准

通常参与打分的上级会组成校准委员会，阐明打分理由，以保证评估公平性、可信度和高效性。

6. 绩效面谈

绩效面谈中，管理者通常传递两种信息，包含奖励分配谈话与员工发展谈话。

点评：通过以上可以看出，谷歌的 OKR 体系非常注重员工的自我价值驱动，这大幅提升了员工工作的激情与发展潜力。

五、绩效管理体系不奏效的常见原因

企业实践中不完美的绩效体系常常在以下五个方面受到诟病。

1. 强调了过去而不是未来

从人才观的角度来说，绩效评估的本质是要求员工对过去的行为负责，这决定了这种考核形式强调的是过去，而不是未来。因为未来还没有发生，努力付出的成果也还没有看到。绩效评估中，很难考核员工当前工作对企业未来发展的贡献。

---

[1] 汪亚莉：《OKR 绩效管理体系研究——以谷歌为例》，纳税，2018 年第 1 期.

2. 绩效考核标准很难保证员工之间的公平

每项任务的难度和风险都有所不同，如果企业要求员工承担风险，员工就会挑选相对风险较低而收入可观的任务，这样对于企业激励员工不利。如果要保证公平，就意味着企业要赋予高风险的任务更高的利益，而这又引出了更难量化的新问题：多高的利益是合理的？多高的利益是公平的？假设一名员工认为自己得到的任务比其他员工的更难完成，他拼尽全力才能够完成 KPI 的 95%。而 KPI 的绩效打分只有完成和未完成这两档，因此，虽然他完成了 95%，但在企业制度中属于未完成，这种情况下他可能会选择放弃努力，直接"躺平"。

3. 绩效考核没有鼓励同事之间的合作

当绩效考核只有个人 KPI 时，所有员工都只愿意做自己 KPI 之内的工作。当其他员工向他求助时，往往需要他额外付出一部分对绩效打分没有帮助的工作努力。因此，被求助的员工不愿意帮忙，部门之间的合作也较为困难。

4. 绩效考核制度不够及时

绩效管理体系一般都是先以年度为单位进行绩效的反馈、总结和奖惩，再设定下一年的绩效目标。这样的节奏对于如今多变的环境来说过于缓慢。但是，考虑到绩效管理耗时耗力，提高考核频率会导致管理者要花费更多的时间在绩效管理上。另外，年度绩效考核与当代企业流行的频繁转岗活动有冲突：很多时候每 2~3 年员工就要转岗，这意味着这个员工的年度绩效考核有时候要基于他在两个不同部门的综合表现。而转岗之后，员工通常需要时间适应新的岗位，这就会影响他该年度的绩效。这样会导致员工只愿意做流程化的任务，对转岗和轮岗学习新的工作内容很排斥。

5. 绩效评估中的主管个体差异[1]

当上级为下级打分，部分上级的习惯是没有特别满意就给 4 分，其实他的 4 分几乎等同于其他主管的 5 分，而只有熟悉这个管理者的人会知道他的习惯。当组织越来越庞杂，不同主管给出 5 分的含义如果不一样的话，很难去比较，会影响公平性和员工感受。

在有主观性的绩效评估过程中，上级对下级的偏见偏袒、派系关系、亲疏远近等各种人际关系和裙带关系都会影响绩效打分。长此以往，如果主观性带来的问题系统性地影响企业的公平性，就会制约企业的发展。

---

[1] Demere, W., Sedatole, K. L., Woods, A. Why managers shouldn't have the final say in performance reviews. *Harvard Business Review*, 2018.

在这样的环境下，一般企业会设定校准委员会来减少或消除不一致，加强绩效和奖励之间的公平性，但这也会导致行政成本的增加。当然，现在也出现了很多帮助减少行政成本的软件，有些绩效管理、人力资源管理或者团队管理的软件本身就已经自带校准功能，帮助我们简化实际操作的步骤。比如飞书里自带的人力资源管理多维表格，表格当中有一个功能就是对不同主管的绩效管理打分进行比较和校准。

既然主观评价有诸多缺点，是不是可以提倡一种百分之百客观的绩效评估制度呢？在绝对客观的绩效评估中，上级对下级的绩效得分、奖金、职级变化都没有主观话语权。这样的制度就像让所有员工在年底做一份试卷，根据考试成绩分配奖金。这时往往会出现管理者没有办法调动员工工作积极性的情况。要知道，只有上级对下级拥有一种主观权力的时候，下级才会听从上级的安排。我们用一个学校环境中的案例来说明，主观的绩效评价是管理者权力的体现。

案例 6-2

完全客观的绩效评价制度导致管理者领导权力的消失

学校发布通知：两个星期后，每个班级的班主任推荐两位候选人，参评优秀学生。A 老师直接向他的班级宣布，由他全权决定人选。B 老师为了保证公平客观，决定出一套试卷，让全班同学参加考试，考试分数最高的两位同学成为候选人。

这两周时间中，A 老师班级的同学们学习积极主动，在学校帮助 A 老师维护班级秩序，协助 A 老师的工作，还会给 A 老师送礼物。最后，A 老师选出的两位候选人对 A 老师非常感激。

B 老师班级的同学沉默地备考。考试后，得分最高的两位同学认为自己凭本事得到了推荐资格，并不感谢 B 老师。另外，B 老师还被其他得分不高的同学投诉，认为 B 老师出的考题不合适，用考试成绩选拔优秀学生候选人这个制度不合理，对学生的考察不全面。后来，没有得到推荐的同学还开始排挤孤立两位得到推荐的同学。最后，所有同学都对 B 老师不满。

后来，B 老师才意识到，他把主观的绩效评价权力，让渡给了客观的评价标准，失去了对学生的领导力和控制力。这个例子告诉我们，保留一些主观的权力，是上级对下级命令能够下达的前提条件。

六、绩效管理的未来

当代企业的绩效管理体系正在发生一些有趣的变化。

很多企业都在将绩效管理体系简化，并将绩效与员工薪酬解绑。在麦肯锡的一项全球调查中[1]，2/3 的受访者所在企业在过去 18 个月中开展过绩效管理体系改革，但各企业的改革方向不同。最常见的方向为：简化评分体系、采用灵活便捷的绩效评估流程、将绩效与薪酬解绑、修改"定目标"的流程、提高辅导和讨论员工发展的频率、取消员工排名制度。这种趋势反映了三个核心诉求：（1）管理者想要节约时间；（2）管理者想要避免上下级之间制订 KPI 时的谈判冲突；（3）鼓励合作，鼓励高频的沟通。

企业还应当关注核心人才，确保绩效管理体系对这部分人才来说公平、合理。一项在 2012 年发表的研究证实[2]，员工个人表现的分布并不是我们通常认为的正态分布，而是幂律分布。企业 10% 的生产力来自前 1% 的员工，26% 的产出来自前 5% 的员工。企业设计绩效管理体系时，势必要在"全面地公平对待所有员工"和"充分地激励核心员工"这两个目标之间进行取舍。未来的企业绩效管理体系应当向后一个目标倾斜，着重去激励为企业生产核心价值的少数员工。

企业可以利用绩效管理体系从员工群体中筛选出这部分核心人才。未来的绩效评估，不再是问责，而是找到前 5% 的优秀员工，用丰厚的奖励锁定他们，并且让他们的产出和创造最大化。

在未来，绩效薪酬只是绑定个人与集体利益的手段之一。劳动力市场和资本市场已经发展出了各种其他的具有激励效果的方法和产品，比如股票和期权，以及完全侧重员工个人职场发展的绩效管理体系：员工如果工作又快又好，企业就向员工提供更多的晋升机会以及学习或培训的机会，不断地提高员工在劳动力市场中的价值。

绩效是管理的手段，更是战略落地的抓手。它的重点是让核心员工充分发挥他们的主观能动性和创造力，为组织利益以及组织未来的发展服务。当一个企业定下战略目标后，所做的人力资源管理方面的配合，就是制订或调整绩效管理体系，让员工朝着企业的战略方向努力工作。

第二节 | 绩 效 考 核

KPI 是一系列可量化的工作表现的客观指标。这些指标可以帮助企

---

[1] Chowdhury, Sabrin, et al. Harnessing the power of performance management. McKinsey & Company, People & Organizational Performance, 2018.
[2] O'Boyle Jr, E., Aguinis, H. The best and the rest: Revisiting the norm of normality of individual performance. *Personnel Psychology*, 2012, 65(1): 79–119.

业了解员工的工作表现是否与企业发展目标一致，并度量员工对企业的贡献。KPI 指标的客观性能够减少偏差与偏见，提高企业绩效管理的透明度。KPI 体系可以让管理层了解员工绩效表现趋势，帮助管理层决定如何让员工创造更多价值。

KPI 绩效管理分四个实施步骤。

（1）明确组织目标，然后将其分解成各部门和个人的绩效目标。

（2）根据个人的绩效目标，将其分解成一系列可执行、可衡量、可比较的 KPI 指标。指标数量不宜太多，不宜过于具体或形式化，也不宜过于宽泛或模糊。

（3）设定达成 KPI 指标的时间周期和责任人。

（4）到期进行绩效评估和反馈。

当企业可以找到客观指标衡量工作表现时，可以将这类指标定义为 KPI。KPI 体系从上至下委派任务，摊到个人。KPI 衡量的是工作表现的结果，也就是产出，传递的管理信号是：工作过程中遇到的风险由员工承担。由于在企业预期中，员工应该完成他们的 KPI，因此完成度和企业的物质赏罚机制之间可以建立定量对应关系。这样的绩效考核非常直观，且可以直接将考核结果用于制订绩效薪酬制度。

 案例 6-3

绩效考核体系中，KPI 必须是客观指标

一家房地产开发公司曾经长期实施 KPI 绩效考核体系。绩效考核以部门为单位，每周五都会收集各部门的周计划，每月底会收集下月的月计划。计划中包含对上一周期工作的完成情况的反馈。并且，各部门负责人及关键人员会聚集在一起，沟通交流目前工作进展。由人事部门对各部门的工作完成程度进行评估并公布，然后通过绩效考核结果确定各部门人员的绩效工资占比（比如，绩效工资占比 30%）。

点评：订立月计划及周计划并按时反馈进度，可以把工作拆分到各个小周期，并且把工作划分到个人，这样可以明确工作任务，提高工作效率。考核以部门为单位，可以促进部门内部的团结。每周的周例会也可以使部门间更好地沟通及相互协作。

房地产公司的 KPI 通常会将员工考勤、开发进度、销售业绩、客户满意度、回款情况等作为考核指标，这些指标比较客观、透明。

但是，这样看似科学完善的绩效考核体系在企业内执行一段时间之后，企业发现了一些弊端：

（1）工作计划是各部门自己订立的，为了使自己能够完成考核，目标会定得越来越低，加上绩效工资只占比30%，从而使KPI考核并没有取得很大的效果。

（2）部门间相互PK的情况，不利于部门间团结。

（3）只为了完成KPI指标，而忽略了全局的考虑（例如，当时工程部为了可以完成KPI，把车位数量划得尽可能多，没有全面深远地考虑，最后使其中一个楼盘车位划分不合理，客户体验感不好；划了过多的车位，使车位不紧张，反而影响了车位销售）。

结果，KPI绩效考核体系只增加了人事及财务部门的工作，却没有收到很好的激励效果。

最后，人事部门对KPI绩效考核体系进行了优化。

（1）周计划及部门间的周例会继续进行，这非常有利于提高效率。

（2）关于绩效考核结果，除了考勤以外，只影响年终奖金。

（3）考勤奖励部分由公司发放，但是罚款部分交由综合部用于组织员工聚餐。

（4）每个地产项目在销售完成阶段汇总实施一次评估奖励，从而使计划的制订更多地从整个项目考虑，也在一定程度上增加了员工的稳定性。

点评：绩效考核非常重要。但是，一定要设计合理。KPI指标必须是可以客观衡量的、公平有效的，这样才能激励员工提高生产效率，增加员工的凝聚力。

案例6-4

一家高科技公司的绩效考核困境

某公司创立超过十年，拥有300位左右的员工，人力的管理一直让创始人比较头疼。创始人总结的问题如下：（1）扁平的组织架构，空降的职业经理人效果不佳。（2）自己培养的中高层大部分在公司工作了5年以上，"技而优则管"，专业技能比较强，但是管理能力未必强。（3）公司的绩效管理体系也不成熟，无法量化员工的工作和产出，工作分配不均。

创始人想要推行绩效改革，得到一个多劳多得、鼓励先进的激励机制，并为员工的升迁、奖惩和职务调整提供一些数据上的依据。

考核体系的设定遵循两方面的原则。

（1）公平、公正、公开。使用线上的KPI管理软件，按月度，由上级和平级对员工的绩效打分。

（2）责任自律原则。所有参与者都要对评价结果负责，恶意评价者当月绩效为0。

绩效考核的打分将直接影响员工薪酬。

这项改革目前进行了一年多时间，整体效果利大于弊。好处是他们能够识别出优秀员工，并给到激励，也能找到那些空闲或能力差的员工，促进他们提升或者把他们淘汰。但是弊端也很明显，频繁地设定绩效、做各种评价花费了管理者太多的时间。

点评：在这个新制度中，管理层被定制的人力需求拖累。当高技能、高认知度的员工在企业内占比较大的时候，企业总是想要因地制宜、因材施教，想要个性化定制的薪酬和绩效评定方案，这样做的行政成本是很高的，违背了我们说的"管理者的时间是企业规模的边界"原则。长此以往，由于管理者没时间做业务，企业会不停地增加管理者，但是每增加一个管理者，考核、监督和沟通的成本也是成比例增长的，会造成管理层的冗余，以及管理者薪酬成本的大幅度增加。

第七章

薪　酬

　　如果企业要激励一名员工，可以采用的激励手段包括物质激励和非物质激励，其中物质激励就是薪酬。企业可以选择对自己来说成本最低的方式。在大部分场景中，薪酬是最直观、最常规的激励方法，也是最容易带来员工产出、提升效果的激励方法。

　　比起其他人力资源管理活动，制订薪酬体系、调整薪酬水平是非常低频的活动，且仿佛只与人力资源部门有关。但是，有关薪酬的疑问却相当高频地出现在许多企业管理者的思索和讨论中。初创企业的创始人见到人力资源管理方面的专家学者，常常会问："薪酬水平到底该怎么定？"大企业高管遇到核心人才跳槽离职时也会疑惑："难道是我们企业的薪酬没给够？"甚至有冲动想要问一问："他们到底给你多少钱？"还有些时候，薪酬体系的失效也会令管理者抓狂，比如优越的薪酬待遇却没能带来高水平的工作成果，或者涨薪后员工反而更加懈怠等。

　　在本章中，我们将从宏观到微观，循序渐进地探讨薪酬体系。第一节从薪酬方案的设计理念角度讨论，薪酬方案的目的是什么，如何达成这个目的，以及设计薪酬方案时种种考量的轻重缓急。第二节从薪酬公式的各项细节中讨论，薪酬的总体水平和内部构成如何影响了薪酬作为激励方法的有效性。第三节探讨绩效与薪酬的对应关系，并从员工对薪酬体系及其调整的反应的角度讨论，在执行和修改薪酬方案时应该注意什么。第四节探讨薪酬中的股权及其作为未来的不定额现金收入的特征和使用技巧。第五节探讨了另外一种形式的物质激励，即员工福利。

如果你没有时间详细阅读本节，或者对本节中的理论有所不解，再或者你在实践中遇到与薪酬体系有关的疑问或迷茫时，建议你与企业里辅助岗位上的蓝领员工讨论薪酬问题。比如，保安非常清楚奖金分配如何影响了员工的加班时间，保洁对员工的工作条理习惯很熟悉，而司机对大部分岗位如何看待薪酬都比较了解。这是因为，他们来自市场竞争较为活跃、不存在企业或行业壁垒的蓝领职业，既能近距离地观察企业中大部分员工的工作行为，又能对企业核心岗位的薪酬问题置身事外。甚至，他们曾供职于许多不同行业和体量的企业，能够为你提供丰富的案例和比较分析，这对很多企业管理者来说，是一个有趣的新视角。

第一节 | 薪酬的设计方案

薪酬设计方案是一个抽象的话题，主要探讨薪酬整体的设计思路、薪酬的相对结构，以及它对应的人才结构。设计一个好的薪酬方案，需要兼顾理性的考量（包括机制设计中的人类决策及数学模型）和感性的考量（包括薪酬与道德、信任之间的关系）。这一节的内容既有抽象的原则，又有具体的知识落地，通过新兴行业和传统行业的不同案例，展示了薪酬设计原则对企业发展的重要性。

薪酬是最常见的激励方法。薪酬可以激励员工，让员工表现更佳，这在企业实践和心理学研究中都有阐述。一位著名民营企业家在他的演讲中曾说："钱给多了，不是人才也变成了人才。"此言成立的假设条件是：人才能够受薪酬的影响和激励，从而保持高绩效。他的观点与美国心理学家爱德华·桑戴克提出的"强化理论"[1]一致。强化理论认为，如果跟随高绩效而来的是奖励，那么未来很可能仍然会保持高绩效；如果高绩效没有得到奖励，那么未来保持高绩效的可能性很小。大部分处于社会生活中的人，都喜欢正向反馈，包括精神上的夸奖和物质上的奖励。如果做一件事情可以得到正向反馈，人就会在这件事情上投入更多的时间精力，期待获

---

[1] Thorndike, Edward L. Animal intelligence: An experimental study of the associative processes in animals. *The Psychological Review: Monograph Supplements*, 1898, 2(4): i.

得更多的正向反馈。高薪酬以及职场中的认同感，就是企业能够提供的正向反馈，企业让正向反馈与高绩效紧密关联，能够激励员工提高工作表现。这也就是"钱给多了，不是人才也变成了人才"。

薪酬的主要作用是激励员工，但这并不是它唯一的用处。薪酬方案还可以提升员工的士气、积极性和满意度。更重要的是，适当的薪酬水平满足了员工的物质生活需求之后，员工会发自内心地喜爱和关注工作内容，认为在企业得到了社会认同和成就感，从而对自己和企业都更有信心。有了这样的物质与精神条件基础，员工会更有自我驱动力和创造力，进而促进组织的成长和发展，提高组织的运行效率。综上所述，薪酬的激励作用建立在人向外寻求正向反馈的欲望之上。通过薪酬获得了充分的外部正向反馈的员工，会转而向内寻求自我的正向反馈。由自我认同驱动的灵感与效率是企业无法以薪酬的方式提前明码标价的。

一、薪酬设定方案的理论知识[1]

薪酬方案是人力资源管理战略的一个重要组成部分。在设计企业战略的时候，要涉及人才战略，其中的首要任务是设计一个合理的薪酬方案。当招聘已经顺利执行并且企业的组织架构也已经构建完善，如果此时薪酬方案没有设计到位，则会影响企业的整体运行。

薪酬整体上分为四个部分：工资、奖金、福利和其他各种现金或者非现金报酬。薪酬设计的目标是吸引人才、激励人才并留住人才。如果企业内部薪酬设定合理，员工能够给企业带来的附加值也会更高一些；相反，如果员工对薪酬设定不满意，会增加人员流动的风险，也会降低最终留下的员工的工作质量。

薪酬方案是一个动态的过程，受多方面因素影响。

1. 企业战略

它应当时刻配合企业战略调整而变化。很多企业在制订企业战略方面会花很多的心思。在咨询公司的业务中，战略咨询的业务是最多的，一家企业甚至会向多家咨询公司购买战略咨询服务，将它们的方案进行对比，最终得出一个满意的方案。然而，一些中国企业的管理咨询需求中对人才战略的强调是不够的。事实上，人才战略非常重要。企业对员工群体在整个行业中的定位决定了企业支付的薪酬和福利待遇在行业中的定位。

2. 组织规模

企业不断地扩张并不总是代表有利情况，有的时候企业规模的克制和

---

[1] Human Resource Management. University of Minnesota Libraries Publishing edition, 2016.

收缩对于企业的健康发展也是有益的。组织的规模发生变化，薪酬的策略也要变化。

3. 企业价值观

一家企业的薪酬体系整体传达了企业的价值观：是员工利益第一，还是股东利益第一，或者客户利益第一。如果企业的价值观认为股东利益第一的话，常见的薪酬设计方案的思路是在不影响员工产出的情况下，尽量压缩人工成本。如果是客户利益第一，企业会以客户满意度和客户需求的实现度作为员工的主要衡量标准，并直接与薪酬挂钩。

4. 时间周期

如果企业设定的薪酬体系中，员工工作表现到薪酬反馈的时间周期比员工工作投入到产出的时间周期更短，那么员工的长周期创造水平就会比较低。因此，激励的周期和员工工作的投入产出周期应当尽量一致。

5. 员工对制度的熟悉度

刚确定制度的时候，制度可能是完善且公平的。但是，随着员工反复琢磨这个游戏规则，它就变成了有漏洞的不公平的游戏，因此就需要再次调整了。所以，这个调整的动态是跟员工盘明白游戏规则的效率挂钩的。因此，在外部环境不变、员工群体也不变的情况下，动态调整仍然有价值。

6. 鼓励创新的成效

鼓励员工进行合理的创新，为企业注入创造的动力。创新并非只要投入时间就可以匀速产出的工作活动，因此鼓励创新需要相对宽松且奖励幅度较大的薪酬制度。更重要的是，企业可以随着企业发展需求来动态调整大幅度奖励的创新方向。

二、薪酬方案的三种类型

薪酬的类型主要有以下三种。

1. 工资

方案之间的差异主要在于按工作投入的时间还是按工作产出的成果计酬。例如：（1）周/双周/月薪，即每周、每两周或每月提供固定薪酬，加班不加薪；（2）时薪，即每小时薪酬；（3）计件制薪酬，即每件产出获得固定报酬。

2. 激励计划

方案之间的差异主要在于员工收益按员工产出的固定比例还是按照达到某一指标的固定金额确定。例如：（1）佣金，即固定工资之外，获得个人销售额的固定百分比作为奖励；（2）奖金，即达到或超出某个固定的绩效目标可获得的奖励；（3）股票期权，即员工可按照特定规则购买企业股票。股票期权与实际给予股票不同，它让员工以设定的价格（显然，通常比现行价格便宜）购买。

3. 其他类型的补偿

补偿覆盖的内容都是正常社会生活中常见的个人需求。例如：（1）假期；（2）健康保险及护理；（3）社保。

案例 7-1

固定薪酬与二元化的绩效薪酬方案

一家农业企业的 CEO 想要提高农产品分拣车间中的员工产量。

阶段一：固定薪酬。车间工人按日获得固定工资。每日 10 元，每日产量至少 300 千克。这时 CEO 想要提高产量，但是不知道如何设定产量达标线比较合理。如果 CEO 自己亲自上岗测试，用自己的工作效率要求车间工人，工人可能会认为 CEO 与他们技能水平不同而拒绝执行，出现一些群体性劳动纠纷。如果想要提高总产量，为什么不直接多招人呢？因为那样只能保持现有的平均利润，而没法达成合理提高人力效率的目标。

阶段二：绩效竞赛。在测试期内让员工进行绩效竞赛，每天的达标产量保持 300 千克不变，只要达标即可获得 10 块钱，但产量排名在前 1/3 的员工可以拿到 15 块钱，相当于让员工进行内部竞赛，开始内卷，大家都想要争取拿到 15 块钱，最后所有人的产出都越来越多。

阶段三：二元化薪酬方案。测试进行了一段时间之后，2/3 以上的员工可以稳定地、持续地做到每天至少 900 千克甚至一吨。这时，CEO 叫停了绩效竞赛，然后宣布了新的薪酬方案：只要日产量达到 900 千克，就可以获得 15 块钱；若在 300～900 千克之间，可以获得 10 块钱。于是更大比例的员工可以拿 15 块钱。

点评：这样的方案为什么能够执行下去？对员工来说，从阶段一到阶段二，原本工作产出比别人高的员工没有获得更高的薪酬，当我们允许产量较高的员工获得 15 块钱，他们肯定愿意参与绩效竞赛。从阶段二到阶段三，扩大了获得 15 块钱的员工的比例，员工肯定愿意结束竞赛并扩大奖励范围。对企业来说，经过这样三个阶段，900 千克这一指标的选取必然是合理且能够说服员工的。这样的过渡使所有人都高兴地接受了新的薪酬方案。

这样的方案在什么样的场景中会很好用呢？当管理者无法准确估计员工的实际工作效率和最高工作效率之间的差距时，员工内部竞赛能够帮助管理者估算出最合理的绩效标准。

三、薪酬设计方案应与企业战略吻合

薪酬设计方案的目标是要设计一个机制，既尊重企业的人才结构，又符合企业所属的行业属性。薪酬方案应该确保组织的提速运转方向和企业

依靠人力的盈利方式对齐。方案的设计者应当先识别出核心岗位（即对企业利润影响力最大的那些岗位）。薪酬设计有两个原则：一是用更大的筹码去调动核心岗位上的员工，二是通过共享企业收益来调动全体员工配合核心岗位上的员工。这样整个组织才能以相同的方向和节奏运转起来，朝着企业战略方向推进。

优秀的薪酬设计要做到以下三点：（1）传达企业战略，用具体到各部门和岗位的薪酬方案，向全体员工明确，哪些部门是企业的强势部门、核心部门。（2）要支撑战略的落地，在所有的战略落地节点设置相应的激励和奖金。（3）要驱动战略的转型，用薪酬方案助力企业进行战略人才储备。当战略转型已经在业务上开始进行时，仓促之间很难找到合适的人才，或不得不付出更高的薪酬成本。

案例 7-2

薪酬方案改革支撑企业战略转型[1]

房地产行业可分为两大类企业：商品房开发商（住宅房企）和商业地产开发商。这两类企业虽同属房地产行业，但核心业务内容不同：住宅房企通过开发销售住宅项目盈利，其核心能力是开发和销售，其核心服务是售前的营销服务；商业地产开发商通过收取租金盈利，核心能力是运营，其核心服务是售后的维护支持服务。由这两类企业的商业模式差异可以看出，适合它们的员工绩效薪酬制度也不同。具体来说，商业地产的绩效薪酬的周期应当比住宅房企更长。

住宅房企的薪酬制度是宽带薪酬，这与他们的核心能力类型对应。住房企业的特征是资金密集、关系密集、人才密集。它是一个资源整合型的企业，先收集资金开发地产，再进行销售。这样的企业对员工的能力素质要求较高。一般负责销售和技术的专业人员是员工的主体，需要负责开发和销售，企业也呈现出一种新的人才结构。住宅房企的人力成本只占总成本的 5%，相对于购地成本、建安成本等微乎其微。但是，他们又希望能够充分地激励到绩效水平高的员工，以求在激烈的人才争夺中吸引人才、留住人才。因此，住宅房企的员工总体的薪酬水平很高。员工可变薪酬中的单项奖都来自项目在短期内的重要进展节点。

商业地产具有服务业属性，既需要少量复合型的高端人才，也需要大量一线操作人员，呈现出金字塔形的人才结构。对高端人才，企业可采用宽带薪酬形式，可以重点激励招商人员和管理人员，让管理层发挥对商业地产整体运营水平和收益水平的杠杆效应。对基层人员，企业可采用等级薪酬这种适合蓝领操作工人的制度，并从整体的福利和补贴上改善薪酬结构，以降低负责日常事务的员工的流失率。我们在第五节中会讲到，员工福利对长期雇员的效用很高，能够提高员工幸福感，降低流失率。

---

[1] 冯熠：《基于盈利模式的房企绩效薪酬方案设计探索》，中小企业管理与科技，2023.

四、薪酬与社会公平

薪酬虽然是一个数字，但是这些数字也总会引起关于社会公平问题的讨论。企业是一个追求效率的组织，薪酬作为一种激励的措施，是对效率的一种货币化表现。企业主要面对两种薪酬社会困境：一是薪酬不公，二是高管和普通员工巨大的薪酬落差。

薪酬不公描述的是同工不同酬的现象。组织内的偏见导致员工因为他们的性别或年龄而不能获得公平的薪酬和晋升机遇。有些人会认为男女的收入和职场状况差距也许是因为专业选择或职业选择的不同。但是一项基于美国高等教育毕业生数据库的实证研究[1]发现，在教育背景完全相同的情况下，男女收入差距仍然显著，其中 1/3 来自职业差异（包括职业选择和职场机会的性别差异），另有 2/3 来自同工不同酬（即使职业相同，收入仍然不同）。

第二个困境是关于高管和普通员工之间的薪酬落差。很多员工看到高管的薪酬水平和生活质量后会有想法，认为跟本企业的高管比起来，自己工资不够高。其实，薪酬的差距带来的社会矛盾，代表的是社会上一种普遍矛盾和对公平的渴求。所以，薪酬承担了双重的价值，既要实现内部的公平，又要具备外部的竞争力。内部的公平指的是我们希望企业里面的大部分员工会认为自己的付出和自己得到的薪酬是公平的，无论是在本企业内部与同事、老板比较，还是和其他企业比较。外部竞争力指的是如果我们极力追求每一个人都对薪酬满意，可能会使高管的薪酬偏低，无法吸引优秀的高管，或者基层员工的工资偏高，拖累整个企业的盈利能力。在高管的薪酬水平上，这方面的冲突尤其凸显。

第二节 薪酬的水平与结构

一、设定薪酬水平时应考虑的外部因素与内部因素

外部因素包括以下两项内容。

1. 行业在社会中的经济地位

在一定的经济形势下，人们如何看待企业所处的行业，可以通过下面几个问题来判断：它是朝阳产业还是夕阳产业？最近在大学生或者年轻人

---

[1] Altonji, Joseph G., et al. Decomposing trends in the gender gap for highly educated workers. Working paper, 2024.

的就业市场中是受欢迎的领域，还是大家都想尽快逃离的领域？行业在社会中的经济地位决定了企业能够招聘到的人员画像，以及为他们设定的薪酬水平。

2. 企业在行业中的位置

企业在行业中属于头部的企业，还是行业中的追随者？不同定位的企业对人才的吸引力不同，当企业能够提供给员工的发展机会不足时，就需要用薪酬作为补充来吸引人才。

内部因素包括以下四项内容。

（1）薪酬水平决策权。

薪酬水平由谁来确定？是由上级决定，还是依据固定的薪酬制度？

（2）薪酬调整的权力归属。

薪酬调整的频率和幅度由谁决定？

（3）薪酬结构。

固定工资和浮动工资的配比，以及浮动工资是以绩效工资为主，还是以股票期权为主？

（4）薪酬方案和企业战略之间的配合。

如何调整人力资源管理以符合企业的战略发展方向？这种调整落到薪酬方案上，应该做出哪些改变？

在中国企业实践中，老板们津津乐道的一些薪酬制度设计技巧主要集中于内部因素的第 2 项和第 3 项。老板们关心的是，如何在薪酬总额固定或减少的情况下，用一些巧妙的支付方式、支付节奏、工资和其他福利的配比，提高员工的满意度和整个薪酬方案对员工的吸引力。

案例 7-3

张忠谋的第一次应聘经历[1]

全球第一大半导体企业台积电的创始人张忠谋曾在自传中谈到自己找第一份工作的难忘经历。当时，他从麻省理工学院的机械系硕士毕业，经历了无数面试，最终获得了 4 个 offer。这 4 个 offer 的薪酬以及他与招聘主管的互动情况如下。

第一个 offer 来自一家相当闻名的工具机厂，这与张忠谋的机械系硕士背景相当对口。面试官是这家企业的副总裁，面试也是比较顺利的。月薪 380 元。

第二个 offer 来自一家叫作"金属与控制"的中型企业，面试官是企业的总裁，总裁很懂行，但是张忠谋感觉这是一位独裁型的管理者，这类管理风格他并不是很欣赏。月薪 420 元。

---

[1] 张忠谋：《张忠谋自传》，生活·读书·新知三联书店，2001.

第三个 offer 来自福特汽车公司，其当年的营收规模在全球排名前十。面试单位是总公司的研发部门，专业也比较对口。面试官只是一个经理，但是手下也有数十名工程师，这位面试官相当于扁平化企业里面的基层管理者。月薪 479 元。

第四个 offer 来自喜万年，这是一家以电灯泡、电视机、收音机和真空管闻名的公司，他们要开辟的行业是以半导体为材料的晶体管。面试官是半导体实验室的主任，他认为张忠谋的教育背景可能对实现半导体的规模化生产有帮助。当时张忠谋认为自己的专业和方向与半导体并不相关，他自己也不知道半导体是什么东西，所以他拿到这个 offer 时有点意外。这份工作月薪 480 元。

想一想，当你拿到这样四个 offer 时，你会怎么做呢？我们一起看看张忠谋的分析和处理：第一家企业规模小，虽然行业和具体工作任务在专业上都对口，但他们给出的薪酬低于市场平均水准。第二家企业作为中型企业，他们提供的薪酬其实是符合市场平均水准的。后两家企业规模比较大，给出的薪酬只相差 1 块钱，薪酬水平显著地高于市场平均水平。从薪酬水平考虑，张忠谋比较痛快地放弃了前两个 offer。

接下来，张忠谋聚焦后两个 offer。他发现第三、第四这两个 offer 只差 1 块钱。典型的年轻打工人思维会认为，在只差 1 块钱的情况下，相对来讲更稳定的大企业的工作会成为首选。张忠谋的做法是这样的：他给福特汽车公司打电话，想要跟他们讲价，点明另外一个 offer 的工资更高 1 块钱，请福特考虑提高起薪。接听电话的人是当时的面试官，面试官非常冷漠地说，这个薪酬是按等级定好的，没有商量的余地，愿意接受就接受，不愿意接受就请便。张忠谋当时年轻气盛，不服这口气，于是他决定去喜万年，误打误撞地从机械系硕士学位转到了半导体领域。张忠谋在回忆当初的选择时，认为这是一次机缘巧合，如果是后来更成熟的他，可能不会在意那一块钱而选择福特。但是他也很感恩这样一次经历，让他踏入了当时还处在开拓过程中的半导体行业。

这样四个 offer 以及张忠谋自述的决策过程告诉我们，考虑外部因素，有以下三种薪酬策略。

（1）企业可以用高于市场平均水平的薪酬方案来吸引优秀的人才，这种策略尤其适用于专业人才密集的行业。

（2）大部分的中小企业可以给出符合市场平均水准的薪酬方案。如果中小企业给出低于市场平均水准的薪酬，可能会存在招不到人的风险，或者招到的是行业内水平较差的一群人；如果高于平均薪酬，又竞争不过头部企业，还是无法提高人才质量。因此，符合市场平均水准的薪酬是中小企业在薪酬水平方面的最优策略。

（3）如果企业中以流动性强的蓝领工人为主，将大部分员工当作"人手"，可以给出低于市场上平均水准的薪酬。这类企业员工替代性很强，很多人可能只是将这份工作当作入行的第一份工作，并不计划在这里长时间工作。有些夕阳产业企业也会采用这样的方式，因为它们的利润空间已经被大大压缩，没有能力负担更高的薪酬。

企业可以根据自身的特征和定位，在上面这三种薪酬方案里面选取最符合企业定位的方案，以此确定薪酬的整体水准，再开始制订一个适合企业组织规模以及行业特征的薪酬制度。

上述案例展示了外部因素与薪酬设定策略的关系。而内部因素对薪酬的影响，其核心在于员工薪酬水平的决策权归属问题。下面我们介绍六种常见的薪酬制度在决策权归属上的差别，并浅析它们的优缺点。

二、六种常见的薪酬制度[1]

1. 薪酬等级制

制度规则：企业会统一制订岗位级别，每个岗位都会被分配一个工资等级，达到级别即可获得相应的薪酬。企业内所有岗位都会对应到同一个列表中，各个部门的基层员工对应的级别不必相同，所有员工的级别直接决定了薪酬水平。当一名员工的级别不变时，他的薪酬浮动必须保持在他级别对应的薪酬等级范围内。

优点：公平透明。如果想要给员工支付超出其等级范围的薪酬，就必须为他划分更高的职位等级，这可能需要经过一些评定，可以避免裙带关系带来的薪酬虚高或薪酬不公平的现象。

缺点：第一，由于严格的等级划分，每个人只会做好自己的本职工作，没有动力去做那些分外的、本来可以发挥自己的优势去完成的任务。因此，薪酬等级制度适合相对静态的企业。比如，当一家企业或其所处行业发展到平稳期时，企业需要比较稳定地维持现状，积累流动资金，再进行下一步的突破。这时需要企业按规制平稳运转，减少个性化管理带来的高行政成本。第二，不灵活，遇到优秀的人才时无法突破这种等级定制薪酬。张忠谋的案例中，福特为什么损失了人才？是因为他们的薪酬等级太过严格，一块钱的薪酬差异都没办法调整，错失了有潜力的人才。第三，每一次的晋升都意味着薪酬的调整，这样会导致企业内的层次级别过多。类似于在垂直化的组织架构中，每次基层员工的任务范围扩大，下属增加，都会伴随层级的增加。第四，不敏捷，很难微调，所有的调整都必须是全企业的系统性调整。一个体量较小、薪酬需要进行频繁微调以适应市场及行业变化的组织，就不适用这样的详细分级制度。

因此，薪酬等级制比较适合多层级的大企业，运用这种制度，晋升制度与薪酬制度合并，改变职级后不必再进行另一场薪酬谈判，能够为大企业节约行政成本。但是，对于小企业来讲，业务的重要程度和范畴需要灵活调整，这种比较稳定的等级制度就不适用了。

2. 经理决定制

制度规则：直接上级可以直接决定下级的薪酬水平。

---

[1]《常见的五种薪酬体系优缺点对比》，中国国家人才网，https://www.casjob.com/index.php?menu=267&id=1570, 2013-05-24.

优点：如果这位经理非常职业，很了解每位下属的价值与贡献，支付的薪酬一定是非常合理的。另外，这种制度还可以帮助管理者获得号召力，增强领导力。当直接上级对下级的薪酬福利、晋升机会，包括在企业内能够得到的学习机会和接触企业核心资源的机会，都掌握一定的话语权时，这位上级对下级才有调度权和领导力。

缺点：首先，这对经理的专业性提出了较高要求。尤其是以专业能力见长从而得到晋升的新任管理者，他们的管理知识相对较少，在拥有权力之后如何运用权力会因人而异。这类人员成为管理者后的权力运用往往出现两极分化：一方面容易出现权力滥用，另一方面也可能不敢拿主意，需要经常向上级请示，变成指令的传声筒。对于前者，也就是拥有较多人事和行政权力的上级管理者，他们掌握薪酬决定权之后，可能会出现歧视或裙带关系的问题，造成不公平。要知道，制订薪酬方案的首要目的就是将薪酬制度化，避免不公平。经理决定制虽然高效，能够具体地因人定薪酬，但是在保证公平性方面是比较弱的，所以适用于规模比较小的企业。如果一家企业是只有 10～20 名员工的创业企业，基本上 CEO 就能够根据一个较为简单的薪酬制度来决定所有人的薪酬。

3. 另外四种常见的薪酬制度

（1）基于技能的薪酬制度。使用场景为：企业先将一个非常高水平的人才吸引进来，再让他发展新的业务方向或者技术创新。可适用的岗位包括工程师、程序员等，他们的技能可能无法马上变现，但是企业及行业在迅速发展，企业希望这位人才的技能不仅能支撑现在的业务内容，还能帮助到未来可能的业务发展方向。

（2）基于能力的薪酬制度。这种方法着眼于员工的特质或特征，比较适用于对员工的综合能力要求比较高，且更看重员工软实力的岗位和企业。

（3）宽带薪酬制度。很多企业都在运用宽带薪酬，似于薪酬等级制，但是每一个等级中的调整余地比较大，而且两个相邻的带宽之间会有一定的重叠，这样使一些职级不高但工作效率很高的员工能够得到甚至与他们的上级同等的工资水平。

（4）基于绩效的薪酬制度。为员工提供基础薪酬，同时把某些目标或者成就的实现与他们的薪酬联系起来。

面对企业需要的特殊人才，哪些制度在吸引人才、留住人才方面更有优势？总的来说，基于技能、能力、绩效的这三种薪酬制度更有优势。这样的薪酬制度可以向特殊人才传递一种信息：他们自己拥有的天赋是可以迅速地在薪酬方面变现的。无论是等级还是宽带薪酬，都可能会对特殊人才获得高薪提出职级晋升等先决条件限制。在经理决定制下，可能会出现特殊人才不被直接上级赏识的情况，这时让直接上级来决定他的薪酬，往往会低估他的水平。另外，股票期权占比较大的薪酬制度可能也不适合特殊人才。很多特殊人才无法承诺在某一家企业长期工作，所以薪酬制度应当使他们的短期收益与其能力成正比，而不是基于他们暂时的职级。

激励的有效性和薪酬的结构之间存在一定关系。首先，关注激励的时效。绩效反馈的周期和产品或者项目的周期应当一致，薪酬这种物质激励的周期也要与整个企业的节奏一致。想要达到短期激励效果，我们可以使用月薪、计时工资、计件工资和奖金等方式。想要达到长期激励效果，希望员工与企业按照共同的发展方向长期一起努力，可以采用股权和期权激励。员工在企业中的部门和职级决定了激励的长短和方式。其次，薪酬激励的有效性不完全取决于金额，其很大程度上取决于薪酬的结构设计，包括周期与绩效薪酬在薪酬总额中的占比。当项目的周期比较短，但是薪酬的激励节奏比较长时（例如完成项目的绩效奖金按季度发放，而平均一个项目持续一个月），那么员工完成一个项目并开始下一个项目时，还没到发奖金的时间，员工很难保持斗志投身下一个项目。所以，薪酬的激励节奏要和企业项目的进行节奏对应起来。

案例 7-4

房地产企业转型时的薪酬优化方案[1]

一家区域性地产龙头企业，近年来很看好商业地产，凭借雄厚的资本实力，通过并购和新建等形式迅速进入了商业地产的领域。在人员方面，该企业保留了原班人马负责前期开发，又成立了新的商管企业，负责后期运营。一段时间之后，新成立的商管企业内部管理问题逐渐显现：住宅地产背景的原班人马缺乏商业地产经验，且大量中基层员工来自百货超市等零售业企业，管理体系和商业思维无法衔接。在薪酬方面，这家企业用旧的薪酬制度执行新的业务方案，对员工参照百货业执行等级薪酬。基层操作类员工的薪酬水平高于同类企业，但专业岗位和管理岗位员工薪酬水平较低，很难招聘到合适的人才。

该企业先尝试了一种错误的薪酬调整方案：与专业和管理岗位的应征人员进行特殊薪酬谈判。这时企业处于被动地位，导致相关岗位的薪酬水平一再被突破。招来的新员工与老员工原有的薪酬结构不匹配，新老员工之间出现矛盾。老员工薪酬被倒挂，由此产生不满情绪，老员工流失严重并带走核心资源。这一方案的错误在于，仅在薪酬水平上调整，而不进行系统性的薪酬结构调整，制度本身仍然无法适应新的业务方向。

---

[1] 冯熠：《基于盈利模式的房企绩效薪酬方案设计探索》，中小企业管理与科技，2023.

后来，该企业调整了策略，新的优化方案效果很好：在等级薪酬制度中，加入带宽薪酬，形成混合模式。混合模式符合商业地产的企业特征，用等级薪酬稳定基层员工并利用等级制度层层筛选，用带宽薪酬充分激励专业人员，这样才能搭建出金字形的人才结构。对于专业人员，统一管理老员工和新员工，统一薪酬制度，促进新老员工之间的有效合作。这样的优化方案把岗位对企业盈利的重要性与绩效对员工薪酬的决定性整体联系起来，那些能够大幅影响企业盈利的岗位，得到了较大比例的绩效工资。

优化方案经过两年的运行并持续在细节上调整，效果非常好。这个优化过程解决了新的企业战略方向与旧的薪酬制度互不匹配的问题，也帮助企业梳理了战略方向和管理思路，让商管企业形成了比较完善的人才结构和优秀的运营能力，业务发展驶入快车道。

前沿研究 7-1

薪酬水平的调整[1]

涨薪提高了物质激励的数额，按理说应该带来更大的激励效果，但事实却不一定。一项自然实验研究以 1978—1996 年间美国新泽西州的警察工资为对象，探究了涨薪幅度与工作效率之间的平衡问题。在西方国家，工会可以代表员工利益与企业进行人力政策的谈判，比如要求企业涨薪。当警察工会向警察局提出涨薪要求时，警察局往往不会完全拒绝，而是会提出一个较小的涨幅。比如，警察工会提出涨薪 8%～10% 的要求，警察局可能只愿意接受涨薪 2%～4%。当双方无法达成共识时，会申请由仲裁法庭进行仲裁。如果判决结果倾向于警察局，那么涨薪幅度将在警察局提出的 2%～4% 之间；而如果倾向于警察工会，那么涨薪幅度将在警察工会提出的 8%～10% 之间。这项研究分析了仲裁宣判支持警察局后，警察们的工作表现变化。研究发现，从仲裁的宣判日开始，破案率降低 12%，犯罪率上升了 5.5%。这种变化可持续两年以上。

在这项研究描述的场景中，无论仲裁法庭支持哪一方，警察薪酬都会上涨，为什么还是会令工作效率降低呢？当仲裁法庭倾向于警察局的时候，涨薪幅度低于警察心中的基准数额，失望情绪影响了员工激励。在这项实验中，涨薪 8%～10% 这一结果并未发生，而这种未曾发生的可能性，影响了实际发生的涨薪给员工带来的满足感。

同理，企业管理员工的期待是非常重要的。在经济不景气的时候，如果一个企业想要对员工降薪，但是希望员工可以情绪稳定地接受现实，还希望避免出现员工激励下降、流失率上升的现象，企业应该怎么做呢？在经济整体不景气时，员工对企业遇到困难往往比较同情。由于这时跳槽难度大，员工也会比较愿意理解企业的处境。如果一位老板将企业现状描述得比实际情况更严重一点，最后再表示，打算暂时降低员工薪酬，希望大家共克时艰。这样在转折中传递降薪的计划，对于员

---

[1] Mas, Alexandre. Pay, reference points, and police performance. *The Quarterly Journal of Economics*, 2006, 121(3): 783-821.

工来说，实际安排就比较好接受了。

在实施企业改革或者政策变化之前，上级一定要管理和降低员工的期待，即使是涨薪，也要想办法让员工降低期待，这样涨薪的幅度才能尽量使员工都满意。因此，管理者要管理期望值和现实之间的相对关系（比如涨薪幅度超过预期），而不是对现实的认知（比如薪酬上涨）。这与个性化激励[1]中，我们从心理上管理员工认知的思路，是一脉相承的。

案例 7-5

一家小微企业的销售薪酬方案调整

一家小微企业员工人数不到 10 人，企业核心业务是应用德国和日本的生产设备和技术，从事高端产品的研发、生产和应用。在行业中，销售人才的整体情况不容乐观，培养周期较长，2～3 年才能达到收支平衡，3 年之后才能盈利，且培养后能力强的员工有时候会自己创业单干，容易流失人才，而且会养成竞争对手。

该企业在第一阶段的做法体现出，企业与销售人员的关系为典型的雇用关系。薪酬是底薪加提成。提成包括基础提成和超出提成。

（1）基础提成：底价（不含税）的 1%。

（2）超出提成：超出底价部分（扣除相关税费）提 A%。（比例 A%：第一年为 40%，第二年 30%，满二年后为 20%，以后不再递减）

该企业人力资源主管总结了销售人员的整体情况。

（1）销售人员的日常公务费用中，有些费用不方便管理和控制，例如业务员会想要以公事为由报销一些私事的差旅费、招待费等。面对较低的底薪，业务员动这种心思的比例较高。

（2）销售人员会有考勤的问题，他们出去办事很难划定算不算迟到早退。

（3）人才结构不理想，能干的人留不住。

针对这样的情况，企业对现有的政策进行了修改，改变思路，提高了薪酬差异。

第二阶段，企业与销售人员的关系从雇用关系变成了合伙人关系。薪酬方案取消底薪，让员工赚销售差价。员工在面对没有收入的风险时，更努力工作。调整之后，销售人员的收入比以前高了很多，积极性提高了。对企业来说，销售人员的自主性进一步提高，很容易不受控，给企业带来了更大的风险。因此，企业同时开始招聘一些兼职销售员，使销售部门竞争更激烈，并降低了企业对任何一位销售人员的依赖性。

点评：这是一个常见的薪酬方案调整思路，从大锅饭的薪酬方案，转向薪酬差异较大的、以绩效薪酬为主的方案。

---

[1] 详见第八章第四节相关内容。

三、三类特定员工的薪酬水平与结构

1. 职场新人的薪酬

新员工的薪资水平要如何决定？现实中的常见做法是，为他们设定比正式职工工资低的某一个相对随机的工资水平。而科学的做法是，用与新员工背景相同的在职职工的薪资水平减去新员工带来的生产效率风险水平，得到新员工的薪资水平。因此，年轻人的薪酬系统性地偏低，这是因为企业要和他们共同承担信息不对称带来的风险。只要有信息不对称就会有风险，只要有风险就会产生一定的成本，这一部分的成本应该由企业和员工共同承担，所以为年轻人设定偏低的薪酬是正常的、合乎理性的做法。随着时间的推移，当年轻人展现出更多的能力，与企业分享更多的信息后，再提高他的薪酬即可。

2. 老员工的薪酬倒挂问题

为每一位员工确定薪酬水平时，企业应参考同行业的其他企业，参考该员工可能得到的其他工作机会，做出专业的决定。然而，当我们把企业中的员工薪酬放在一起去比较时，常常会发现，老员工的薪酬比新员工的薪酬低，或者只是稍高一点。这就是从业者热议的薪酬倒挂问题。老员工为什么会薪酬低呢？老员工的大部分职业技能和经验都是与企业高度绑定的，这部分技能经验到了其他企业可能价值不高。因此，这样的老员工如果回到人才市场中重新应聘寻找工作，对新东家来说，他的有效技能和经验较少，也就不会给他高薪职位了。老东家显然明白这一点，因此给老员工的薪酬水平只需比所有可能的新东家略高即可。与老员工相反，新员工的入职薪酬是他的一般化技能（在各企业通用的技能）的市场价值，新员工比老员工的一般化技能市场价值高是完全有可能的。实践中，老板听了许多老员工对薪酬倒挂的抱怨，就会开始怀疑企业的薪酬水平设定是否有问题。可是，这些老员工其实只是抱怨，并不会走！因为他们心里同样明白自己的市场价值。当然，老员工对企业不满并不是一个理想状态，我们在激励一章中会讲到对老员工的激励策略。

3. 高管的薪酬方案

关于 CEO 的薪酬，查理·芒格说："美国工业有将近一半的企业存在极为不公平的薪酬机制，这些企业的高级经理人薪酬过高。"[1]一家知名

---

[1] New AFL-CIO report: S&P 500 company CEOs made 268x worker pay in 2023. AFL-CIO, 2024.https://aflcio.org/press/releases/new-afl-cio-report-sp-500-company-ceos-made-268x-worker-pay-2023#:~:text=WASHINGTON%2C, 2024-08-08.

财富500强跨国企业在2015年的薪酬委员会报告中，提到了CEO的薪酬方案[1]。这里面讲道，CEO薪酬非常高（总收入2 400万美元），而且有相当大的一部分是股票和期权。其中包括：（1）基础工资150万美元。考虑到他承担的责任和风险，这一数值非常合理。（2）绩效薪酬340万美元。（3）延期支付的薪酬及养老金430万美元。（4）股票和期权1 470万美元，其中股票和营业现金流各占一半。这份报告中还提问道：这位CEO的合理薪酬是多少呢？根据计算CEO薪酬的权威模型估计，这位CEO比较合理的总薪酬应该是1 200万美元，也就是2 400万美元的一半。

高管的天价薪酬从人才市场定价来看，市场是有效还是失灵呢？商业周刊及美国工会组织劳联-产联（AFL-CIO）调研显示，2023年美国上市公司企业CEO的薪酬水平是普通员工的268倍，然而在1980年，这个差距是42倍。可以看出，企业内部薪酬不平等的程度在这30年中严重加剧。[2]

但是，衡量收入的时候，是否应该只考虑总薪酬呢？要知道，高管的工作时间比基层员工长得多。如果我们只比较小时工资的话，就会觉得高管薪酬也没那么离谱。高管每周工作至少70小时，按时薪计算就会发现他们的工资与顶级医生和律师的收入水平相当。这项调研还统计了7 000多家企业CEO的总收入，用总收入与企业的总市值比较，会发现CEO只拿到股票总市值的1/1 000，这是一个相对来说较小的比例。

那么，为什么高管薪酬的绝对数值会那么高？其中一个原因就是越来越多的企业采用股票期权的激励方式，把高管的个人利益和企业的集体利益绑定。20世纪90年代，高管薪酬中期权和股票只占20%，而现在这个比例达到了90%，比例的变化代表现在的企业不需要通过信任、裙带关系或者血缘关系去特别了解一个职业经理人，只需让他的大部分利益取决于企业利益，就能确保他会努力为企业的集体利益服务。

第三节 绩效薪酬

被誉为"成功学之父"的美国著名商业哲学家吉米·罗恩曾说：企业

---

[1] Pozen, Robert C., Kothari, S. P. Decoding CEO pay. *Harvard Business Review*, 2017, 95(4): 78-84.
[2]《公司高管薪酬之争：关于"公平与正义"的问题》, Knowledge@Wharton, 2007.

并不是按照工作时长来支付薪酬的，而是按照工作时长内产生的价值。[1] 绩效薪酬就是把员工在一段时间内产生的价值与个人薪酬挂钩的机制。

绩效薪酬一般应该占总薪资的多大比例呢？首先，一家企业需要依据不同行业的通用水平，保持薪酬水平与行业内部的水平一致，否则会因为员工对薪酬稳定性的需求造成人才流动。其次，职位越高或越靠近前台部门，固定薪酬占比应该越低，可变薪酬部分再在绩效奖金和股票期权之间配比。对于职能部门、事务性工作岗位、蓝领岗位，当绩效薪酬比例过大的时候，员工就会认为这部分薪酬不属于可以指望获得的收入，而只用固定薪酬部分看待这个工作机会了，这样会造成人才的损失。最后，提供一个具体的绩效薪酬占比数值作为参考：当人力资源从业者以固定工资为主描述一个岗位时，背后的意思是，该岗位绩效薪酬占比 20% 以下。

如果企业想要调高绩效工资比例来调动员工的工作积极性，往往会担心这一动作造成员工不满——毕竟所有员工都希望得到高额固定工资，这样工作压力最小，怠工成本最低。在实践中，企业可以分两个步骤执行这种调整：第一步，在调整比例时，应该确保企业中绩效中等的员工从调整前后的两个方案中得到的薪酬数值持平。这意味着，新的薪酬制度只对绩效表现差的员工不利，而其他人要么没有受改革影响，要么能够从新方案中得到更多绩效薪酬。第二步，做一次绩效水平的调查分析，调整绩效标准和对应的绩效奖金数额。若要达到激励员工的效果，可以将各档绩效打分对应的薪酬差距调大，以激励员工向着更高绩效努力。

另外，要提醒企业管理者：虽然绩效薪酬普遍能够吸引员工努力工作，但这样的激励方法对一些高端人才并不奏效。这是因为人们对工作的关注点不同。部分高端人才认为，努力工作应该带来个人成就感，而用绩效薪酬来激励高端人才更努力工作，实际上剥夺了这种成就感，而将他们变成了为钱奔忙的劳动者。长期来看，这会降低他们的工作产出质量。因此，中国企业出海，在推行中国总部的绩效薪酬制度时常常会遇到巨大阻力。

案例 7-6

某金融企业前端业务部门的薪酬结构

某金融企业前端业务部门的薪酬分为三个部分：基础工资、绩效工资与业务提成。其中，绩效工资根据考核分数发放。

- 超额或足额完成任务，即考核分数大于等于 100 分，绩效工资按照 1.5 倍标准发放。

---

[1] Jim Rohn: 60 unforgettable Jim Rohn quotes for achieving success. https://www.success.com/10-unforgettable-quotes-by-jim-rohn/, 2019-09-17.

- 考核分数 90～100 分，绩效工资按照 1 倍标准发放。
- 考核分数 80～90 分，绩效工资按照 0.8 倍标准发放。
- 考核分数 70～80 分，绩效工资按照 0.5 倍标准发放。
- 考核分数低于 70 分，绩效工资不发放。
- 如果连续两个季度考核分数大于等于 100 分，可晋升。
- 连续两个季度考核分数低于 70 分，则要降职。

在高强度的考核压力和良好的监管政策之下，员工的确被激发了潜力，工作更努力。之后，随着监管政策的变化，企业被迫转型。在此期间，薪酬考核体系并未调整。一些员工为了拿到绩效工资，选择了一些有隐患的业务以完成绩效指标。于是，投机取巧的人能够得到晋升，这样的短视行为和风气导致一些考虑企业长期利益的员工离开，出现人才流失。这是典型的劣币驱逐良币的情况。

点评：这样一个狼性的薪酬方案，造就了狼性的企业氛围，员工会不顾风险地去追求个人利益最大化，但是对应的成本和风险都由企业来承担。在企业转型时，绩效与薪酬制度都应及时调整。在调整过程中，若客观绩效指标的合理性存疑，可以适当降低客观绩效指标对员工薪酬的影响力，侧重上级对员工表现的整体打分，甚至提高固定薪酬比例。

前沿研究 7-2

绩效工资是万能的吗？[1]

当老板们讨论薪酬设计时，一个大家都心知肚明的目标是，在不影响员工产出的数量和质量的情况下，把人力成本降到最低。如果可以摸清绩效薪酬在何时有效、何时无效，在它不产生激励作用的场景中，这部分成本就可以省下来了。这项研究探究绩效工资是否一定能产生激励作用。

研究者在印度制造业企业的员工中进行了一个月的实验，为一组员工设置了全部相同的固定工资，另一组按照工作产出排名决定工资水平，以此来探究绩效工资的激励作用。研究发现，绩效工资的有效性取决于整个过程是否足够透明。这种透明表现在两个方面：绩效考核的客观性，绩效薪酬制度的公平和信息透明。

如果整个过程比较透明，员工的工作产量、出勤率、协作意愿表现都会相对职业。然而，如果绩效考核体系不透明，当工作效率很难客观衡量的时候，员工就会把所有的绩效薪酬不平等，全部理解为老板的随机行为。当员工认为老板偏心时，绩效薪酬水平低的员工会觉得没有得到公平对

---

[1] Breza, Emily, Kaur, S., Shamdasani, Y. The morale effects of pay inequality. *The Quarterly Journal of Economics*, 2018, 133(2): 611-663.

待，还会觉得自己的努力并不能带来收益，因此缺乏工作动力。而绩效薪酬水平高的员工，哪怕他的确是能力较强的人，也会被其他员工认为是因为与老板关系好所以获得了较高薪酬，这样的员工在同事群体中恐怕会被排挤。当整个员工群体都有这样的情绪或顾虑时，会出现员工与员工、员工与老板之间的对立和互相猜忌。在这种氛围中，如果员工非常希望能够与同事保持良好的人际关系，为了不被孤立或排挤，哪怕本人能力很强，也有可能会考虑让自己中庸一些，牺牲绩效来换取同事的好印象。

另外，研究还发现，当绩效薪酬只取决于个人绩效时，哪怕过程透明，也会出现一系列问题：员工合作意愿较弱，高绩效员工被孤立，员工之间很难形成社交圈，企业凝聚力很难提升。就好比在有分数排行榜的学校，第一名的同学往往比较孤独一样。

这项研究传递的最重要的信息是：绩效薪酬成为激励机制有前提条件，即绩效考核和绩效到薪酬的对应关系都要公平和透明。

在薪酬设定上，有一个有趣的新动向：[1]许多大企业开始允许薪酬透明，也就是允许员工讨论工资、工作时间和工作环境。这种措施有两个目的：一是希望员工认为企业在薪酬设置上是公正透明的，二是希望可以激励员工努力工作。

前沿研究 7-3

绩效工资 + 同伴压力可以提高绩效水平[2]

薪酬透明的后果是什么？所有企业都适合推行薪酬透明吗？薪酬透明的动机是希望利用员工之间的同伴压力激励员工。当一名员工发现自己的工作效率比同事低时，他会感到愧疚或不安，会更加努力工作以融入集体。另外，薪酬透明相当于公布了优秀员工名单，同事们会向优秀员工请教知识和技能，知识的溢出效应可以提高所有员工的工作效率。

一项结合理论与实证的研究发现：（1）工作内容重复程度较高的岗位更适合薪酬透明。如果工作内容的标准化程度不高，员工更倾向于认为是工作任务难度大导致了自己的绩效薪酬偏低，转而向上级要求更简单、奖励更大的任务，就会造成管理上的混乱。（2）职位技术含量低的岗位更适合薪酬透明。

另外，如果员工的绩效薪酬高能够激励同伴，那么绩效薪酬低是否会让员工群体越来越"躺平"呢？研究指出，绩效薪酬透明的同伴压力效应只有正向的激励作用，而不会造成消极的工作氛围。

---

[1] 周姝祺：《苹果发布内部备忘录，允许员工讨论工资》，界面新闻，https://m.jiemian.com/article/6835679.html，2021-11-21。

[2] Cornelissen, T., Dustmann, C., Schönberg, U. Peer effects in the workplace. *American Economic Review*, 2017, 107(2): 425-456.

第四节 | 股　　权

股权激励机制的制订和调整，必须经过与法律和金融专业人士的讨论和咨询。这里我们只介绍股权作为一种薪酬类型的基础知识及其对人力资源的影响。

初创企业的创始团队都会认为，本企业未来发展很有潜力，估值不可限量。他们也会承认，以企业目前的财力和流动资金，给核心员工的工资恐怕没法匹配他们的付出。因此，股权激励作为企业未来利润的分享计划，就成了薪酬中的一部分。这相当于在用未来的企业收益支付当下的员工报酬。这种做法隐含的社会契约是在告诉员工"我们先一起把蛋糕做大，然后才能分这个大蛋糕"。

另外，企业中的高层管理人员的薪酬方案中，也会包含企业股票，并且股票在薪酬中的占比较大。这是为了将高管个人利益与企业利益高度绑定，使高管作为企业管理的代理人，无论是出于利他还是利己的目的，都会做出符合企业利益的决策和行为。

一、股权分配方案的原则

从保障股东对企业控制力的角度，设计和调整股权分配方案时需注意以下三点：

（1）在股东会上反对某事项：股东占股超过 1/3 时才有一票否决权。

（2）在股东会通过某一般事项：支持者占股合计超过 1/2 时可以通过表决。

（3）在股东会通过某特别重要的事项：支持者占股合计超过 2/3 时可以通过表决。

从创始人对企业的权力角度，建议做到以下两点：

（1）创始人持股大于其他所有联合创始人持股的总和。

（2）创始人能够控制的股权大于所有投资人持股的总和。

从激励员工的角度，建议预留员工激励股的份额。在中国的大型企业中，大部分企业的员工持股在 10%～20% 之间。员工持股条件可以从对企业的贡献、所在岗位的重要性、在企业工作的时长等角度制订规则。向员工发放股份时，利用每一次职级晋升或绩效水平高的时机，少量多次奖励员工。

案例 7-7

网飞的股权激励自治化[1]

网飞是一家典型的新兴行业企业，业务内容是做用户订阅的视频平台，主要收入为用户订阅费用。它曾推出一些爆款剧集，像《鱿鱼游戏》《纸牌屋》《王冠》等，号称"流媒体之王"。网飞的核心竞争力是打造优质的内容。企业的营收、股价都和他们推出的内容产品息息相关。因此，该企业的大部分岗位都是高技能白领岗位。网飞的薪酬体系有三个特点：（1）用高于市场平均水平的价格来聘用优秀的高技能员工；（2）实施全员覆盖的股权激励制度；（3）股票期权的授予是全员自治的，也就是股票在薪酬中的占比由员工自行决定。

点评：为什么网飞要用高于市场平均水平的价格来聘用员工？因为对他们来说，员工的头脑就是企业最大的生产力。从薪酬本身来说，网飞想要让员工感受到公平透明，并通过强有力的考核，来激励高水平的员工用更高的工作效率为企业达成各种各样的业绩目标。在薪酬之外，他们也非常尊重员工作为人的一面，有各种各样的福利制度、非常灵活的考勤和年假制度，体现了企业的人性化管理。

对于股票和期权的授予及兑现规则，网飞的制度很有特色。网飞采用月度授予，而且不设定行权限制，随时都可以兑现。这部分薪酬的灵活取用程度与银行存款相当，因此能够保证股票与期权对员工的激励与工资同样有效。

在这样的薪酬结构当中，薪酬分为现金和股票期权。在网飞案例的设定当中，他们的特点是薪酬自治，主要指的是，现金和股票期权在薪酬总额中的占比是可以由员工自行决定的，也就是说在薪酬总额数值固定的情况下，员工可以选择以股票期权的形式获得的薪酬比例，月度股票期权授予的公式是：

$$月授予的期权股数 = \frac{员工月度股票期权分配总额}{股票期权授予日的股票收盘价 \times 固定比例}$$

其中，固定比例代表员工薪酬中的百分之多少是以期权形式发放的。由于期权兑现时的价格有波动，这部分薪酬在授予日是一个固定的总金额及确定的期权股数，随着股价波动，它会变成一份价值不固定的个人资本。企业股价越高，这部分资本的价值越高。按照这个逻辑，认为企业股价将会上涨的员工必然会认为，提高固定比例可以提高个人资产总额。

点评：我们可以将固定比例理解为"企业认为员工应该对企业有多大信心"，或者"觉得股价会涨多少"。2015 年，网飞把固定比例从 20%～25% 提高至 40%，更大幅度地激励了那些对

---

[1] 王斌，李敏：《信任与薪酬激励——以美国 Netflix 公司为例》，会计之友，2021 年第 17 期。

企业充满信心的员工。在一定程度上，企业其实是在使命、愿景、价值观方面去筛选与之匹配的员工，因为与企业价值观一致的员工一定会对企业的中长期以及未来发展充满信心，也就是会选择期权的员工。期权加强了这些员工与企业未来发展前景的绑定程度。这是管理者想要看到的，也是网飞非常巧妙的一个做法。

网飞薪酬方案另外的一个特色是授予频率。大多数企业一般按照年度授予期权和股权，网飞每个月就做一次，这和他们的产品与项目周期有关。网剧的剧集基本上是每周更新，每次更新都会影响大家对网飞的观点，快速迭代的组织对应快速迭代的薪酬结构，是符合薪酬设定原则的。

大多数企业都会对股票期权设置兑现的等待期。持股员工在等待期内，都会倾向于留在本企业并努力工作。当员工这段时间的表现都满足了业绩考核指标，才可以行权兑换股票。这样的延迟支付就达到了持续的激励效果。这种做法为股票行权的激励效果设定了两个限制条件：一是想要达到激励的效果，股价必须上涨；二是员工要同时满足行权条件，完成服务期或绩效要求。相反，网飞的做法是不设置任何的限定条件，没有等待期，希望所有员工都能随时感受到激励，哪怕暂时的工作业绩不好，也能够得到应有的那一份。而且，股票期权的有效期长达10年，这期间即使员工从企业离职，仍然可以得到这一部分股票期权带来的收益。

薪酬自治在什么情况下是一个有效的薪酬体系？如果企业的员工职业道德水平偏低，可能并不适合这样的自治制度。高度自治的薪酬体系非常依赖员工的职业道德水平。在第一章招聘中，我们提到企业可以对员工的职业道德素质进行考察，用员工的自治来代替企业的监管，就体现在这里。如果员工的自我管理能力比较强，只需要为员工设定高绩效、高回报的薪酬体系就可以达到不错的员工激励效果。用薪酬体系代替监管，可以大幅度减少监管员工的工作效率带来的管理成本，让管理者有更多的时间来思考企业的发展、团队的发展。管理者人数可以减少，企业可以进一步扁平化管理。

案例 7-8

华为的虚拟股权制度如何解决前台与中后台的对抗关系[1]

华为的股权制度中，有一类是虚拟股权份额制度，其目的是让企业前台与中后台团结一致。各部门都持有虚拟股，虚拟股在一定时间段会奖励给公司内所有的部门。只要部门考核在良好以上，

---

[1] 卓雄华，俞桂莲：《股动人心：华为奋斗者股权激励》，中信出版社，2022.

员工就会获得虚拟股份额。由直接主管决定分配方案,也许是 100 万份,也许是 200 万份。企业层面会根据今年公司经营的利润情况设置一个比例(10%或者20%)。因此,员工持有的虚拟股价值等于份数乘以利润率对应的比例(比如 100 万份乘 10%)。虚拟股中期激励独立于年终奖,是直接跟公司的利润挂钩的。

部门主管会通报年度利润率,并讲解员工过去五年积累的虚拟股价值多少。这样的做法向员工传递的信号是:企业利润高了,员工持有的虚拟股比例就提高了(比如从 10%~20% 变成 30%~40%)。

在这样的制度下,中后台员工也持有虚拟股,也就有动机希望在年底使虚拟股变现。所以,中后台员工会与前台员工行动保持一致,有时财务部门会和销售部门一起去对客户开展营销工作。

第五节 福 利

福利是员工作为社会人的一种刚需,当政府承担的比例比较大的时候,留给企业的余地,即企业用差异化的福利来吸引员工的余地就不大了,所以福利在发展中国家大有可为。这是因为政府承担的比例相对比较小,企业在福利待遇方面的可上升空间非常大。

企业如何留住人才是所有老板都会认真思考的问题。如果仅仅依赖薪酬,当其他企业为候选人提供更高的薪酬时,这家企业将失去唯一的竞争力,导致人才流失。有些企业拥有自己独一无二的品牌价值,它们能够靠企业的发展前景、庞大的体系和非常成熟的人才管理和培养机制吸引并留住人才,可这样有魅力的企业在市场上是极少数。所以,当一家企业在薪酬和品牌价值方面没有特别强的比较优势时,可以试着靠福利政策来留住人才。

在设置福利政策时,企业要从对员工提供情绪价值的角度,而非提高员工待遇的角度出发。企业出钱为员工购买服务,比企业给钱让员工自己去买服务的效果要好。有一项福利对跨城市跳槽的员工帮助很大,却只有少数企业利用了这样的福利:搬家服务和安家补偿款。搬家服务和搬家费是不同的,跨区域跳槽的员工以零售形式采购搬家服务比企业集中采购要贵得多,而且其中每个环节之间的对接让人不胜其烦,由企业直接提供服务对员工来说情绪价值更高。安家补偿款的常见形式包括入职第一个月的租房补贴或入住企业过渡房的权益,也可以包括在企业所在地购房的首付补贴或由企业提供的零利率首付贷款（毕竟员工在前东家所在城市的房子可能要花一些时间才能卖掉）。对大部分企业来说，在设置福利政策时的主要考量是怎样的福利待遇能够给员工提供情绪价值，降低焦虑，减少不确定性，而不是真的把所有员工的情绪需求转化为物质激励发放下去，这两种方案的底层逻辑是不同的。

在员工入职前，人力资源部门可以询问一下员工主要关注福利的哪些方面。在入职时询问，这个问题属于员工与企业之间的互相了解。如果入职之后再问，则听起来更像是企业在询问员工的福利需求，如果企业最终没有满足这些需求，员工可能会产生心理落差，影响情绪和工作效率。

前沿研究 7-4

医 疗 福 利[1]

医疗福利是最常见的员工福利。医疗保险常见的供应方首先是政府；其次是企业，企业会提供一些保险，以企业为单位购买；另外一个供应方是作为补充的商业保险企业。美国有一项自然实验研究聚焦于田纳西州的一项政策变化：田纳西州退出了一项联邦政府的公共医疗项目，这使很多家庭失去了医疗保险。这样的情况下，研究发现，田纳西人在谷歌搜索招聘启事的频率暴涨。由于政策变化，大家需要用别的方法来获得医疗保险，而这些人想到的解决方式就是通过企业获得。这项研究还发现，有未成年儿童的家庭的反应更加强烈。因为儿童生病的频率会更高一些，他们需要保证工作稳定，并能够给孩子提供持续的医疗保险。这说明员工的福利需求和工作需求之间有非常紧密的关系。

2020 年以来，灵活的办公地点和办公时间也成了一个新的福利方向。有未成年子女的员工会比较在意每天的通勤时间和工作时间。在北京、上海等平均通勤时间接近一个小时的城市（上海 40 分钟，北京 47 分钟）[2]，节约通勤时间或在非高峰期通勤，能够明显提高员工的生活质量。

前沿研究 7-5

使用福利的滚雪球效应[3]

对于企业管理者来说，是否调整福利、调整哪项福利政策，以及预估调整带来的企业成本，也

---

[1] Garthwaite, Craig, Gross, Tal, Notowidigdo, M. J. Public health insurance, labor supply, and employment lock. *The Quarterly Journal of Economics*, 2014, 129(2): 653−696.
[2] 《2023 年度中国主要城市通勤监测报告》，住房和城乡建设部城市交通基础设施监测与治理实验室，中国城市规划设计研究院，百度地图，2023.
[3] Dahl, G. B., Løken, K. V., Mogstad, M. Peer effects in program participation. *American Economic Review*, 2014, 104(7): 2049−2074.

是值得思考的问题。这时，企业需要计算福利待遇的受益总人数。

有一项挪威的自然实验研究发现，在提高或改变某一项福利时，除了原先已经在使用这类福利的员工之外，还有一些受到影响的员工。他们本来用不到这个福利，但看到其他员工从中获利，也加入了对这项福利的追求。很多企业在调整福利政策的时候低估了成本，正是因为没有考虑这些间接受益者。

员工在使用企业福利的同时，也会顾虑是否会因为充分利用福利而被企业认为是一个规则的利用者。举个例子，如果病假不需要医院的病假条的话，大家肯定会自动把病假等同于年假，会造成病假的滥用。当企业也明白员工会这样做的时候，是否会对休满年假加病假的员工有不好的印象？如果有的话，是否会反映到他们的绩效考核上？如果员工意识到这样的潜规则，无论是否需要休病假，是不是都不敢把病假休满了呢？这样一个本意慷慨的福利政策变化，被站在对立面的两个人群反复思考之后，可能会促成一个双方都不想看到的局面。

福利的直接受益者是当下就真正需要福利的人，间接受益者会观望企业对直接受益者的态度。若企业没有因为直接受益者充分利用了企业福利而苛待他们，那么这些观望者也会开始使用福利。研究还发现，这种观望和讨论可能在同事之间传播，也可能通过家人传播，并且后者的影响力更强。

这项研究用父亲育婴假这一福利的变化量化分析了员工对福利改善的反应。这项研究发现，使用福利的想法主要是在家庭中传播，家里面某位男性如果休了育儿假，其他人也会产生休育儿假的想法（即滚雪球效应）。在这项研究中，受到直接影响和因滚雪球效应受到间接影响的人数比例接近1∶1。

第八章

激 励

从员工的视角来看,激励方式有效的必要条件是,员工的工作能够被企业看到。如果一切都是透明的,那么激励方式的设计很简单,员工的所有工作表现都能够被企业看到,并得到回报。

工作表现在激励机制中的具体角色取决于两方面因素:第一,工作表现是否可以客观定量?如果可以定量的话,企业可以用客观指标去要求员工,直接采用物质奖励的方法;如果员工的表现可以被看到却很难定量,那么企业就要考虑定性的划分。第二,工作表现可以被哪些人看到呢?对于老板和同事都能看到的工作表现,评价标准往往比较客观。如果工作表现无法全部被老板看到,员工一定会认为员工与老板之间存在信息不对称,因此就会格外关注工作表现的能见度,对老板的认可尤其敏感;如果工作表现无法全部被同事看到,同事可能会认为得到老板认可是由于私人交情而非工作表现,从而影响员工间和谐的氛围。

在第七章中,我们详细讲解了物质激励(即薪酬)的各个组成部分及机制设计方法,本章我们聚焦非物质激励机制的设计方法和效果。非物质激励的核心是通过满足员工的精神需求,带来情绪价值,以达到激励的目的。其中有些是员工本身就有的需求,有些是企业通过巧妙的工作制度和企业文化为员工创造的需求。我们在本章讲解一些针对常见人群的激励方法，再讲解一些员工常见的非理性工作行为，最后讲解如何运用员工的个性化差异，形成更加普适的激励制度，以便能够高效地激励所有员工。

本章中讲解的激励方法可能无法直接适用于各企业的具体情况，管理者可以参考这些方法设计自己的方案。在此给管理者的实践建议是：适度地引入物质奖罚，能够帮助员工提高工作行为的理性化程度。再感性的人，算术是不会算错的。所以，在了解所有的个性化行为规律之后，企业多引入金钱的奖罚，就能提高员工的理性化程度。具体来说，这种做法是在给个性化行为对企业的影响标价。通过合理的标价，引导员工计算这些个性化行为对个人收入的影响，他们的行为就能比较理性。

第一节 | 老员工的激励

一、职场中年危机

当员工工作 10 年以上，年龄焦虑就会毫无防备地出现，这就是所谓的"35 岁现象"。这种焦虑是由于他们的职业生涯大部分时间深耕于某一个具体的行业和职业，很难再转化进入其他赛道。在各行业欣欣向荣的时期，他们的处境并无不妥。而在经济波动期，各行业发展不均衡，加上 AI 等技术革新带来的一些技能增值或贬值，员工会感受到个人事业的走向被行业在经济体中的命运裹挟。这种无力感带来了焦虑和抑郁。

从员工角度看这个现象，员工应当长期持有相对均衡和多元的技能库。有的时候，学习某项技能并不能迅速转化为更高的绩效水平，但能提高技能组合的竞争力，有长期的好处。员工应克服惰性、坚持学习。从企业角度看，面对职场中年危机的员工对具体岗位的黏性很强，但在企业转型时很难迅速根据企业人力战略需求调整技能和知识结构，跟上企业的转型步伐。

二、老员工的激励

现在企业更新迭代很快，基本上入职 3～5 年就可以被认为是老员工。其中还可区分资深员工和创业核心团队中的元老级员工。这两类人群大部分情况下可用同样的方式激励和安置，但在有些细节上需要分情况讨论。

老员工有优势和劣势。优势是他们的忠诚度高，业务非常熟练，需要的监管少，在熟练的岗位上需要的培训也少。劣势是他们经过较长时间的工龄积累和职级晋升，薪酬水平较高。另外，他们对工作内容已经失去了新鲜感，逐渐进入倦怠期。最受企业关注的问题是，老员工熟悉企业制度中的漏洞，他们的执行成本低，而企业的监管成本高，因此老员工能以较少的付出获得较大的个人收益。当然，所有企业都应当时刻注意避免与员工之间陷入"设计机制—寻找机制漏洞—填补机制漏洞—再次寻找漏洞"的内耗和恶性循环。因此，企业针对老员工的激励策略的整体原则是宜疏不宜堵。激励老员工为企业创造价值，远比防止老员工在企业内伤害集体利益来得有效率。

激励老员工的主要方法包括以下两种。

1. 奖励忠诚

企业不敢严厉地惩罚或者开除老员工的主要顾虑是担心这样的处理方式被新员工看在眼里，寒心后不愿意再将这个企业当作久留之地。当员工不打算在一个企业长期工作时，他就会觉得企业的长期发展目标与之无关，这样的员工对企业来说就是一个螺丝钉般的人手，而无法成为核心的人才。因此，老员工在企业中的忠诚和长期的服务是应当无条件奖励的。也就是说，对忠诚的奖励应当完全独立于员工绩效。

常见的激励方式有：（1）物质激励，即老员工奖金。规则一般是"工作 X 年以上的员工，老员工奖金为 N/Y × 月薪"的形式，其中 N 的数值是在企业工作的年限，X 和 Y 的数值是企业根据需要激励的老员工群体及奖励力度自定的数值。比如，对于 X=3 且 Y=2 的企业，在该公司工作 7 年的员工可以在那一年额外获得两个月的月薪作为忠诚奖励。（2）非物质激励，即公开的表彰和认可。

2. 激励效率

企业还存在另外一个问题，就是老员工总是强调自己过往的贡献和掌握的工作经验，而当下对企业的实际贡献和工作效率较低。老员工有许多话术可以把听众绕进他们光辉历史的故事和他们的付出需要企业的认可的逻辑中去。念旧且心怀感恩的企业创始人往往会心软，对老员工降低要求，然后新员工就会对此不满，因为觉得企业评价标准不公平而缺乏工作动力，整个员工群体的工作动力都会受到影响。

因此，企业要注意：（1）区分当前与过去。所有的经验如果没有转化为现在的工作产出，这些经验对企业就没有价值。我们不能因为员工具备某种技能而支付薪酬，而只应当为员工用技能完成了某些工作任务而支付薪酬。（2）区分老员工对集体的贡献和他与老板本人的私人交情。对集体的贡献，可以从集体利益中划拨一部分作为对他的奖励；而与老板的私交和同甘共苦的情谊，只能用老板的个人利益来感谢他。

以上两种激励方法并不适用于所有老员工。企业中最令人头疼的老员工，是那些已经形成惯性，激励机制的改变已无法让他们改变行为规律的企业元老级中高层管理者。作为中高层管理者，他们占据了企业组织架构中的重要节点，对企业运转效率有巨大的负面影响和广泛的影响范围。而且，当企业舍不得处置这些老员工时，也就堵住了新晋企业骨干和核心人员的上升通道。企业从招聘来的员工群体及心态、组织管理、激励效果、企业扩大规模和员工职业发展的种种角度，都会受这种现象的拖累。

三、如何安置很难激励的老员工

对于那些无法通过上述方式来激励的老员工，我们还能怎么做呢？

1. 判断留存老员工的价值

他们离职是否对企业利益有损？如果他们跳槽去了企业最重要的竞争对手公司，是否会让企业发展遭受重大损失？尤其是，他们跳槽时，是否有可能带走整个下属团队？带走经验或人才本身不可怕，在做这方面的预测时，要把关注点集中在现在和未来的利益得失上。如果某一位老员工的出走可能会严重影响本企业的运转和战略地位，那他就有留存的必要。

2. 让老员工参与新员工培训和辅导工作

一项对中国古代官员晋升制度的量化历史研究[1]发现，雍正执政期间，官员引见制度（官员在一个任期结束后，携带履历觐见皇帝并谈话，皇帝对其能力和潜力进行评估，并对其下一任期的级别、职务向吏部提出建议）实行时，雍正给官员的考语（皇帝记录在官员履历旁边的笔记）出现频率最高的评语是这样八个字："年力衰庸，拟改教职"。这是从古至今管理者处理老员工的经典思路——老员工无法保持干劲、体力、先进的管理意识负责业务部门时，让他去做新员工的培训工作。这样可以把老员工留在本企业中并产生价值，既避免了老员工出走创业或跳槽可能给企业带来的损失或竞争劣势，又利用老员工丰富的工作经验和对行业及企业的了解，让企业留存老员工付出的人力成本有效转化为年轻员工的工作进步。目前中国有一部分企业运用了这样的方法，但还有许多企业仍在困局之中。

3. 让老员工轮岗来盘活他们的行业资源和从业经验

理论上，企业的所有核心外部资源如客户、供应商、合作伙伴资源、人才资源，应当与企业绑定，而不应与企业中的个人绑定。但是在实践中，有许多老员工切实掌握了对企业来说重要的外部资源，而他们跳槽时

---

[1] Chen, Joy, et al. Loyalty and discipline: Evidence from the Qing bureaucracy. Working paper, 2024.

就会带走这些资源。对于这样的情况，有的企业会让业务部门的中高层轮岗（注意，基层不参与轮岗），来促进老员工调动更多的个人资源来为企业服务。由于轮岗后，他们手下的基层员工不再是他们熟悉的老下属，这些基层员工也会与这些老员工的个人资源产生更多互动。通过打破老员工对核心资源的垄断性，可以逐步将个人资源转化为企业的集体资源。

4. 从实职向虚职的转变，以及向顾问委员会转移

各种企业中都有许多复杂繁多的顾问委员会、战略委员会等。刚入职场的年轻人常常会不理解这些部门和机构何必存在，也不清楚他们在企业中的功能。在很多企业中，这些委员会相当于安置老员工的疗养院。老员工在实职的管理岗位上，已经很难跟上企业的工作节奏和技术进步，因此从职务上要将他们从实职上挪向虚职的岗位。更重要的是，老员工会倚仗自己的经验和见识，还有与老板的私人交情，在工作场合中慷慨激昂、挥斥方遒。这种行为会扰乱企业的运行秩序和员工心态。作为顾问，他们的职责就是发表观点，且委员会的功能就是向老板提出意见、建议。这样的安置符合老员工的精神需求。那么，老板为什么会乐意成立这种委员会来让他们提供大量的意见呢？首先，"听"和"听取"是不同的。一项在中国汽车制造企业开展的实验研究表明，[1]"听"这一行为本身就能够提高员工满意度。也就是说，顾问们在意的是声音被听到，而不一定要建议被实施。其次，老板提出一个企业发展或管理的计划时，顾问委员会中一定有人支持、有人反对。有些狡猾的老板在计划实施不顺利的时候，会让顾问委员会中曾表达支持的人担责，来弱化老板本人的决策失误。这样的做法有失风度和诚信，在实践中却屡见不鲜。

案例 8-1

工厂中老员工到新员工的迭代

某个医药集团是家族企业，董事长鼓励他的孩子参与企业管理和运营。接班人二十多岁，面对企业中的大量老员工很是头疼。在集团新收购的一家制药工厂中，存在一系列与老员工有关的问题：由于工厂是新近收购的，工厂中高层在新东家面前摆架子，经常挑战老板的权威。老员工掌握一些核心生产流程、熟悉企业管理方法，有些中高层还拥有丰富的人脉资源。工厂高层在接班人面前自称长辈，不好管理，也无法接受接班人的新观点。另外，老员工还提出，希望制药工厂效仿国有工厂的做法，允许老员工子女进入公司，接替自己的工作。针对这样的情况，年轻的接班人想出

---

[1] Cai, Jing, Wang, S.-Y. Improving management through worker evaluations: Evidence from auto manufacturing. *The Quarterly Journal of Economics*, 2022, 137(4): 2459–2497.

了以下的解决方案：

（1）允许老员工子女进入公司。但要求老员工办理退休，不到退休年龄的可以提前办理退休。且每一位老员工退休，允许两位老员工亲属（子女或家中其他年轻亲属）进入公司，一出才能二进。

> **点评**：比起单纯地思考是否要向老员工妥协，或者如何管理老员工，这样的利益交换是更聪明的做法。用子女换父辈，能够加速员工群体更新迭代。另外，一出二进可以避免老员工子女认为父辈的原来岗位非自己莫属，让这些厂二代们内部形成竞争关系，督促年轻员工学习，也加速年轻员工从父辈那里继承技术、经验、人脉。

（2）老员工子女进入集团公司，而非进厂。由集团统一管理，分配工作岗位。老员工在工厂的职位，在老员工退休后，按照正常的晋升选拔方式，由人力资源部门决定接替人选。以后待老员工子女有了工作经验，当老员工子女与其他员工竞争老员工退休时的职位时，在两人水平相同的情况下，优先晋升老员工子女。

> **点评**：老员工提出的诉求是子女接替父辈的职位，这是企业不可能同意的方案。老员工过去数十年为企业做出诸多贡献、积累多年经验，才做到目前的职位，而他们的子女很难直接胜任这些职位。这位接班人提出的方案是继承雇用关系但不继承职位。同时，通过同等条件优先晋升的制度，激励老员工子女认真工作，向父辈多多学习。

（3）鼓励老员工子女加入集团公司的管培生计划，并安排他们在其他分公司轮岗学习后，再优先进入老员工曾经就职的工厂工作。

> **点评**：老员工多年来一直在这一家工厂工作，对其他公司的情况不了解。加上这个工厂是集团刚收购的，他们与集团之间还没能完全融合。将与工厂毫无渊源的管培生派入工厂任中层的话，老员工会排挤新人。将老员工子女直接派入工厂，又无法加强集团公司对工厂的控制力。让老员工子女在集团负责销售、研发等其他业务的分公司轮岗学习，培训了年轻员工的管理理念和行业前沿知识。再将他们派入工厂，既能通过他们父辈的人脉获得工厂其他员工的支持，又能利用他们来加强集团公司对工厂的管理。

最后提醒管理者，有的企业在重新安置老员工方面，下了很大的决心，执行得非常果断和彻底。又为了企业的良好形象，执行得非常低调，导致企业其他层级对处理老员工的前因后果一无所知。结果，新招募的骨干员工不了解这家企业对待工作效率低的老员工的态度，还心存侥幸，认为成为资深员工后可以在企业"躺平"养老。他们刚开始很有干劲,达到一定层级或者积累了工龄之后,就重复上一波老员工的路径。要知道,在执行杀鸡儆猴策略时,每只鸡都应该杀得师出有名且有效,且每当发现猴的行为不妥时都应有鸡可杀。

第二节 | 年轻人的激励

企业中的实习生和职场新人是另一类需要有针对性地激励的员工。首先,刚离开学校环境的年轻人,可能因为思维惯性,还需要将他和其他同级别的同事进行比较,他才能了解自己的水平,找到工作的动力。大企业的实习项目,在同期入职的同事之间会组织定期交流和比较。而在中小企业,职场新人恐怕无法找到大量的有可比性的同事,因此失去工作表现的锚定点,缺乏工作动力。其次,Z世代的年轻人,作为独生子女和中国进入小康社会后的一代职场新人,他们的物质需求大多已被满足,能够激励中年人的薪酬、晋升机会、福利等对他们都很难起到激励效果。

一、如何让职场新人产生同伴压力

在中小企业中,一个团队同一时间可能只有1~2位职场新人或实习生。管理者可以为实习生描述一个可以完全复制的成长路径。告诉他们这个职位最优秀的人曾经做到了什么程度,后来有了怎样的职业发展。他们就会主动思考要怎么做,会更重视管理者的建议,琢磨不透的地方会主动询问。大部分职场新人都会自动对标优秀的榜样,并且不由自主地朝那个方向努力。找到一个可参考的榜样,有利于年轻人找到努力的方向,自我驱动地学习技能、参与工作。比如,在学术研究团队中,研究助理就需要这样的激励方式。他们大多是本科三四年级或刚刚本科毕业的年轻人,通过研究助理工作积累经验并获得团队主管教授的推荐信后,可以去申请攻读博士学位。如果比较各个学术团队培养的研究助理的能力和后续学业事业发展,会发现很多诺贝尔经济学奖得主的团队体量庞大(50人以上的研究团队),只能将至多1/5的助理送入全球排名前十的经济学博士项目,而其他的一些小团队,每一时期的同一时间都只有1~2名研究助理,却能将几乎所有助理送入麻省理工学院、斯坦福大学这样最好的学校。前者的激励策略是让年轻人之间通过聚集而产生竞争,后者会向每位新加入的研究助理讲述前人的发展路径，再讲到他们在研究团队中时如何努力学习和工作。

二、Z 世代年轻人的激励策略

在建筑工地上，新来的 95 后年轻人穿着个性地出现在施工现场，只戴着防晒帽和防晒袖，并没有佩戴安全帽。工地上的工头批评他，要求他必须佩戴安全帽，说员工有义务保证自己的安全。第二天，这位年轻人再也没有出现在工地上。这是常见的年轻人裸辞现象的一个缩影。工头向经理汇报时，经理觉得错不在工头，但是也实在不知如何解决这样的问题。面对这样的年轻人，规章制度他们尚且不服从，要对他们进行激励，是一个更大的挑战。

新入职场的年轻员工往往缺乏"职场人"这样的概念。在先导章节关于雇用对象是人才还是人手的讨论中就提到过，企业对人才应当充分尊重其个性和情感需求，但对人手就可以用统一的规则去管理。缺乏职场人的概念，导致年轻员工只有在被企业当作人才去尊重后，才会履行其作为人手的责任和义务。但年轻员工要明白，他们应该先向企业证明自己作为人手的能力和价值，才能得到企业将他们作为人才的尊重——这个顺序是不可调换的。

上级主管的说教恐怕是无法保证让年轻员工掌握职场人这个概念的。因此，企业要避免陷入长期的拉扯和妥协。合理利用试用期，正常筛选即可。职业素养留给年轻员工通过工作互动来自己领悟，而不要让任何一家企业来独立承担塑造员工职业素养的社会责任。另外，这种职业素养并不取决于年轻员工的家庭和教育背景。拥有职业素养的员工可能来自任何背景，因此不要试图通过背景信息的筛选来指望家境好的年轻员工的职业素养也高。

案例 8-2

会计师事务所想要怎样的年轻员工？

一位知名会计师事务所的高管曾介绍其针对年轻人的招聘及激励策略：根据家庭背景将他们分为三类。

（1）家境普通、来自经济欠发达地区的年轻人。如果他们的专业技能强，就值得招募。入职后用薪酬激励即可，因为他们有改善家庭经济状况的任务。而他们对晋升机会、轮岗或进修都相对不感兴趣。他们对工作任务也相对不太挑剔。

（2）家境优越的年轻人，他们的家庭成员的社会资源较丰富。他们的工作动力取决于他们对工作内容是否感兴趣，而对薪酬激励不敏感。如果他们背后的社会资源的确丰富且家庭关系良好，也很值得招募。入职后要精心为他们安排专业和兴趣对口、内容有挑战的工作任务。他们会因为感兴趣而充满工作激情。他们面对挑战时，会调用家庭社会资源来达成目标。

（3）中产阶级家庭出身的年轻人。很不幸，据这位高管所言，这群年轻人在职场中最不受青睐。

点评：这个招聘和激励思路不只适用于会计师事务所。当企业需要大量吃苦耐劳的年轻员工时，则需要案例中的第一类员工。当企业的业务拓展渠道主要依靠人脉而不是常规的市场营销时，就需要案例中的第二类员工。第三类员工中，有才华的可以从事研发类工作，而较为中庸的更适合在大型企业中做事务性工作，或就职于中小企业。

案例 8-3

传统行业中年轻员工的管理与激励

在屠宰行业这样一个非常传统的行业，企业如何管理和激励年轻员工，打造一个有活力的企业氛围呢？一个屠宰企业的年轻 CEO 想要大刀阔斧地进行改革，通过更新员工群体的方式，让企业变得年轻、有活力，提高企业利润。

她写下了所需人才的画像：有冒险精神和互联网精神，愿意一起用新知识、新技能、新模式去改变这个行业的同行者。因此，在招聘时她瞄准了"95 后"和"00 后"的年轻人。

随着越来越多的年轻人加入团队，CEO 开始意识到，要带好这群只比 CEO 本人小几岁的新生代，必须要融入他们，用他们的思维方式来思考和处理问题。根据这个思路，她采取了以下五方面的措施。

1. 营造平等和尊重的氛围

在公司内部，CEO 与员工之间直呼名字，不称职务。设置了一个茶水间和开放厨房，CEO 与员工一起午餐、下午茶。在各种轻松的场合坦诚平等对话，从生活聊到工作。随着 CEO 与员工之间更加熟悉，很多工作上的事情也在聊天中轻松解决了。

2. 鼓励员工参与决策和分享经验

开会时，CEO 会直奔问题，把重点工作、进度、责任人、关键节点一一列出，尽量让每个人都发言并自由表达观点，再鼓励同事之间谈优缺点和改进建议。随着员工对这种开会风格越来越习惯，大家都能感受到会议的有效性，开始一起为公司的发展出谋划策，会议效率提升，很多问题迅速迎刃而解。

3. 给予充分的平台和空间

在安排工作时强调目标，在验收工作时强调结果。在员工开展工作的过程中，避免对具体步骤和工作行为的管控，只定期同步工作进展，在员工需要时提供建议。

4. 透明的薪酬激励和及时的鼓励

对每位员工设置"底薪＋组织绩效＋个人绩效"的薪酬结构。其中，个人绩效考核以结果为导向，不再考察考勤等具体工作行为。对于一些临时性的奖励都当场兑现。另外，与员工沟通工作表现时，避免批评教育的语气，而是以"肯定＋期望＋鼓励"的方式，让员工看到自己的进步和成长，并向员工传达 CEO 本人对员工的期望。

5. 让员工找到成就感和自我价值

每位员工入职的时候，CEO 都会向员工描绘公司发展的规划和蓝图。这个对话传达了 CEO 对员工的期待、CEO 认为员工可以贡献的价值，以及员工未来职业发展的可能方向。

有一次，工厂推行一个全新的技术实验。当 CEO 晚上赶回到工厂准备实验时，发现团队成员都自发回到工厂，主动要求参与和见证实验。尤其是年轻员工，哪怕没有直接参与实验工作的也都全部到场。看到年轻员工们热情高涨、跃跃欲试的劲头，CEO 感受到了企业正在变得越来越年轻、有活力，达到了自己招募年轻员工想要的效果。

> **点评**：影响组织的核心因素是人与人之间的"关系"。好的员工关系，可以使组织富有效率，基业长青；而坏的关系则可导致效率虚耗，甚至组织衰亡。关注每一位员工的核心需求，尊重每一个群体差异，用科学的方法激发员工的主人翁意识，驱动员工持续投入，员工就能一起取得一个又一个的成功。

第三节 高技能人才的激励

企业中的高技能人才是能为企业创造较高价值的员工。他们薪酬较高而物质欲望较低，因此对高技能人才采取物质激励往往成本大而收益小。而对高技能人才有效的非物质激励可以帮助企业在不增加人力成本的前提下提高企业利润。

研究发现，在同一行业内，即使企业的生产技术相同，利润率仍存在巨大差异，而造成利润率差异的原因之一是管理方法的不同。因此，研究者想要探究，如何激励员工可以为企业节约成本。若用人力成本的提高换来物质成本的降低，结果不一定能够提高企业利润率。另外，对于一些高技能人才，他们的工作任务是创造性的，或者需要依靠专业知识判断具体情况的。若把为企业节约成本的整体诉求细化成具体的行为要求，会导致高技能人才觉得工作无法开展，或者使他们的工作成果偏离对企业最优的方向。在技术工作中，外行管理内行造成的上下级之间矛盾，往往就是这样产生的。[1]

前沿研究 8-1

航空公司机长的非物质激励策略[1]

针对航空公司希望机长在飞机起降过程中尽量节能减排的需求，一项研究通过实验估计了四种非物质激励策略的效果。这个研究场景中，航空公司机长属于高技能人才。飞机的起降过程中，机长会执行大量的细节操作，而这些操作需要综合考虑当时的天气、飞机的重量、飞机当时的可燃物荷载量等。操作过程中的决策需要机长首先保证飞机安全，再考虑节能减排，因此无法用标准流程来要求机长强制执行。

一方面，这种情况不可以采用物质激励策略。若用物质激励策略来鼓励机长节能减排，会导致机长为了奖金改变行为，在安全和节约燃油这两个考量间进行取舍并倾向于节能。中国某民航公司就曾设置节油奖金，在实施期间，机长有时会为了拿奖金而采取极端措施，危险行为频率增加，造成了飞行安全隐患和事故。机长还可能为了拿奖金而扰乱航空秩序：降落时若遇到机场繁忙，飞机应当按顺序降落，而当飞机油量低于紧急油量标准时，可以申请优先降落；有一位机长在油量充足的情况下申请了优先降落，落地后民航局调查发现了机长的欺骗行为，吊销了机长的执照。在发现这些问题之后，航空公司的管理层不得不暂缓推行节油奖政策。

另一方面，机长操作的自主性很强，但带来的燃油成本差异巨大。机长想省油很容易，在空中直飞、滑行的时候不加油门都可以省油。机长是最了解起降时的飞行场景的专业人员，很容易为他的大部分专业操作行为找到合理的理由，因此监管难度大。中国某民航公司曾试图在机长工作餐上节约成本，导致机长在飞机降落时刻意用一些耗油的小动作发泄不满。航空公司的飞机燃油成本提高，这部分成本变化与工作餐的成本降低相比，完全不是一个数量级。

这个实验场景描述了高技能人才的典型工作场景：员工需要运用自己的专业技能做决策并执行，激励机制想要对员工的专业决策产生影响，员工决策变化对企业利润的影响很大。该实验的结论有较强的普适性。

该实验测试了四种非物质激励策略：（1）绩效监控，指的是用技术手段（比如摄像头或者数字化系统）收集员工的工作行为信息。若管理者想要查看员工工作情况，这些信息是可获取的。（2）绩效反馈，指的是管理者定期向员工反馈他们的工作表现。这可以是书面的总结，也可以是定

---

[1] Gosnell, Greer K., List, John A., and Metcalfe, Robert D. The impact of management practices on employee productivity: A field experiment with airline captains. *Journal of Political Economy*, 2020, 128(4): 1195−1233.

期的谈话。(3) 设定绩效目标，指的是由管理者和员工协商，决定未来一段时间员工工作表现的努力目标。(4) 亲社会激励，指的是企业以高绩效员工的名义向慈善组织捐款。要注意，虽然所有四种策略都不会改变员工的薪酬，但是策略 (2) 和 (3) 都需要耗费管理者的时间，其本质是付出管理者薪酬来换取员工为企业节约成本；策略 (4) 需要企业付出物质成本。

实验持续了 8 个月，并在实验后持续收集机长行为信息。实验期间的控制组只接受绩效监控，而其他组在绩效监控上分别附加其他三种激励策略。

当航空公司一宣布监控开始，激励效果立即显现。在监控期间，节能减排行为频率平均提高了 50%。在此基础上加入绩效目标策略，行为频率又提高了 28%。而绩效反馈和亲社会激励两种策略并无效果。比起实验开始前的耗油成本，这 8 个月的实验期总共为企业节约了 7 700 吨燃油，合计 610 万美元。这 610 万美元对应的成本是什么呢？只需要设置绩效监控措施，并要求机长为自己设定绩效目标而已，这是极小的行政成本。

在实验期结束后，为了了解机长行为的持续性，监控仍在悄悄进行。研究发现，激励效果仍在持续。这是因为，一方面机长们以为仍然在被监控；另一方面，机长的习惯性操作已经被实验改变了。

这个实验告诉我们：(1) 对高技能人才，企业应该更多关注员工的行为及其合理性，而不是直接提出工作成果的要求。实际上，高级服务类行业的专业人才在工作中都更关注工作的过程正确而不那么重视结果正确，这是因为他们面对复杂情况和高度不确定的工作场景。(2) 高技能人才更重视自己对工作的满意度，因而并不需要频繁地被评价。(3) 想要达到长期的持续激励效果，间歇性、重复性、时间分布随机的激励就足够了。要知道，激励行为即使没有员工薪酬成本，也可能有管理者时间成本、企业行政成本等。如果偶尔监管就可以持续激励，那对企业来说可以节约更多管理成本。

案例 8-4

股份制银行数据分析人员的激励机制改革

随着金融科技的快速发展，数据分析在银行运营中的作用日益凸显。然而，在一家股份制银行，数据分析部门中的数据分析人员的薪酬结构和晋升机制与前台业务人员几乎一模一样，这种"一刀切"的做法导致了员工激励不足、工作积极性不高等问题。为了提升团队工作效率和创新能力，银行决定对数据分析人员激励机制进行改革。

管理者分析了团队现状，发现了影响员工的工作积极性和满意度的三个关键因素。

1. 薪酬体系与市场脱节

在其他行业的研发分析部门，薪酬体系通常采用小步快跑的涨薪机制，周期都约为 1 年。而在该银行，技术人员调薪频率与前台业务人员一致，通常为 3～5 年。技术人员的薪酬未能充分反映其专业技能和市场价值。

2. 晋升机制对后台部门不公平

以业务成果和客户关系为基础的晋升标准，只适用于前台部门，而不适用于后台数据分析部门的技术人员。由于技术人员的工作成果往往不像业务人员那样直观和易于量化，他们在这种晋升机制中有明显劣势。对大部分技术人员来说，晋升机会有限，也就很难看到自己在银行内部的职业发展前景。许多优秀的技术人员感到不满，选择离开银行寻求更公平的工作环境。

3. 工作内容单调

工作内容缺乏挑战性和创新性，导致技术人员工作热情不高，进而影响到整个技术团队的工作效率和创新能力。

为了解决上述问题，银行成立了单独的科技子公司，以将除日常系统运行维护之外的技术部门剥离总行框架。在这个子公司中，薪酬体系、晋升机制、工作内容就可以更自由地重新设计。

1. 薪酬体系优化

重新定薪，根据技术人员的专业技能、工作绩效以及市场薪酬水平，调整薪酬水平；调整薪酬结构，降低年终奖的占比，通过提高基本工资、设立季度绩效奖金和专业技能津贴等方式，更好地激励技术人员。

2. 职业发展路径设计

为了拓宽技术人员的晋升空间，设计清晰的职业发展路径。通过设立技术专家、项目管理等不同的职业发展通道，让员工看到自己在银行内部的成长机会。

3. 工作内容丰富化

鼓励技术人员参与跨部门、跨领域的项目合作，以项目、业务诉求为导向建立专班和融合团队，增加工作的挑战性和创新性。同时，通过定期轮换项目，避免工作内容单调。

经过激励机制改革，技术人员的工作满意度和积极性明显提高，团队氛围更加活跃。员工的工作效率和创新能力得到提升，为银行带来了更多的业务机会和价值。

> **点评：** 这样通过建立子公司来获得更大空间以调整薪酬、晋升、工作制度的方法很聪明，值得学习。在子公司中，岗位职责分工可以更加明确，科技与业务融合后，技术人员可以更加熟悉前端业务流程，更能紧抓业务痛点为业务服务。

相比普通的白领或蓝领员工，高技能人才还有一些其他的行为共性。我们列出这些信息，供高技能人才的管理者参考，希望管理者为这个特别的人群设计管理机制时能够少走一些弯路。

（1）知识分子型的高技能人才，在企业中受了委屈，或者感受到被不公平地对待的时候，容易在同事之间和社交媒体上发表不理智的言论。这样的情况发生频率较高，并不是因为企业常常有意让高技能人才受委屈，而是高技能人才为专业性强的工作任务付出心血后，总倾向于认为自己的工作任务挑战格外大，自己的付出格外多，因而无法客观地比较自己的工作成果和其他同事的成果，容易高估自己的工作成果对企业的重要性。因此，当企业暂时只能做到相对的公平时，要注意这类人群带来的舆论风险，或事先做足沟通和铺垫。

（2）高技能人才在谈判中不善于妥协。举个例子：一对理性的买家和卖家就某物品的价格谈判时，对话会从 3 块钱与 10 块钱的分歧慢慢走向 7 块钱左右的平衡点。然而，若两方中有一方格外清高，即使理性的一方愿意适当妥协，在一两个回合的谈判后，清高的一方发现自己心目中的价格无法达成，也可能直接单方面宣告谈判破裂。因此，与高技能人才谈判，要先把企业的难处讲述清楚，在对方心软之际，鼓动对方主动提出妥协的方案。这种策略在进行薪酬谈判和项目完成速度或质量的谈判中，都比较有效。

（3）高技能人才怕大量的小麻烦。他们都非常爱惜自己的时间，因此企业中的行政事务（比如报销发票）和生活中的大量杂事都会让他们心烦意乱。有的企业为高技能人才统一安排了行政秘书和生活服务，简化他们的工作和生活。这样不仅将员工的低质量时间节约出来用于企业的创造性工作任务，更重要的是创造了强大的员工黏性。由于这些辅助人员是企业集体安排而非高技能人才私人聘用的服务人员，他们跳槽后不仅无法带走这部分服务，还很难适应其他企业的工作风格。对高技能人才来说，在老东家体验过清净的工作方式后，如果新东家再让他们花时间去处理杂事，在他们看来这就有不被尊重的嫌疑，很难对新东家满意。当一个高技能人才死心塌地愿意留在这样配套服务完备的企业时，激励机制更能起效果，企业需要付出的成本也更小。

第四节 ｜ 个性化激励

管理者对员工工作态度不满的原因是，他们假设员工的全部工作时间都应当高效专注地投入工作。与这个完美状态之间的偏差都令管理者感觉，企业支付的部分劳动报酬打了水漂。因此，企业尝试过各种措施来确保员工的工作时间、专注度、效率尽量接近员工的精力和能力上限。比如，上下班考勤考察的是工作时间长度；高密度的摄像头考察的是员工必须专注；最近还有一些新的措施来防止员工长时间躲在卫生间里偷懒（比如在卫生间加装移动通信干扰器，或在门上安装计时器，等等）。

前沿研究 8-2

"摸鱼"是一种理性的行为[1]

员工摸鱼的行为建立在一种较为对立的员工和企业的关系认知之上：员工希望在不影响个人收益的前提下，尽可能少付出；企业希望在不增加人力成本的前提下，让员工多付出。员工会持续观察他们所处的工作环境，寻求提高个人幸福感的方法。

经济学理论认为，员工的个人幸福感取决于消费和空闲时间，员工牺牲一部分空闲时间来工作，工作换取的薪酬可以用于消费。因此，摸鱼的收益是更多的空闲时间，摸鱼的成本是可能的薪酬损失。

员工对摸鱼的收益更敏感还是对成本更敏感呢？管理者应该关心这个问题的答案，因为它们对应的管理策略是不同的：若员工对摸鱼的收益更敏感，则应该加强工作时间和工作环境的约束，使摸鱼节约出来的空闲时间没法成为真正的个人支配时间；若员工对摸鱼的成本更敏感，则应该增加摸鱼被管理者发现后的惩罚力度。

一项研究在电话客服中心做实验，探究了上述疑问。在这个客服中心，员工工资取决于员工打了多少通电话，以及成功解决了多少次客户问题。这个客服中心的电话系统无法录音，因此，管理者只能通过抽样回访的方式去了解，员工是否完美地解决了客户的问题。该企业规定，如果员工在工作记录中记下"已解决"，而回访时客户反馈"没有解决"，管理者就可以认为员工在摸鱼。然而，这个规则并不完美，因为有些客户可能在初次电话沟通时与员工沟通良好，他的问题得到了解决，却在回访时反悔，企图通过抱怨员工的方式，从管理者那里得到企业的更多优待。这导致管理者记录的员工摸鱼不能成为严厉处罚员工的有力证据。另外，管理者的时间会被大量消耗在回访上。这一成本属于可变成本，会随着企业规模扩大而等比增加。

研究发现：（1）对大部分员工来说，摸鱼的频率与回访频率成反比。这说明，回访的工作量是无法省去的。（2）员工对摸鱼的成本比对收益更敏感。这说明，关于工作效率的监管应该重视监管频率和惩罚力度，而非增加工作环境的约束。（3）员工的行为主要取决于他们感知到的摸鱼成本。这说明，企业还可以通过提高员工感知到的监管频率的方式改善员工工作表现。

在企业实践中，我们还发现：（1）如果管理中过分关注客户反馈而不顾事实，员工也会越来越形式主义，而在核心的工作内容上越来越敷衍。（2）如果惩罚力度过大，会渲染一种员工和管理者

---

[1] Nagin, Daniel S., Rebitzer, J. B., Sanders, S., Taylor, L. J. Monitoring, motivation, and management: The determinants of opportunistic behavior in a field experiment. *American Economic Review*, 2002, 92(4): 850−873.

之间互相不信任的企业氛围，这对企业整体不利。

综合这些讨论，我们总结出以下实践建议：（1）管理者应当公平地关心员工的工作内容和表现，随机抽查式地监管工作表现，并适当提高对摸鱼行为的惩罚力度。（2）可以适当增加工作强度，但同时也要增加绩效薪酬。

有的企业会通过提高绩效薪酬在薪酬中占比的方式来提高员工激励，减少摸鱼行为。需注意：调整比例这一举动本身不可影响大部分员工及所有核心员工的薪酬的期望值。这样才能让员工群体在调整薪酬方案时不会因为担心影响个人收益而集体反对。调整之后，可以用重新设定绩效考核指标等方式，提高员工激励。

前沿研究 8-3

非理性的拖延症[1]

拖延是很常见的工作行为。若说摸鱼还算对员工的个人幸福感有益的话，拖延则匪夷所思。该做的任务还是要按时做完的，拖延对员工来说没有任何好处。为了对付员工的拖延症，有的管理者试图提高薪酬，有的管理者让员工列详细计划。可这些措施会有效吗？

一项实验研究深入观察和分析了工作中的拖延现象。实验由 100 位志愿者（后称"员工"）在实验室（后称"办公室"）中进行。他们每天来到办公室，执行一些无聊的、令人厌烦的、没有技术含量的小任务。员工每天进入办公室时需回答三个问题：（1）你现在愿意做多少个任务？（2）你给明天安排多少个任务？（3）明天我们还会问你"现在愿意做多少个任务"，你预测你会回答多少个？我们用 N1、N2、N3 代表这三个问题的答案，便于讨论。

上面的问题（2）和问题（3）是很有趣的设定。问题（2）是今天给明天的安排，而问题（3）是今天预测的明天如何考虑当下。拖延的人的回答一般会有这三个规律：明天的任务更多（N1＜N2）；今天预测不了明天无法按时完成（N2=N3）；而第二天无法执行之前的计划（明天的 N1＜今天的 N2）。

图 8-1 和图 8-2 展示了实验的结果。员工为自己当日及下一个工作日安排的工作量如图 8-1 所示。图的横轴是每个小任务的计件薪酬，纵轴是员工选择的任务量。图上的虚线代表了员工给今天安排的任务量，即 N1。实线代表了员工给明天安排的任务量，即 N2。该图传达了三个信息：（1）随着薪酬提高，员工愿意做更多任务。（2）员工会给明天安排更多的任务即 N2＜N1。（3）拖延的绝对数值会随着薪酬提高而增多，但百分比也许不会提高，即 N2−N1 随薪酬而提高；（N2−N1）/N1 随薪酬波动，没有明显规律。

---

[1] Augenblick, Ned, Rabin, M. An experiment on time preference and misprediction in unpleasant tasks. *Review of Economic Studies*, 2019, 86(3): 941-975.

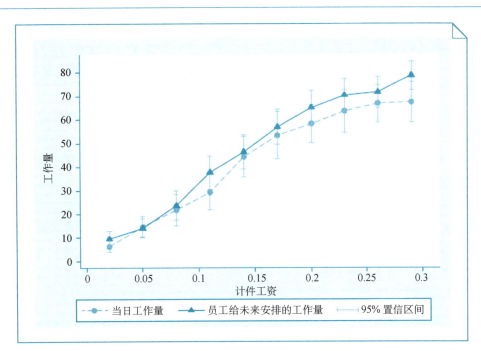

图 8-1　员工当日及未来工作量安排

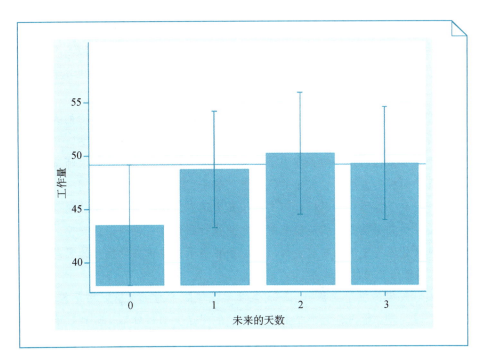

图 8-2　员工当日及未来 4 个工作日工作量安排

员工进行更长期的规划时，给未来数天安排的工作量如图8-2所示。横轴是从今天算起到执行任务的日期中间隔了多少天，纵轴是员工选择的任务量。员工为今天安排的任务量明显小于给未来每一天安排的任务量，而未来的任务量大体上呈递增趋势，可谓是"明日复明日"。

这个实验告诉我们，拖延是普遍存在的员工行为规律，而且涨工资无法解决拖延问题。那么管理者可以怎么做呢？第一，对于员工不喜欢的任务，管理者应当加强固定时间周期（比如每两周）而非固定进展周期（比如每完成20%）的监管。减少员工在较长的时间范围内自由分配任务进度的权限，要求员工制订具体的时间表并严格执行。第二，当员工承诺未来会做某事，可以直接将"今天对明天的计划，明天无法达成"作为一般性的人类行为规律提出来，而非对员工具体行为的控诉或不信任。第三，管理者可以悄悄把截止时间提前，来为员工的拖延预留时间。企业实践发现，在大部分情况下，将工作时间缩短1/4可以使任务在真实的截止时间时完成（例如，需要1个月后完成的任务，将给员工的截止时间定在3周之后）。

案例8-5

帆船运动中的个性化管理问题

商学院课程中常常用团体性质的体育运动来模拟管理场景。这样的体育活动的场景与企业管理场景非常相似：运用每个团队成员的个性化技术、能力，通过团队协作，完成一个团队任务。在欧洲一些商学院的领导力课程中，高频出现的团体运动是大帆船竞技，有些课程甚至会将课堂搬到船上去体验和讲解团队管理。

在无动力帆船上，团队成员整体可以分成四组：前甲板负责帆船桅杆前面的大部分工作，包括瞭望、处理帆的所有意外情况，相当于司机的眼睛；缭手负责帆的升降和角度，相当于掌握着船的油门和刹车；舵手负责掌控船的方向，相当于掌握着船的方向盘；船长及战术师负责决定船的航向和整体路线，相当于司机的大脑。在较小的帆船上，船长、战术师、舵手由同一人担任。在竞赛中表现好的船队，一定反复排练：前甲板如何向船长传递消息、前甲板与缭手的配合、缭手与舵手的配合。最重要的是，所有船员能否服从船长的指令并执行到位。对应到企业管理，前甲板相当于企业中负责收集信息和处理突发情况的前台部门，缭手相当于企业中负责执行的研发及生产等中台部门，船长/舵手相当于企业中的决策者。

在一次全国商学院杯的帆船竞赛中，一支某商学院船队中的所有船员都是各自企业的一把手。这些老板们做船员时，观点很多，且个个都希望自己的观点全部都被船长听到、重视、回应。当一位老板的观点没有被认真对待和讨论时，他会默默地按照自己的想法直接执行，直到其他船员向他妥协。在比赛中，前甲板看到左侧无风、右侧有风，已经向船长传达了这些信息，船长也已经操纵船舵，向右转弯，这时需要缭手放松船帆，才能完成转向。而正在操纵帆的缭手在视野受限的情况下，认为船应该向左边转弯，就能得到更好的风力。缭手表示抗议且没有得到船长支持后，拒绝妥协，并用力收紧船帆。这时，如果船长决策是保持向右转向，船会因为帆上受力过大而侧翻。为了船员的安全，船长决定妥协，转而向左，结果船驶入无风区域，只能等待水流将船推动到有风的区域，才能继续航行。这场比赛中，该船队由于到达终点线时间太晚，没有得到成绩。

> **点评**：在这样每个人都很有个性的团队中，船长更需要树立权威。无论在私人关系中怎样和睦，在比赛中要明确上下级关系，确保所有船员可以执行命令。

企业管理者必须选择是信任员工还是控制员工。信任意味着将工作行为的决策权交给员工，而并不进行监管，这也就减少了管理者对员工绩效的知情能力。控制意味着加强对员工具体工作行为和内容的监控，能够更密切地了解员工的表现，这会造成员工无法充分利用自己掌握的信息调整工作行为来将工作完成得更快、更好。

员工梦想中的工作是高自由度、高收益的。企业梦想中的管理是一个高绩效管理系统，在这个系统中，企业可以将信息的收集与处理过程去中心化，对了解具体情况的基层员工赋予更多的决策权，促使他们灵活运用信息处理问题。这样的管理会使企业更加高效还是分崩离析呢？传统的人力资源管理理论认为，员工会利用一切自由逃避责任，因此低监管会带来低绩效。也就是说，在理论上，员工的梦想与企业的梦想存在利益冲突，因此无法实现。下面我们来讲解一项研究，它提出的管理方法也许能够同时实现员工和企业的梦想。

前沿研究 8-4

对员工应该放养还是圈养？[1]

这项研究提出，可以利用职位设计二分法，同时提供信任和控制这两种管理策略。在信任策略中，企业对员工低监管，偶尔抽查，绩效激励力度大。在控制策略中，企业对员工高监管，绩效激励力度小。面对一个员工群体，我们可以这样将他们分入两种管理策略。

（1）当企业了解一位员工过往的绩效水平，且他的绩效名声在企业内是中等或以上时，企业可以采用信任策略。

（2）当企业了解一位员工过往的绩效水平，且他的绩效名声较差时，企业采用控制策略。当企

---

[1] Bartling, B., Fehr, E., Schmidt, K. M. Screening, competition, and job design: Economic origins of good jobs. *American Economic Review*, 2012, 102(2): 834−864.

业不了解一位员工过往的绩效水平时，企业也采用控制策略。

为什么要同时提供这两种策略呢？它们互相起到警示和激励作用。被控制策略管理的员工会看到企业里有一些员工在被信任，这些员工工作自由度高，绩效奖励多，因此员工有动机想要加入被信任的群体。被信任策略管理的员工也会看到，有些同事利用企业给予的自由偷懒或自私自利，被抽查到之后，就转到了控制策略，因此想要保持高绩效工作表现，留在信任策略群体中。这是两种策略并存产生的外溢效果，用这样的管理方式，可以使越来越多的员工进入信任策略。这种效果是管理者想要的，因为信任策略的管理成本低、员工绩效高。

另外，企业会发现有些员工属于控制策略群体，但仍然会利用一切机会摸鱼，无法受这样的管理策略激励。这时，企业就可以重新计算这类需要高监管才能有高绩效的员工给企业带来的成本和收益，在人才供给充足的情况下，可以将这类员工淘汰出企业。

管理者常会迷茫如何使用奖与罚这两种管理手段。我们举几个常见的疑惑为例：（1）奖励应该一次性大额奖励还是多次小额奖励？（2）惩罚应该一次性罚彻底，还是对员工的工作行为中各种细小的不妥采取少量多次的惩罚？（3）对员工要宽容到什么程度再实施惩罚？这些都与管理者和员工之间的博弈有关。

为了系统讲解赏罚制度的相关知识和实践技巧，我们先介绍博弈论的基本概念和经典问题，以理解管理者和员工之间的互动。

博弈论中最经典的问题是"囚徒困境"，游戏规则如表 8-1 所示：警方逮捕甲、乙两名犯罪嫌疑人，但没有足够证据指控二人有罪。于是警方分开囚禁犯罪嫌疑人，分别和二人见面，并向双方提供以下相同的选择。

表 8-1　囚徒困境

选择项	乙沉默（合作）	乙认罪（背叛）
甲沉默（合作）	二人同服刑 1 年	甲服刑 3 年；乙即时获释
甲认罪（背叛）	甲即时获释；乙服刑 3 年	二人各服刑 2 年

如果囚徒困境游戏只进行一局的话，无论两人同时选择还是依次选择，两人都会选择背叛，最终结果是两人各服刑 2 年。

如果囚徒困境游戏可以重复进行多局（即重复博弈），有趣的事情就发生了。如果游戏重复有限次的话，最后一局与单次游戏相同，双方都背叛。已知最后一局双方背叛，倒数第二局双方也会背叛。以此类推，每一局中，双方都背叛。但是，如果游戏重复无限次呢？

我们展示一种可以实现每局双方都合作的策略，叫作以牙还牙。甲对乙说："第一局我会合作。从这时开始，如果某一局你选择背叛，那么在接下来的1局中，我一定会选择背叛来报复你。如果你连续背叛，我的报复将结束于你最后一次背叛之后1局。报复结束后，我再选择合作。"在这样的策略下，乙背叛一次的话，本局和下一局会服刑0+3=3年，而这两局保持合作会服刑1+1=2年，合作的收益更高。因此，乙会选择每一局都合作。综上所述，甲的期望收益为服刑1年，乙的期望收益也为服刑1年。

我们再展示一种策略，叫作贝叶斯纳什均衡。甲对乙说："每一局开始时，我都会抛一枚硬币来决定合作还是背叛，如果正面朝上，我就合作。这枚硬币有点不平衡，它有34%的概率正面朝上。"在这样的策略下，乙选择背叛的话，服刑年数的期望值为 $0.34×3+0.66×2=2.34$；而乙选择合作的话，服刑年数的期望值为 $0.34×1+0.66×3=2.32$，合作的收益更高。因此，即使大部分时候甲都会选择背叛，乙还是会选择每一次都合作。综上所述，甲的期望收益为服刑 $0.33×1+0.67×0=0.33$ 年，乙的期望收益为服刑 2.32 年。

现在，我们回到员工管理的实践场景中来理解上述游戏。甲是管理者，他的合作代表奖励，背叛代表惩罚。乙是员工，他的合作代表认真工作，背叛代表做出对自己有利而对企业不利的事情。

上面单局游戏的场景对应的是灵活用工这样的一次性雇用关系。重复博弈对应的是较为长期的劳动合同。而重复博弈从无限局变成有限局，在现实中对应的是员工在企业上班的最后那一段时间。比如，一位员工与企业签了两年的劳动合同，且明确知道不会续约，在前一年半的工作时间中，他与企业的互动会更接近无限重复博弈的玩法。等到了他在企业工作的最后半年，互动就会更接近有限重复博弈的玩法了。

带着对博弈论的基本了解，我们来看一项探究奖罚机制的前沿研究。

前沿研究 8-5

胡萝卜和大棒[1]

在管理者与员工的博弈中，管理者关心两方面成效：管理者想要员工总是合作，因为员工合作可以带来企业利润；管理者想要自己少合作，因为管理者奖励员工需要付出成本（奖金或行政奖励），而惩罚员工可以节约成本（罚款或要求员工加班等等）。

---

[1] Andreoni, J., Harbaugh, W., Vesterlund, L. The carrot or the stick: Rewards, punishments, and cooperation. *American Economic Review*, 2003, 93(3): 893−902.

研究考察四种管理制度：奖罚并用、有奖无罚、有罚无奖、无奖无罚（固定工资，全靠员工自律）。研究发现，在无限重复博弈中，四种制度下员工为企业带来的利益的排序从高到低为：奖罚并用＞有奖无罚＞有罚无奖＞无奖无罚。在有限重复博弈中，尤其是到了最后5局博弈时，员工为企业带来的利益从高到低为：奖罚并用＞有罚无奖＞有奖无罚＞无奖无罚。

只罚和只奖这两种制度，在无限与有限重复博弈的情况下出现了排序的差异。研究通过分析这种差异探讨了奖与罚在企业管理中的作用：惩罚是为了避免员工自私，并试水员工的合作意愿；奖励是为了鼓励更多的合作，以此减少实际使用惩罚手段的频率。

讲到奖惩以及重复博弈，我们再介绍一个贝叶斯纳什均衡策略的实践应用。在管理者面对下属的博弈的过程中，如果给自己的动作增加一些随机性，可以避免管理者与员工之间的博弈越来越白热化。有些企业高管会努力营造一种难以琢磨的人设，就是想让员工无法判断他、了解他，他希望员工不要找到明确的应对他的对策。因此，有些管理者显得喜怒无常，这种情绪的不连贯性能够营造权威感，也有助于让员工减少对上下级人际关系的关注，将主要的注意力放在工作内容上，并保持努力工作的态度。

前沿研究 8-6

员工互评会引起恶意拆台[1]

许多企业都尝试过360度环评制度，而大部分企业最终都会认为环评相当鸡肋。环评失效最常见的原因是绩效排名的顾虑：如果绩效水平高的员工有额外奖励，且员工A的绩效打分取决于员工B的评价，员工B就有动机给A打低分，这能增大员工B得到奖励的机会。一项实验研究模拟了这样的管理手段，来探究员工互评对员工产出数量和质量的影响。

在实验室中，志愿者们扮演员工（简称"员工"），在固定时间长度内手写信封。他们手写越潦草，就能写得越多。有一位裁判员，通过阅读手写信封来判断能否读懂（简称"客观评分"）。另外，实验要求员工阅读其他员工的信封，判断能否读懂（简称"员工互评"）。

实验设置三种薪酬规则。（1）计件式：按照裁判员能读懂的信封数量支付薪酬。（2）计件式＋第一名奖金：按照客观评分排名，除计件式薪酬之外，第一名可以获得额外的奖金。（3）计件式＋员工互评＋第一名奖金：按照（客观评分＋员工互评）排名，除计件式薪酬之外，第一名可以获得额外奖金。

实验结果如图8-3所示，柱高是信封数量的平均值，为了便于讨论，我们给柱子编号1～9。蓝色代表员工的总产出，深蓝色代表客观评分，浅蓝色代表员工互评评分。左中右三组代表三种薪酬规则。实验结果传递了四个信息。

---

[1] Carpenter, J., Matthews, P. H., Schirm, J. Tournaments and office politics: Evidence from a real effort experiment. *American Economic Review*, 2010, 100(1): 504−517.

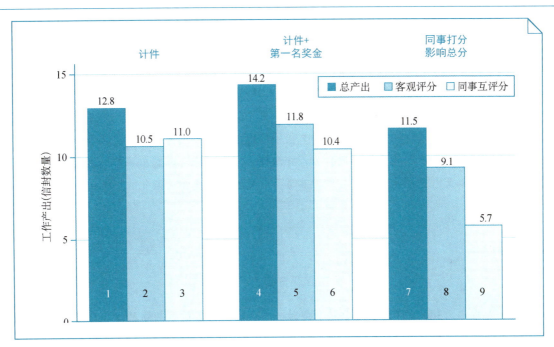

图 8-3　不同激励制度下的员工工作产出

（1）第一名奖金可以提高员工绩效（4号＞1号）。这说明，绩效奖金能够产生正向激励效果，符合常识。

（2）只要有绩效排名，无论员工互评是否影响绩效排名及薪酬，员工互评就会比客观评分低（6号＜5号，9号＜8号）。这说明，只要在绩效管理中设置员工之间的比赛，就会使员工之间的评价偏负面。

（3）员工互评能够影响绩效排名时，员工会互相恶意拆台（6号与5号差距很小，而9号远低于8号）。这说明，员工会利用对同事的主观评价去影响同事的绩效，来达到提高自己绩效排名的效果。

（4）员工互评能够影响绩效排名时，员工总产出会降低（7号＜4号，7号＜1号）。这说明，员工们能够意识到互评会对最终的绩效排名产生负面影响，也就是说，他们明白努力工作也无法在绩效薪酬方面得到认可，因此不再努力工作。

这个实验告诉我们，员工会根据管理制度变化而改变对同事的态度，而这种同事关系的变化最终也会影响员工的工作态度。这项研究回答了三个实践问题：（1）员工在什么时候会互相恶意拆台呢？当员工互评的打分中，有其他同事无法核实或佐证的主观成分时，员工就可以用主观感受解释故意打出的低分。（2）互相拆台的员工关系会对企业有怎样的影响？员工会花时间在不产出效益的工作行为上，这些行为只是为了维护自己的员工互评得分，或者让其他员工的得分变低。另外，还会在企业中形成一种使人不想努力工作的氛围。（3）管理者应当鼓励员工之间的比赛吗？如果办公室政治会影响员工的工作效率，则应该避免员工之间的竞赛，而用固定的客观绩效指标衡量员工的工作表现。办公室政治对员工的影响可能是直接的工作效率下降，也可能是更复杂的操纵行为，在员工之间创造互相敌对和拆台的气氛。

在360度环评制度中，我们提供以下四个实践建议：（1）参与环评的人选应该由企业客观决定，而不要由当事人自己提名。（2）如果环评的结果与绩效和晋升全无关系，则不需要设置这样的制度。（3）环评的结果不应该与绩效和晋升有很强的对应关系，因为这会使员工及管理者都专注于搞好同事关系，甚至同事之间利用环评打分互相拿捏。（4）环评会暴露出一些同事或上下级关系中的矛盾，当事人和人力资源管理部门应作为参考及时处理，以免矛盾激化。

案例 8-6

员工互评与绩效不直接挂钩

一家企业规定，360度环评的评分特别差时，才会影响员工的绩效薪酬。参与环评的人包括上级、同级、下级，以及有过互动的其他部门同事。

在这样的制度下，员工在工作的时候，包括跟其他部门沟通的时候，就会想到要尽量把关系处好，不要把关系搞僵，因为一旦与很多同事的关系都不好，就会影响绩效。另外，管理者也会受到下级的评价，所以在面对下级的时候，领导也会尽量做到公平公正，避免出现明显的偏颇。因此，这个政策能够起到警示作用，但是实际上环评结果对绩效考核及绩效薪酬没什么影响。

> **点评**：在这种制度中，要小心设置"特别差"的定义。比如，想象一下这个制度：在一个10人团队中，团队成员给团队管理者打分，如果有至少2人给管理者打低分，管理者就必须被调离这个岗位。那么，假设有一位员工想要顶替管理者的位置，他只需要说服一位同事支持他，两人一起打低分，就可以让现任领导离开，这位员工就有机会上位了。

在晋升时，员工升职前会经过360度环评，且参与环评的同事们都知道这位员工要升职。如果很多同事对这位员工有意见，就会在环评中提出。一位员工能进入升职的考察阶段，一定是各方面表现都很好（领导认可、业绩表现好），然后再通过360度环评，没问题才能升职。这里，业绩好是必要条件，环评好是充分条件。员工不会仅仅因为环评好就可以升职，而只是将环评当作公示的作用。

> **点评**：这个规则较常见，尤其是在技术、管理双通道晋升的制度中，技术类晋升更适合用这样的制度。

第五篇
发　展

- 具体到企业的技能培训带来的效益，应由企业和员工共同分享。
- 彼得高位需要提前预判，避免因为缺人而降低要求。
- 经济发展的速度跟不上人才进化的速度，就会内卷；经济发展的速度大于人才进化的速度，就会形成良性竞争。
- 企业在不同发展阶段需要不同类型的人才。
- 大部分想要跳槽的员工是无法通过谈话、调整薪酬、调整管理来挽留的。为了挽留一个人而修改管理制度，应当格外谨慎。
- 跨国企业的人力资源管理，要克服异质文化带来的冲突，在文化差异中找到共性，并立足于这个共性创造出独特的企业文化。

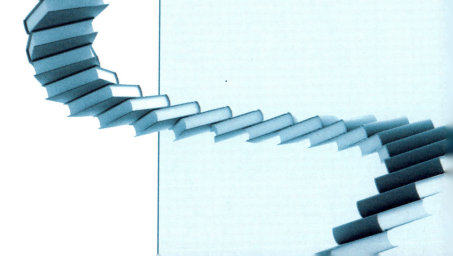

第九章
员工发展

　　企业与员工的关系,从企业角度看是雇用关系,而从员工的角度看,是合作关系。当员工拥有知识、技能,并能够将其转化为企业需要的工作产出,而企业能够满足员工的物质需求(工资、股权、福利等)和其他需求时,两者就可合作。合作双方的聚散是常事,能够合作一段时间,就是一种缘分。

　　这种合作关系在员工的职业生涯中要占据一段时间,员工必然会思考,这段工作经历对他的职业生涯有怎样的影响。比如,能否让他拥有更多技能,能否让他在更多类型的工作活动中积累经验,能否为他的下一份工作带来更高收入。这段合作中的每一次细则改变,都会引起员工思考:合作是否划算,是否要继续。

　　我们建议,企业管理者在制订培训方案和晋升制度时,可以带着这样的合作思维去考虑与员工的关系,理解员工的反应。

第一节 培　　训

　　员工培训是所有企业都会投入成本的人力资源活动,但也是员工认可度最低的人力资源活动之一。为何企业希望员工参加的培训，员工大多都不感兴趣呢？培训的困境有三点：让员工学什么，如何让他们愿意学，以及学会之后是否能提高企业利润。我们用人力资本的基本构成模型来讲解一下培训在人力资本中的作用，并用这一框架来帮助读者理解企业培训。

$$人力资本 = 员工掌握的技能库$$
$$= 教育带来的一般化技能 + 职场中的一般化技能$$
$$+ 具体到某个公司的技能$$

员工的技能库由三项组成：员工离开学校进入职场时，带着他受过的所有教育给他的一般化技能；随着工作经验的积累，他也获得了职场中的一般化技能，和具体到某个公司的特定技能。其中，具体到某个公司的技能在他就职于其他任何公司时，对他的工作产出都没有帮助。

因此，员工在该公司任职期间，他对该公司的价值为三项之和；而员工跳槽时，他在人才市场中的价值为前两项之和。从企业和员工的角度分别思考，他们更希望员工提高哪部分技能水平呢？

聪明的员工应当只对提高第二项（即职场中的一般化技能）感兴趣。因为提高一般化技能可以提高员工在人才市场中的价格，这一价格上涨，要么可以为员工带来更有吸引力的工作机会，要么可以促使现任雇主提高其薪酬待遇或职级。

聪明的企业应当只对培训第三项（即具体到某个公司的特定技能）感兴趣。因为员工的市场价值不变，薪酬也就不用变，但是员工能为企业创造的价值变大了，企业利润率也就提高了。同时，员工的市场价值与对现任雇主的价值差距越大，员工就越依赖现任雇主，员工黏性就由此而来。

我们可以用技能分类的思路，再一次解释第七章第二节中提到过的薪酬倒挂现象。（1）人才市场只看一般化技能。（2）员工会选择薪酬最高的工作。（3）新员工带进企业的都是一般化技能。（4）老员工在企业工作时间越长，他积累的具体到本企业的技能就越多，而一般化技能未必增加。因此，新员工的薪酬一定符合他的一般化技能的市场定价，不能再降。而老员工的薪酬只需比他的一般化技能的市场价值略高即可，不必再涨。这就形成了薪酬倒挂现象。

回到关于培训的话题，企业中最常见的一般化培训就是 MBA 一类的工商管理课程。企业都很清楚，拥有 MBA 学位的员工，跳槽更容易，新工作的薪酬也会比没有 MBA 的员工更高。因此，当企业为员工支付部分或全部 MBA 学费时，大部分企业都会要求员工签署 MBA 毕业后的服务期限协议。常见的协议要求员工毕业后继续为企业服务 12～24 个月不等。

一、企业培训方案应该由谁制订？

培训方案由不同的人制订，都会默默变成从此人视角来看综合了个人利益和企业利益的最优方案。以人力资源管理相关知识为例：（1）如果由人力部门制订培训内容，一定不会让其他业务部门学习招聘、解聘、绩效这几部分内容。因为其他部门学会了之后，会更懂得如何向人力部门提需求。比如，人力部门应该负责离职谈话；可是人力部门可能会推卸责任，让被开除员工的直接上级去谈。这位业务部门主管如果不知道自己本无须承担这部分责任，又没有经过离职谈话培训，谈出任何激烈矛盾的话，就要替人力部门担责了。（2）如果由副总经理制订培训内容，一定会让部门主管学习组织架构和权力分配的知识。因为当部门负责人了解这部分信息后，在副总经理与总经理、董事长出现部门责任划分和组织架构分歧时，他就可以带领一群部门负责人，让他们引经据典地替自己向大领导抱怨现在的组织构架多么不合理。（3）如果由董事长或总经理制订培训内容，一定不会让中高管学习薪酬方案和晋升机制的知识。因为大领导总会倾向于保留薪酬和晋升制度中的一部分自由裁量权。在企业实践中，这两方面规则的主观性越强，大领导越有权威感。

二、具体到企业的技能培训带来的效益，应由企业和员工共同分享

当企业和员工之间利益不一致时，新技术的推广和采用之间会有一定阻碍。管理者为了了解新技术对企业生产效率的影响，必须通过基层员工试点。而聪明的基层员工为了逃避学习新技术，可能会利用上下级之间的信息不对称，利用自己的实际操作优势，操纵新技术的效果，甚至能够让管理者无法掌握真实信息。

案例 9-1

新图纸的推广[1]

在一个足球制作基地，工人制作足球的过程是在黑色或白色的人造皮上印好图纸，由员工沿图纸切开，再进行缝合，在这样简单直观的生产过程中，唯一涉及的技术就是图纸的画法。一个技术推广小组想要推广一种新的图纸，这个新图纸可以将黑色人造皮的损耗率从20%~24%降到8%。图 9-1 是黑色的人造皮在切走了有用部分之后，铺在灰色的大理石地板上拍摄的照片，可以看到

---

[1] Atkin, D., Chaudhry, A., Chaudry, S., Khandelwal, A. K., Verhoogen, E. Organizational barriers to technology adoption: Evidence from soccer-ball producers in Pakistan. *The Quarterly Journal of Economics*, 2017, 132(3): 1101−1164.

左图的边角料比右图多了很多。经过技术推广小组的测算,如果工人可以按照新图纸剪切人造皮,工厂原料成本可以降低 1.24%,人力成本提高 0.19%,利润率提高 16.56%。

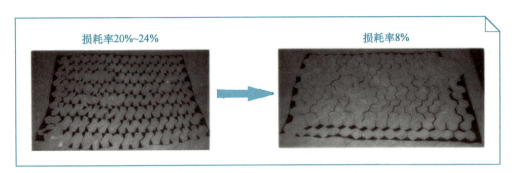

图 9-1 新旧图纸的损耗率对比

2011 年 6 月,技术推广小组向 85 家工厂寄送了新图纸,后来发现只有 23 家采纳了新的图纸。技术推广小组试图调查工厂不愿接受新图纸的原因。

他们发放调查问卷至 18 家工厂,请工厂老板回答"为什么没有成功推行新图纸"。其中 10 家工厂说"剪切工人不愿意按照新图纸剪裁",另外 4 家工厂说"没法在人造皮上印刷新图纸"。考虑到这些足球制作工厂高度同质化,而有些工厂成功印刷了新图纸,技术推广小组并不相信"没法印刷"这样的借口。

之后,技术推广小组开始走访企业。以下是一段研究论文中展示的走访日志。

"工厂老板说:每张人造皮只能多裁出 2～4 片而已!我觉得这技术没啥大用。咱们计时试试看?"

工厂老板因故请技术推广小组先进入车间,表示自己随后就到。技术推广小组在车间看到一位剪裁工人正在用新图纸剪切,他说:"我可以在 2 分 32 秒之内剪 279 片,新技术可以使每张人造皮多剪出 10～12 片。"

这时企业老板也进入车间,加入了这个讨论。当着技术推广小组的面,他问同一位工人:"每张人造皮能多裁几片呢?"工人说:"2～4 片。"

老板说:"我看着你剪,给你计时看看。"这位工人在 2 分 25 秒之内剪出 275 片(多出 6～8 片)。老板很满意,允许技术推广小组试在全厂推广新技术。他还说:"我们也造排球,你们也帮忙开发一下剪裁排球的技术试试?"

点评:这段对话包含了丰富的信息。

(1)在技术推广小组到工厂时,老板认为新图纸能够多裁 2～4 片,工人实际能够多裁 10～12 片。

(2)工人对技术推广小组愿意说实话,而显然老板的"2～4 片"的认知是工人故意告诉他的。

（3）当老板盯着员工干活时，员工未必能做得更好，但是一定能做得更快。

工人为什么不把真实情况告诉老板呢？对于基层员工来说，他们普遍讨厌变化、适应、学习，希望工作任务一成不变。当变化即将来临时，他们会尽一切可能逃避变化。工人知道老板在测试新的图纸，他耍了个小心机，想让老板认为新图纸用处不大，这样全厂员工就可以继续用旧的图纸剪裁了。

三、怎样的工资方案可以激励员工参加培训？

我们可以对比以下三种工资方案。

（1）每件成品，向工人支付 X 块钱。

（2）每件成品，根据其使用的制作技术支付工资：旧技术，X 块钱；新技术，X+Y 块钱。

（3）每件成品，向工人支付 X 块钱；如果学习新技术，另外一次性支付 Z 块钱。

在上面这个前沿研究中，工厂老板采用了方案（1），使用新旧图纸制作足球的每件价格完全一样，因此学习用新图纸剪裁就成了一项成本全部归员工、收益全部归老板的学习任务。员工必然会不愿意接受新图纸。方案（2）能够激励员工学习和使用新技术，但新技术的使用次数越多，人力成本越高。方案（3）也可以激励员工学习和使用新技术，Z 的数值大于单次使用新技术给企业带来的收益，但也远小于长期使用新技术的收益。这个一次性补偿是为了补偿员工学习和适应新技术的不情愿，除此之外，反复使用新技术生产带来的额外收益都归企业所有。

我们在第三章第一节讲过激励相容，即企业与员工之间的利益是否一致的问题。激励不相容，是技术的推广与采用过程中的重要阻碍。当员工无法从新技术中获利时，企业甚至无法了解技术回报率的真实情况。培训的动机与效果取决于其为企业和员工分别带来的利益是否一致。

案例 9-2

如何让员工接纳培训

一家西南地区的茶叶生产企业里，大部分工艺环节都由人工完成。总经理上任后发现该企业每万元产值的人工成本比同行高出 20% 以上。经深入研究分析，主要问题在于一线员工人均生产效率低于同行近 30%。进一步分析造成效率低的可能原因有三点：（1）员工本身技能水平低；（2）高效率的行为得不到组织的肯定和薪资收入上的正反馈；（3）生产管理人员统筹管理能力差。

当员工技能水平低，而薪资结构设计不能实现激励相容的时候，如何让员工接纳培训呢？该企业采取四个步骤。

第一步，排查统计低效能的工艺环节、操作人员、操作习惯等。

第二步，结合同行的先进经验，制订新的操作流程和规范，同时制订新的薪资方案。

第三步，进行技能培训和薪资方案宣讲。

第四步，培训考核，重新定岗定职级，辅之以技能大比武，树立新榜样。

在解决这个问题的过程中，总经理遇到的最大挑战是如何让员工接纳培训，以及如何推行新的薪资方案。总经理先后拟定了两个薪资方案和生产负责人、工人代表沟通，最后再与董事长沟通确定。

方案一：依然按旧习惯生产的每件成品，向工人支付（X−Y1）元（X 为当前计件工资标准）；按新规范生产的每件成品，向工人支付（X+Y2）元（Y2 略高于 Y1）。

方案二：经考核认定掌握新规范，并按照新规范生产，向工人支付 X 元作为计件工资，但同时会给予一次性奖励 Z 元。

最终该企业推行了方案二。原因在于，虽然两个方案都可以确保"培训带来的效益应由员工与企业共同分享"，但方案一有个显著问题：可以提升人均效率，但会增加人工成本，人力资源效能不一定能够降低。而方案二这方面的效果更好，奖励 Z 本身就远低于提升效率带给企业的收益，又是一次性支付的，培训和提升效率的边际成本会无限趋近于零。

> **总结**：为了降低新技术推广与采用过程中的阻碍，要利用激励相容的原理设计企业与员工利益一致的模式，确保员工可以从培训和应用新技术中获利。这种模式一般存在两种基本方案：一次性补偿和计件补偿，往往一次性补偿的效果更佳。

案例 9-3

充分利用企业培训寻找内部人才、筹备管理层任免

在一家国有企业私有化的能源企业，主要股东都是女士，也都是第一次接触传统行业，而企业中的老员工 95% 以上都是男性。J 女士作为主要股东之一任企业董事长兼 CEO，想要深度参与企业管理，提高企业价值，希望后期企业可以上市。J 女士先从自己管理的其他企业中选出几位骨干，将他们抽调到这家能源企业任高管。但是，她发现这家能源企业老员工之间派系斗争较为严重；J 女士派来的心腹要么被老员工边缘化，要么被同化。

于是，J 女士开始尝试直接管理这家企业，并聘用了一位 COO 来协助她处理财务和人事等日常事务。一段时间后，J 女士对企业以老员工为主的中高层、她之前派来的心腹、她新招聘的核心员工有了一些了解和想法。关于企业的人事情况，她有三个调整目标：（1）总经理是老员工且在企业内部的人脉枝繁叶茂，有时不服从 J 女士的管理。J 女士想要培养总经理的人选，一方面可以用于震慑现任，另一方面也可以在企业扩大规模后用于其他的分公司。（2）这位COO虽然是她亲自招聘的高管，但是管理能力不足。J女士觉得他在职期间的招聘工作做得不够好。J女士想要换掉他，又有些担忧如何推进平时由他负责的人事部门的招聘等事项。（3）企业中哪些人值得关注、培养、未来重用，J女士想做一个全面的盘点。因此，借企业优秀员工表彰大会的机会，J女士安排了一次以人力为主题的企业内部培训，要求企业所有中高层及得到表彰的优秀员工参加。在培训中，培训师和J女士合作，设置了以下三个环节。

（1）培训前，要求J女士、现任总经理、COO三人分别圈定培训内容。通过对比三人选择的知识点和话题，了解他们的意图和想法。

（2）培训中，讲解从技术人员晋升到管理层需要学习哪些技能，积累哪些经验。在讲解这部分内容时，重点观察优秀员工中，哪些人格外认真关注这个话题。这些人有晋升意愿和学习动力，是企业的可用之人。

（3）在培训结束后，要求所有学员参加笔试，并告知学员，董事长会亲自看每一份答卷。笔试主题是"自己目前所在职位，如果要新招一名员工，应该如何招聘"。笔试中，每一位学员要依次写下自己目前所在职位的职位描述、简历的筛选条件、在本地的合理薪酬区间和最重要的五个面试问题。学员答卷汇总起来后，除去态度极不认真的少数员工，大部分答卷形成了企业所有核心岗位的招聘所需准备资料。靠着这套资料，J女士不再担心COO在职期间扰乱其他岗位的招聘，也不担心她开除COO后就无法进行招聘的问题了。

第二节 晋　　升

一、彼得定律[1]

彼得定律指的是：如果一个企业的晋升规则是"一位员工在当前岗位表现出色，就晋升他到更高的职级"的话，那么有能力的员工都会被晋升到某一个他无法胜任的岗位，并停留在这一岗位。

要知道，并非每位员工都有能够胜任CEO的管理天赋，每位员工都有他在管理岗位上的胜任极限。当一位员工被晋升到超出他的胜任极限时，他会在那个岗位上表现不佳，因此不被列为下一层级的晋升人选，于是就长期停在这个表现不佳的岗位上了。当一个企业中所有管理岗位的晋升都运用这套规则，并将规则持续执行一段时间之后，这些管理岗位都将

---

[1] Peter, L. J., Hull, R. *The Peter Principle: Why things always go wrong.* New York: William Morrow & Co., 1969.

被无法胜任的员工占领。这样的结果对企业极为不利，对员工来说也并不理想。

彼得高位指的是：彼得定律中陈述的晋升规则会导致员工停留在那一个岗位层级。对于一位具体的员工，彼得高位是他无法胜任的最低岗位，也就是比他能胜任的最高岗位更高一级的位置。

当一位员工被晋升至他的彼得高位后，企业发现他无法胜任，可以采取以下四种办法：（1）平行调职，减少员工的管理责任，增加他工作任务中擅长的部分；（2）降回原位；（3）保持原状；（4）促使员工离职或辞职。

以上四种办法都不理想，且对员工并不公平。这位员工会被列为晋升候选人，说明他在原先岗位上是一位能干的高绩效员工。这个晋升决定是企业做出的，却要一位本无过错的高绩效员工承担错误造成的一大部分损失。

企业应当尽力避免将任何一位员工晋升至他的彼得高位，不论是能力高的核心员工，还是忠诚度高的助手。因此，识别员工的彼得高位是企业管理层的一项重要技能。

在关于雍正考语的研究中，我们发现其中就有一些考语涉及彼得高位的问题。比如，有一位刚刚卸任县令一职的官员觐见雍正时，雍正经过考察，在他的履历旁朱批道："此人只可至知府"。这就是提前识别出了这位官员的彼得高位。有时雍正也会写道："此人只可至知府，但或可担大任"，这体现了他对这位大臣彼得高位的思考过程，以及继续考察的决定。而且，当任皇帝对彼得高位的识别会被后继之君继承下来，被雍正认为"只可至知府"的官员到了乾隆执政时期仍然不会得到高于知府的任命。

一项关于彼得定律的实证研究[1]提出，在一群员工中晋升一位员工时，可以考虑两个选拔标准：一个是员工中管理潜力最强的员工，另一个是在当前岗位绩效最佳的员工（即彼得定律中陈述的晋升规则）。

这项研究发现，上述两个选拔标准会选出两个不同的候选人。通过分析企业销售团队中，管理者带来的边际增量（marginal manager value added，即管理者的管理能力带来的团队绩效增量）与这位管理者从前做销售专员时的销售业绩，可以发现管理者过去的销售业绩越好，现在对团队管理的贡献就越低。

企业晋升员工必须从上述两个候选人中选一位，他们分别有哪些优缺点呢？

---

[1] Benson, A., Li, D., Shue, K. Promotions and the peter principle. *The Quarterly Journal of Economics*, 2020, 134(4): 2085-2134.

1. 晋升管理潜力最强的员工

优点：新领导擅长管理。

缺点：（1）管理潜力很难准确衡量，因此存在判断失误的可能。（2）此人在现在的岗位上不是绩效最佳的员工，却得到了晋升。因此，其他员工会认为，努力工作提高绩效也无法得到晋升，索性不努力工作。这就降低了其他员工的工作激励。

2. 晋升在当前岗位绩效最佳的员工

优点：晋升决定传递的激励规则很明确，且与企业希望给员工的激励规则一致。

缺点：（1）彼得定律中所述的风险较大，新领导不擅长管理。（2）这位执行能力强／管理能力弱的员工被指派去做管理，并没有利用好该员工的比较优势。（3）执行团队失去了能力最强的团队成员，团队绩效下降。

在这两个候选人之间，企业应该如何抉择呢？在实践中，企业可以考虑两个问题作为解决这一难题的突破口。

问题一：员工是否认为"晋升等于领导对绩效的认可"？

如我们在绩效章节中详述的那样，绩效打分中有一部分来自领导的主观意见。员工可能会认为，晋升决定就是这种主观意见的公开表现。如果员工有这样的认知，那么晋升管理潜力最强的员工就会使其他员工工作激励降低。企业可以这样做：通过完善企业制度以限制管理者从管理权力中获得更多个人利益的方式，或者向员工主动传递"此人擅长管理，因此让他负责管理，其他员工就更可以专注于业务"的信息，让员工认同晋升决定与领导对当前岗位绩效水平的认可无关，这样就可以有利无害地晋升管理潜力最强的员工。

问题二：管理能力不强的领导，对团队破坏性大吗？

在组织管理制度完善的大企业中，企业制度对管理者的管理方法作出了非常详细的指导和要求。在这种情况下，管理能力不强的员工做管理者，对团队的破坏性很小。这时企业就可以放心地晋升当前业绩最佳的员工了。

案例 9-4

"绩而优则仕"带来的彼得定律困境及晋升体系改革

一家劳动密集型的茶叶生产企业，既需要能持续精进生产技术、研发能力、客户沟通水平的工匠型人才，也需要善于通过管理手段来服务和成就工匠型人才的管理型人才。

这家企业员工一直认为，领导如果认可员工的能力和成绩，就应该提拔员工，从一线员工到基层管理者或技术骨干再到中高层管理者。这种认知迫使企业采用了"绩而优则仕"的晋升制度，工作干得好的员工就能够得到晋升至管理岗位的机会。

然而，这些人被提拔到管理岗位后，因无法胜任管理岗位的工作，往往会对团队产生一定的破坏。比如员工会想："这人什么都不懂，整天瞎指挥，真不想跟他干"，影响了工作积极性和绩效；或"这样的人，老板怎么会让他当领导"，影响了公平感受和对企业的忠诚度。

对于被晋升至彼得高位的员工，该企业常采用的解决方案是平行调职，但导致了部分员工最终离职。

为了提高管理效率，企业推行了管理型人才和技术型人才双维晋升体系。

（1）制订管理型人才和技术型人才双维标准（分级、评价、晋升、薪资标准）。

（2）听取员工个人意愿，并反馈公司对其综合表现的评价及建议，最终达成阶段性的职业发展规划共识。

（3）月度考核重点关注当期绩效，年度考核重点关注两个维度上的晋升（月度考核结果会占有一定权重）。

（4）根据年度考核结果，公布晋升人员名单。

（5）所有晋升人员，均应通过新岗位的见习期综合考核（技术岗 3 个月、管理岗 6 个月，见习期薪资水平按原职级执行）。见习期结束后，考核达标则转正，补足见习期薪资差额。不达标有两种情况：一是接近于达标的，顺延见习期，但转正后不再补足见习期薪资差额；二是与达标差距较大的，退回原职级。

点评：

（1）新的晋升体系是典型的双通道晋升体系，分为管理通道和技术通道。其中，技术通道为业务能力强但管理能力弱的员工提供了提高职级和薪酬的制度保障，也避免了单通道造成的彼得定律困境。

（2）晋升决策兼顾了员工的自我职业发展规划，尽可能提高了企业发展与员工发展的适配度[1]。

（3）设置可逆的见习期，将晋升决策错误造成的损失降到最低。

（4）客观的制度，全面的考核，透明的决策。尽力让员工相信制度的公平性，提高对企业及其管理层的信任。

---

[1] 详见第十章第二节相关内容。

二、晋升制度

上述茶叶生产企业改革后的晋升制度是一个很好的范例。在设计企业晋升制度时，可以采用以下通用模板。

（1）建立候选人池子。切忌待到管理岗位有空缺时，再临时从下一级员工中寻觅合适人选。员工的晋升步骤为：下一级员工先进入候选人池子（此时职级和工作职责与下一级员工相同），再得到晋升成为上一级的管理者。

（2）从下一级员工群体进入候选人池子的考核标准可包括：员工在当前岗位的近期绩效、员工所在部门所需的核心技能水平、员工的团队协作表现等。

（3）进入候选人池子时，可考虑是否要求员工签署竞业限制协议，以及是否要向员工提供股权和期权等激励。实践中发现，想要晋升的员工，在此时最有可能接受劳动合同和薪酬方案的调整。企业应避免等到管理岗位有空缺时再跟员工谈这些条件。

（4）对已进入候选人池子的员工，持续考察下一级职位需要的核心技能，比如人员管理和项目管理技能。向候选人公布企业考察的专业技能、管理能力、工作经验清单。企业可以只考察不培养，也可以在企业内向候选人提供培训课程，允许候选人自愿选择是否参加培训。注意，在大企业中，只有进入候选人池子的员工才有权限接受这些有针对性的培训；而小企业在这方面的管理往往比较宽松，使一些还没有做好当前岗位本职工作的员工，盲目地参加培训去学习下一级岗位才需要的技能，我们并不建议这样做。

（5）持续监控各关键管理岗位的候选人数。当一个关键岗位的现任员工的离职风险高、绩效表现差或不服从管理时，及时盘点这一岗位的候选人池子。企业高层盘点池子的举动，以及池子中候选人数增加和质量提高，都能震慑现任员工，也能确保开除现任或现任离职时，都能够找到继任员工，平稳过渡。

（6）根据从候选人池子中晋升上去的管理者工作表现，随时回顾和调整上面第（2）和第（4）项中的考核和筛选方式及采用的指标。[1]

案例 9-5

美国海军航母舰长职位的选拔机制[1]

美军航空母舰的舰长虽然只有上校军衔，但却肩负着美国海军战备的实施职责，管辖数千名官

---

[1]《从美军航母核心指挥官履历看美军航母指挥员培养》，文书易，https://www.wenshuyi.com/a/rhvn6pn3kc0l.html，2022-11-18。

兵、80架以上的战机。一个美国航母舰长掌控的军事力量甚至比许多弱小国家海军的总体实力都要强大。

美军要求，一个合格的航母舰长必须满足以下两组条件：第一，只有在舰上驾机起降超过800次，飞行纪录不少于4 000小时，并担任过飞行副中队长（30个月以上）的优秀指挥官才有资格成为航母舰长的候选人；第二，作为核航母舰长，还必须完成16个月以上的核技术专业学习，并且在核动力航母上负责作战和行政事务的岗位任职至少3年。

美国海军在晋升舰长之前会经历反复上下、平行调动。这种调动的核心理念是以循序渐进的方式，培养舰长的大局观和全面的能力，以实践的方式积累经验。

点评：航母舰长必须满足的第一组条件，对应上述晋升机制模板中的第二项，即从下一级员工中选拔人选进入候选人池子，主要考察当前岗位需要的技能。第二组条件对应上述晋升机制模板中的第四项，即对于已经进入池子的候选人，主要考察下一任岗位需要的技能。

案例 9-6

谷歌的晋升机制

谷歌的晋升机制分两步。

第一步，绩效评级会根据员工表现，与当前职级要求进行对比。将优秀员工的表现与下一个职级要求进行对标。如果该员工已经满足下一职级多项要求，那么他可以拿到"远超预期"（strongly exceed expectation，即 SEE）的评价。在谷歌，SEE 是一个明显的升职信号。

第二步，升职评审。绩效评级和升职评审并不一一对应。公司对升职整体持相对保守的态度。评审委员会有足够的信心认为员工可以胜任下一个级别工作的时候，才会推荐其升职。为了增加评审委员会的信心，员工往往要从多方面证明他已经达到下一个级别的要求。

正是由于谷歌的晋升制度，以及总体偏保守的态度，使谷歌在人岗匹配中很少出现员工到达他无法胜任的级别的情况。

案例 9-7

华为的继任者计划[1]

华为产品线总裁上任的同时，需要对应地提名多名继任者，并对这些继任者进行能力、工作经

---

[1]《华为继任计划 TSP 详解》，蓝血研究，https://new.qq.com/rain/a/20230808A06GY600?suid=&media_id=，2023−08−08。

验等各方面考察，根据考察结果对这些继任者进行培养，时刻保证干部队伍有充足的继任储备。具体操作如下。

人才标准：人力资源部负责向业务部门主管提供人才选拔的参考标准，包括岗位能力要求、工作经验、综合素质等。其中，华为先关注综合素质，其次再看能力和经验。华为的管理者相信能力及工作经验可以后天培养，但综合素质最能体现人才的先天特质。

提名规则：华为引导业务主管在提名继任者时从三个渠道寻找人选：本部门员工，其他部门员工，公司外部人才。

点评：这样的规则有两方面好处：一方面，三个渠道的人选数量和质量比例形成的数据库，能够分析出哪些岗位有候选人缺失风险。针对这些岗位，企业可以结合内部培养与外部招聘。另一方面，能够确保高价值人才一定会进入企业视野范围内。

人选确定及保密：梯队盘点信息是保密的，不能和被提名人员沟通，避免造成被提名人员不必要的期望。上级会统一审视各下属主管的提名并作适当调整，当梯队盘点名单考察确定后，各主管可据此落实对后备人员的培养与发展。

点评：晋升与涨薪一样，都需要调整员工预期，确保不会造成员工失望然后影响激励效果。

人才选拔完成后，华为按照继任准备程度将继任候选人分为三个等级，分别是：（1）成熟人才，可立即上任；（2）高潜质人才，需制订未来1~2年有针对性的详细培养发展计划；（3）梯队储备人才，可指引其未来3~5年的职业发展路径。

点评：华为的继任者计划确保华为的干部队伍有充足的继任储备，当需要进行干部任免或调动时，不会出现后继无人的情况。

第十章

企业发展与员工发展的关系

企业所处的社会经济环境是持续变化的。要想在变化的环境中存活并发展，企业也必须随之变化。面对变化的环境，企业会制订发展战略，同时员工也会制订自己的职业规划。

在本章中，第一节讲解内卷的成因、现象与影响，探讨外部环境如何决定激励会带来内卷还是良性竞争。第二节讲解企业在不同阶段适配的人才类型，分情况讨论企业与员工的双向匹配。第三节介绍跨国公司在面对跨文化管理时，需要了解和借鉴的文化差异和跨文化研究相关知识。

第一节 内 卷

2018—2023 年，关于职场最流行的讨论就是"内卷"与"躺平"。在这一节中，我们介绍内卷的现象及其背后的逻辑，再向企业管理者和职场人建议可以怎样做。

微观经济学对人类行为的假设之一叫作边际效应递减，这可以描述一系列人类行为规律。比如，一个人吃巧克力的时候，第一块格外好吃，第二块也还不错，到第 20 块恐怕已经可有可无，若到了第 50 块，他大概要求饶不想再吃了。再比如，一个人工作的时候，第一个小时还在适应，工作产出略少，第 2～5 个小时熟能生巧，工作产出很不错，到第 8 个小时比较疲劳，产出下降，到第 12 个小时，工作表现错误频出，还不如让他回家休息。若边际效应递减的假设成立，且员工的工作产出可以按固定比例转化为个人收益（可以理解为按比例的佣金绩效薪酬），则员工的工作付出与收益如图 10-1（a）所示。每位员工感受到疲劳时所对应的付出不同，或者员工想要的工作与生活的平衡点不同，因此，员工会做出个性化的工作选择。

内卷的规则意味着，如果参加内卷的游戏，增加付出几乎不会增加收益，而减少付出会带来巨大损失。[1] 员工的工作付出与收益如图 10-1（b）所示。参与内卷需要付出的努力至少为 B，获得的收益为 C。对于参与内卷的员工，付出 B 以上的努力也不会带来超过 C 的收益，所以没有人会做出超过 B 的工作选择。同时，如果一位员工觉得他无法付出 B 以上的努力的话，他最好选择付出为 A，也就是完全的躺平。因此，员工会在 A 和 B 这两点之间

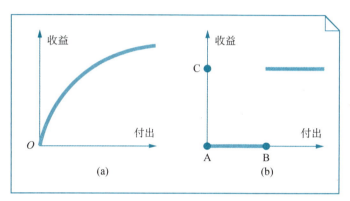

图 10-1
边际效应递减与内卷的付出与收益关系示意图

选择其中一个作为自己的工作选择。员工群体的工作选择会迅速同质化。在内卷体系中，由于付出和收益不成正比，因此员工的理性选择会造成工作产能的浪费。

为什么员工愿意忍受内卷这样的规则呢？因为员工认为自己可替代性很强。这种可替代性，是企业评价体系的产物，其目的是压缩人力成本。在人才市场中，买方是企业，卖方是人才自己。企业想要压缩人力成本，就要争取对人才的定价权，也就是说，要让人才市场成为买方市场。当一个人才极为稀缺或特殊时，这位人才对于需要其特殊技能组合的工作岗位就拥有垄断能力，也就拥有了这个岗位的定价权。因此，企业可以通过创造人才的非稀缺性，让人才感受到很强的可替代性，来争夺人才的定价权，压缩人力成本。

企业通过跨维度地比较人才，来制造人才的非稀缺性。图 10-2 展示

---

[1] John Li，《用数字来反抗内卷》，Ted, https://www.ted.com/podcasts/tedinchinese-transcripts-johnli2021, 2023-10-05.

了非稀缺性的产生过程：如果企业认为人才的技能可以分为社交能力和分析能力两个大类的话，可以对这两类技能分别打分，每一位员工就成了图10-2（a）中的一个数据点。所有员工中社交技能最强的甲（销售部门业绩冠军）和所有员工中分析技能最强的乙（研发部门技术人才）都是企业认可的稀缺人才，这两人都可以拥有定价权。这时，企业可以说，我们以员工的综合能力（综合能力＝社交能力分数＋分析能力分数）评定人才等级。图中斜率为45度的蓝色虚线是综合计分的等高线，这样的综合计分方式使甲的总分比乙低，企业中的稀缺人才只剩下乙，企业可以压低甲的薪酬。从员工的角度，甲得知这样的计分方式后，一定会努力提高自己的分析能力来提高总分（甲的位置向右移动）。乙看到甲在提高分析能力后，感受到自己在综合能力上的优势正在减弱，因此乙也会努力提高自己的社交或分析能力（乙的位置向上或向右移动）。如此，所有员工的能力都在提高，而企业仍然可以只承认一位值得高薪酬的稀缺人才并压缩其他人才的薪酬，坐收渔利。这样的跨维度比较，削弱了双方的不可替代性。

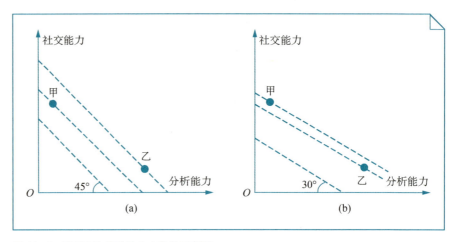

图 10-2　跨维度比较时的人才竞争示意图

在上述综合计分方式中，我们直接将社交能力分数和分析能力分数相加，对应的隐含假设是两类能力在企业中的回报率相同。而现实中，随着人工智能的飞速发展，相对于分析能力，人类的社交能力不断增值。打个比方，社交能力的价值为分析能力的2倍时，等高线应当按照图10-2（b）这样，这样的计分方式会促使所有员工都拼尽全力提升社交能力。结果就是，所有员工都在收益较高的单一维度上竞争。另外，像乙这样的技术人才若想提高社交能力会相当吃力，因此就会消耗很多时间精力，导致他无法提升自己本来擅长的分析能力。

人才市场中对各种能力进行差异化定价，再经过综合计分，形成一个单一维度的人才排名。同时，各个行业中的企业将人才技能转化为企业收益的能力也不同。朝阳行业的转化率更高，因此可以向综合能力强的员工支付更高的薪酬，也就可以在人才市场的排名中优先挑选，聘用综合能力最强的一批员工。这样就形成了行业与人才分别排名，再按照排名形成雇用关系的局面。我们可以想象，人才排名中，能力相近的一群人，可能因为进入了不同的行业，后续的职业发展、收入水平都产生巨大差异。从单个人才的角度看，会觉得选择比努力更重要，因而许多人才在各种选择之间犹豫不决。

从宏观来讲，当一个国家的人才市场对某一两项技能定价较高时，所有人才都只注重提升这些高价值技能。这会导致对这些技能有较高需求的行业得到充足的人才供给，企业就可以压低人力薪酬水平；而其他行业需要的其他核心技能不被人才重视，导致行业的人才水平整体较低，人力薪酬水平低且行业发展受限。长此以往，行业发展速度差距会变大，国家产业结构无法平衡。当那些最开始吃到人才红利的行业发展速度减缓时，国家没有新的朝阳行业，国家经济发展速度也会放慢。从人才的角度看，人才虽然越来越努力，但人才技能组合越来越雷同，且所有行业的人力价格都变低。

以上讨论的基础假设是人类喜欢竞争。那么，能不能大家都选择不竞争，所有人一起躺平呢？一方面，从理性角度看，当所有人都躺平的时候，其中某一个人如果多努力一些，他的努力会被企业奖励，他的个人收益是巨大的。因此，所有人都躺平不是一个稳定状态。另一方面，许多社会科学研究者都引用美国进化生物学家范瓦伦的"红皇后假说"来解释人才的竞争意识：[1]生物体必须持续地适应和进化，才能在进化竞争当中存活。因此，人才的技能进化必然存在。我们应当搞清楚，在什么情况下技能进化会带来对经济发展有益的推动力，什么情况下只能引起人才之间的内卷。

是健康的人才发展还是内卷，其实就是国家经济发展速度和人才进化速度的赛跑。当国家经济发展速度较快时，企业不愁业务，而是需要人才来开展业务。这时的人才市场是卖方市场，其中每一个拥有独特技能组合的人才都可以找到一个细分赛道，他在这个赛道上是最优秀的人，也就拥有了这一赛道中的人才定价权。而当国家经济发展速度较慢时，市场扩大速度也慢，企业通过人才获得的收益较小。企业在人才之间通过跨维度的

---

[1] Van Valen, L. A new evolutionary law. *Evolutionary Theory*, 1973.

比较来缩减稀缺人才的名额，这就引起了内卷。这时的人才市场是买方市场，企业拥有人才定价权，利用内卷压缩人力成本。

对人才来说，应该怎么做才能提高自己的不可替代性以抵抗内卷呢？建议人才选择同时符合以下条件的技能组合：（1）这组技能在多个细分的行业赛道都是核心的高价值技能；（2）这些细分赛道在经济波动中的变化相对独立，不会出现一荣俱荣、一损俱损的现象；（3）这组技能与人才本身已经积累的技能有较大交集；（4）人才本身想要在这组技能方面精进，有学习资源，也有学习能力。

职业发展可以从以下四个方面筹划：（1）明确职业规划，设置一个职业发展目标，做好近期计划并认真执行。（2）明确实现目标所需的技能并保持学习。（3）经营个人品牌，用差异化的个人魅力、技能组合、管理风格在行业中积累声誉。（4）培养兴趣爱好，现在的副业未来可能会是你的主业。

对企业来说，也许希望继续利用内卷的形式，提高人力产出，控制人力成本。但是到 2023 年，许多企业发现，很多员工卷不动了而选择躺平。要解决这一问题，我们提醒企业，在最开始介绍内卷规则下付出与收益关系的图中，B 在横坐标的位置和 C 在纵坐标的位置都是企业可以调整的。也就是说，企业应当动态调整参与内卷的门槛（即 AB 之间的距离），同时调整参与内卷和选择躺平的员工之间的薪酬差距（即 AC 之间的距离）。根据我们的观察，一个健康的企业中，会有大概 2/3 的员工在努力工作、参与竞争，另有 1/3 的员工在完成分内工作的前提下选择躺平。若努力工作的员工比例太小，则没法形成努力工作的员工氛围。他们在员工群体中还会被视为异类，慢慢被排挤或被同化。若努力工作的员工比例很大，则很多在竞争中感到疲惫的员工会认为，要么努力工作、要么离开企业，这会让员工压力倍增，对员工氛围、员工满意度和幸福感都不利，最终会影响企业形象和企业活力。然而，企业管理者要注意，通过降低评价维度的内卷规则是不可取的。下面这个企业案例展示了此类内卷的危害。

案例 10-1

从微观视角看跨维度比较导致的职场内卷

2020 年起，某大型企业遭受了美国多轮的打压与制裁，无法获得高端芯片，导致手机业务逐年下滑。从公司战略层面，手机业务是现金流来源，但并非战略上不可妥协的核心业务。相比而言，运营商业务是事关国家通信战略稳定的关键业务，需要更多预算投入以保障平稳运行。因此，企业必须减少手机业务的预算。2021年起，手机的人力政策从曾经的人才"应招尽招"，到现在的"关门闭户"，使本来就很困难的业务上更是缺少了人才的战力补充。

（1）措施1：关停一些部门的招聘，招聘预算降低70%。其中，对人力成本大、见效慢的高端人才招聘，直接关停。

（2）措施2：加强一些部门的人才考核强度，从之前的多元化考核转向了以技术落地为唯一考核的人力评价导向。员工人人自危，开始追求短期目标。所有人都在绞尽脑汁思考：我能在半年度考评之前贡献什么技术，如何能让领导确认这个是自己的差异化贡献。长期技术不再有人关注，能力建设更是无从谈起。

这样做的后果是：考核上强制跨维度比较在所有人的心里加上了一层枷锁，大家认为自己可以随时被取代。从理性的角度出发，每个人都在内心计算着办公室中五米内若干名同事的进度与成果，生怕别人快自己一步。这不仅对全体员工都有伤害，也会影响组织的长期发展。

对于年轻新员工来说，相比于收入，他们更加看重从校园到职场的成长。自己能作为负责人单独承担一部分研发工作，不论是对当下还是未来，都是有力的激励。然而，在跨维度考核下，失去了新员工的保护期的庇护，入职不足一年的新员工将拿着自己的转正期工作与入职1~2年的员工一同考核，而且强制淘汰比例保持与老员工相同。这使新员工的感受非常差，认为自己只是作为人手被攫取剩余劳动力，而不再是人才为公司长期贡献力量了。因此，很多新员工在半年内就开始寻找下一份工作机会。

对于老员工来说，老员工可以分为两类：一类是具备独特才能的专家，另一类是任劳任怨的老将。专家的外部选择本来就多，他们留下的原因是这里能给他更多的发挥空间，可以将自己想法落实为产品。但当这种开放环境缩小时，他们的兼容度急剧下降，甚至可以接受降薪换岗的选择。老将通常作为"通才"在各个任务之间调换。因为上有老下有小的无奈，老将也只能适应这种考核上的变化。即使业务下降导致薪水降低，他们也无法鼓起勇气在公司外部寻找更好的机会，或者说，留下就是理性的最佳选择。

> **点评**：从公司战略上讲，这样的人力资源政策可以避免大规模减员，也能被动促进人才的内部流动，往更能发挥独特价值的地方汇聚。但从微观的部门来讲，这样的政策就导致了大家在不擅长的领域内卷。内卷不仅导致公司内部出现职业透支和焦虑等问题，还可能导致公司文化退化和人才持续流失。在内卷的环境下，员工们往往会失去对公司的忠诚心，他们只关心自己的利益，而不是共同构建公司的发展。
>
> 企业应该怎么做呢？（1）从制度层面加强透明度，建立公平合理的多元化考核机制。（2）鼓励员工间合作和共享资源，减少零和游戏的发生。（3）公司可以引导员工关注公司目标，建立良好的文化氛围与企业价值观，让员工有更强的归属感和责任感。企业应该明白，内卷是一个进行到底只有输家的游戏，对企业来说是一个隐形的风险。只有通过有效的管理和监控，及时发现和解决内卷问题，才能让企业持续发展，实现共赢的局面。

第二节 跳　　槽

当员工选择入职一家企业时，除了要考虑薪酬水平、发展空间、对老板的认可之外，更重要的是考量这家企业所处阶段与自己的能力和状态是否匹配。同理，在职员工发现自己的状态与企业的状态匹配度较差时，就会考虑跳槽。我们从企业的角度，通过总结企业的四个发展阶段的特点及适配的人才特征，[1] 来说明两个整体规律：（1）企业与员工的适配度必然会随时间变化；（2）企业规模越大，对员工的性格特点要求越少。

一、第一个阶段：产品探索期

这个阶段的企业往往是在种子轮和 A 轮的初创企业。这个阶段的企业处于蹒跚学步的探索阶段，产品研发需要快速试验、快速试错。企业内部的组织架构和岗位职责都不明确，需要许多员工兼任多个岗位。

企业需要的人才：有探索精神，乐于承担风险。热爱不确定性、具备快速学习能力、拥抱变化。

企业不需要的人才：期待他的上级是有丰富管理经验，能够给他明确的指令的管理者。喜欢有规范和流程的工作任务和绩效考核体系。

二、第二个阶段：产品与市场适配期

这个阶段的企业往往是处于 B 轮的、初具规模的企业，企业有数十名员工，有少量稳定的初始客户和单一的核心产品。这时，企业已经找到了产品定位的大概方向，处于缓慢但持续的增长阶段。

企业需要的人才：性格方面，需要对风险没有偏好且非常理性的执行者。职业背景方面，需要专业人士的加入和补充，比如在某一领域深耕了 5～10 年，但并未在大企业达到总监级别的业务骨干。这样的人才会比该公司的大部分年轻人都更有经验，且有能力独立带领团队。

企业不需要的人才：不需要风险偏好者，因为他们可能会不愿意持续打磨一个 80 分的产品，而总希望能够开发新的、一出品就达到 100 分的产品，这会导致企业停滞在第一阶段而无法平稳进入第二阶段。另外，也不需要重金引进大企业的中层管理者来做高管或合伙人，因为这类人才的心理状态还是被评估的打工人，无法迅速适应需要做决策的管理者角色；

---

[1] Singhal, Nikhyl. Stage of company, not name of company. The Skip, 2020.

同时，他们还会看不上创业公司的员工素质和企业发展阶段，抱怨不断或者很快就想要退出。

三、第三个阶段：增长期

很多初创企业在力求扩张的过程中会遇到瓶颈。管理层有可能齐心协力，也可能分道扬镳。早期员工观察到企业正在变得官僚化、内耗严重，这些变化可能会让他们灰心丧气。许多企业在 IPO 的准备阶段会遇到这样的情况。

企业需要的人才：（1）情商高，坚定，稳重。当企业内部遇到一些矛盾的时候，能够稳住企业的是有魄力的领导者和能够专注于企业阶段性任务（占领市场、稳步创收）的核心员工。能够适应规模化、流程化工作方式的人才在这个阶段会更加受青睐。（2）在销售、公关等部门，需要资源型员工，负责市场及监管沟通。

企业不需要的人才：机会主义者可能会在管理层出现矛盾时，认为自己有了上位的机会。会在有分歧的管理者之间搬弄是非，将本来对事不对人的争论恶化成针对个人的争权夺利和人身攻击。

四、第四个阶段：规模化时期

这个阶段的企业已经成为所在行业最具代表性的企业之一，管理更加规范。

企业需要的人才：只要专业化水平高，对性格没有特别的要求。随着企业规模扩大，员工的专业化程度提高，企业对每个员工在技能和专业水平方面要求会提高。

企业不需要的人才：不愿意接受企业对员工的统一组织管理。非常在意个人贡献在企业中的位置。这样的员工都无法接受自己在大型企业中并无特殊价值的事实。

要提醒企业老板和管理者的是，基于对企业实践的观察，大部分想要跳槽的员工是无法通过谈话、调整薪酬、调整管理来挽留的。为了挽留一个人而修改管理制度，应当格外谨慎。

如果企业非常在意员工的稳定性，这里提供一些具体的员工画像供企业参考：（1）单亲父母比较需要稳定的收入来源，会很珍惜工作机会，且工作努力。（2）45 岁以上的员工，如果不是企业高层的话，在人才市场上流通性较弱，也会比较稳定。

还有一些民营企业为了维护管理层的稳定性，会采取一些狡猾的策略：（1）将高管薪酬与其家人同步，这样有助于其家庭团结稳定。这类高管想要跳槽时，家人很可能会劝阻。（2）鼓励高管贷款购买不动产（以房产和机动车为主），并为这类消费提供部分低利率或零利率贷款。当高管有个人负债时，会更需要稳定的收入；当高管与现东家有债务时，更不会考虑跳槽。

第三节 | 跨国公司的人力资源管理

一、跨文化管理

在目前产业结构全球化的趋势下，跨文化管理的重要性正逐渐提升。跨文化管理以及并购、合资、合作等话题涉及的内容跨越了工商管理的各个学科，其中不仅包括战略、组织和流程的管理，还包括了配套的市场营销和财务。本节我们主要关注的是跨文化管理中涉及"人"的管理和组织的部分。

二、文化差异的五个方面[1]

人们往往以为文化差异主要体现在语言差异上。实际上，还有许多更重要的文化差异存在于人的言行举止和潜意识之中。就像汉语母语者和会汉语的外国人说话常常还是能感受到沟通障碍一样，那些潜移默化的方面才是文化差异的核心。在多语种背景的员工都非常充足的跨国企业中，即使所有员工都会说企业总部的官方语言，却仍然会出现各文化背景的员工之间的工作方式差异，甚至并产生摩擦的情况。这说明跨文化管理必须超越语言，重点管理文化差异。

文化差异可以体现在许多方面，我们举五个小例子。

（1）时间安排存在文化差异。在有些文化中，人们认为产品价值判定是主观而非客观的。这时，为了表达产品的高质量或者合同的重要性，交易中权力较大的一方会拖延。此方认为，交易前对这场交易考虑的时间越久，越能体现这次交易的重要性和高质量。在另外一些文化中，效率比定价准确更重要。来自这两类文化的人如果要合作或者达成交易，过程中一定会产生许多摩擦。可见，对时间节奏的习惯及解读就是一种文化差异。

（2）对于空间的看法也存在文化差异。有的文化会在意层级关系。这

---

[1] Hall, Edward T. The silent language in overseas business. *Harvard Business Review*, 1960.

种文化中的大老板应该是不经常能被基层员工见到的，他在办公楼顶层的大办公室，有专用的电梯。但是有的文化中，老板更喜欢把自己的工位安排在下属的工位中间，周围环绕着能为他做事的人，才能让他想做的事情迅速地分散开来、传达下去、然后开始执行。第一种文化的管理者可能会觉得第二种文化的管理者威信不足、职位不高；反之，后者可能也会觉得前者不了解团队实际情况、损失了效率和信息。因此，对空间的理解也是文化差异的一部分。

（3）不同文化背景的人对"什么特征与人的可信度相关"这个问题有不同的判断。是应该看这个人开什么车，住什么房子，在什么样的办公室办公，还是看着装？电视剧《繁花》中有一个桥段：爷叔教导阿宝，出门要穿着得体，皮鞋要锃亮，这样才能展现出自己的专业素养和商业实力。这个片段展示了物质环境与人的可信度之间的联想。不同文化中对这种关联关系的认知是有差异的，一名优秀的销售或者优秀的高附加值服务行业的员工，首先应该观察一下他的客户认定的这种关联关系是什么形式，然后投其所好去表现。例如，麦肯锡咨询公司要求见客户、谈生意的咨询师的着装一定要比他们的客户更正式，这也是这种关联关系的运用。

（4）对于伙伴之间的互动程度，不同文化和做事风格的人也有不同看法。有的人会常吹嘘说自己朋友遍天下且关系都很铁，但是当有朋友求他帮忙对接朋友办事，他会说"我们其实也没那么熟"。怎样的伙伴关系才可以进行利益交换？什么层面的交情可以称为朋友、伙伴或者商业搭档？由于国家、地域、文化背景不同，这些情况的界定也有差异。

（5）一种文化内部约定俗成的共识，在另一种文化中有不同的范畴。比如，商务汉语和商务英语在客气地表达需求时，有很大差异。假设一个情景，上级要向下级表达"这个项目方案应该具体到执行过程中的时间节点和责任人，还应该明确列出目标收益和客户定位"。商务汉语会说"我需要你把这个方案展开写一写，细化各个环节"，而英语母语者会认为"我需要你……"这个命令式的句式很粗鲁。商务英语会说"可否请你具体写出这个项目方案执行过程中的时间节点和责任人，并明确列出目标收益和客户定位？这会对我理解你的思路和计划很有帮助"。而汉语母语者会认为"具体写出……时间节点和责任人……目标收益和客户定位"是令人厌烦的微观管理，员工会在这样的微观管理中逐渐丧失主观能动性。

三、跨文化管理的重要性与核心目标

跨文化管理的必要性毋庸置疑。在全球化经营的过程当中，跨国公司要运用当地人才，势必需要面对许多分公司所在国的不同文化。跨国公

司应该采取包容的态度来克服异质文化带来的冲突，在文化差异中找到共性，并立足于这个共性创造出独特的企业文化。企业所有管理手段的唯一的目标就是要提高管理效率，提高企业利润，一切管理手段的目标还是想要形成有效的管理模式。

在企业并购的过程中，跨文化管理也是非常重要的。人力资源咨询公司怡安翰威特曾对 150 家企业展开研究，[1] 收集了这些企业并购和海外扩张的案例，并从中总结出了排名前十的并购失败的原因。其中，排在第二位的是文化融合，在并购失败的原因中占比 33%。也就是说，1/3 的企业并购、海外扩张失败，都是因为出现了文化融合的问题。

好的跨文化管理应该满足以下四个条件。（1）企业要在不同形态的文化氛围中构建出一套切实可行的管理机制，从规则方面要让双方觉得可以接受。（2）企业要寻找超越文化冲突和个性的企业目标，这个目标一定要建立在合作各方的利益、文化和价值观的交集上。（3）企业要尽量维系一个能够尊重差异化员工背景的共同行为准则，即这个行为准则应该与各个分公司的员工都可以兼容，但是又能够使大家的行为共同朝着企业的发展方向和利益推进。（4）要最大限度地控制和利用企业的潜力与价值。如果企业把跨国公司的员工全部按照同一套切实可行的管理机制去框定的话，那就是把所有的员工都当作人手去看待了，这种做法其实并没有运用好跨国公司的员工差异化背景。公司应当充分利用员工多元化的潜力，合理控制，只控制多元化带来的麻烦而不利用多元化带来的优势是不可取的。

四、跨文化研究对企业管理的启示[2]

在跨文化研究中，有五个与跨国企业管理有关的研究方向。我们简要陈述这些研究方向的核心观点，并讲解这些观点对企业管理的启示。

1. 权力结构的感知

权力结构感知的落差是跨国公司必须面对的一个管理困境。跨国公司总部所在地员工较多，接近权力核心，但这是否意味着其他地区的分公司在整个公司布局里就无法拥有核心权力呢？海外分公司的员工甚至高管都很容易有这样的感受："我没有权力，我的观点不重要；我首先需要结识总部员工，然后由他们来为我传话，我像是一个二等公民。"各分公司的位置和数量分布，以及每一个地点的员工人数都会影响他们对权力结构的感知度。企业高层要有意识地平衡他们的注意力和倾听意愿，让所有分公

---

[1] Vishvanath, Sharad. Mergers & acquisitions leverage. Mergers & Acquisitions, 2015.
[2] Neeley, Tesdal. Global teams that works. *Harvard Business Review*, 2015; Wrench, Jason S. et al. Interpersonal communication — A mindful approach to relationships. LibreTexts, 2024.

司管理者对他们掌握的话语权的感受相对均衡。

2. 群体和自我

群体与自我是文化冲突的焦点之一。1980年，在一项针对IBM的全球各个地区分公司及其员工的调查中，心理学家采访了11.6万名员工，发现不同分公司的员工在个人主义或者集体主义的倾向上有很大差异。[1]

研究者将所有受访者分成40个文化集群后进行个人主义倾向的排名。他发现，个人主义倾向最强的是美国、澳大利亚、英国、加拿大、荷兰等发达国家。员工更强调的是反映"我是谁"的自我贡献，关注自我价值的实现，即"我"在这个公司里面的位置。其中，"位置"并不是职位，而是个人产出对集体产出的贡献。另外，北欧的其他国家个人主义排名也很高。

集体主义比较强是发展中国家和地区的共性。集体主义最强的国家是委内瑞拉，其次是哥伦比亚、巴基斯坦、秘鲁等。集体主义更强调"我"是集体的一分子，只要集体成功，"我"就成功，而不会关注这份成功里"我"作为一个参与者的个人贡献是否被他人识别与认可。

这种差异会使人联想到中国企业中的两类员工——年轻员工和老员工。年轻人的个人主义比较强烈，而老员工往往集体主义比较强烈。对于个人主义思维比较强烈的人来说，激励他的方法很简单，只需要让他看到他的贡献在企业中的重要程度即可。当一个群体、一个团队的成员全部都是集体主义的员工时，如果让这个团队去执行一个失败风险较大的任务，他们很容易出现"我再怎么努力，这个集体任务也成不了，我就算了吧"这样的想法，因此集体主义的团队当中会更容易出现员工之间互相影响的情形。我们并不能够轻易下结论说个人主义和集体主义哪个更好、哪个更容易管理或者更容易激励。当我们将员工对群体与自我的感受差异这一分析工具运用到员工管理中时，持有这两种观念或者思维方式的员工也是各有利弊。作为管理者，我们应当识别出这两类员工，针对他们的价值观选择对应的方式加以引导和激励。

3. 文化差异量表[2]

文化差异量表用八个指标来衡量两个国家或文化集群的文化差异。这八个指标是：沟通、评估、说服力、领导、决定、信任、分歧和调度。

文化差异量表衡量了不同国家的人对权威人物的尊重和顺从程度，以及他们的管理和沟通风格。量表部分指标基于吉尔特·霍夫斯塔德提出的

---

[1] Goleman, Daniel. The group and the self: New focus on a cultural rift. *The New York Times*, 1990.
[2] Meyer, Erin. Navigating the cultural minefield. *Harvard Business Review*, 2014.

图 10-3
美国与日本的文化差异量表[1]

"权力距离"的概念，并借鉴了罗伯特·豪斯团队的全球领导力和组织行为有效性研究的成果。我们以两个对比十分强烈的国家——美国和日本——为例，解读文化差异量表的样例。如图 10-3 所示，美国和日本在七个量表维度上的风格都大相径庭。比如：（1）在沟通方面，日本是高语境的、语言含义非常丰富的，也就是我们常说的"话里有话"；而美国是一个非常典型的语言直来直去的国家，美式英语关注的是如何有效地传递信息。在这样的环境当中会出现的情况是日本人认为点到为止就可以理解的语句，美国人其实根本没有听懂。（2）信任方面，日本是基于关系的信任，这些关系可以包括血缘关系、旧交情以及人情裙带关系等；而美国是任务导向，从纯理性的利益角度去分析可信任的程度。比如，我们在同一个团队当中要完成一项任务，那我们就应该信任彼此，因为我们的目标是一致的。（3）唯一比较相近的是在面对分歧的时候，他们都倾向于比较强硬的方式，而不是回避冲突。

4. 语境的差异与高低

高/低语境这一概念由美国著名人类学家爱德华·霍尔在 20 世纪 50 年代提出。[2] 只要有语言交流的地方就会有语境的存在。高语境指的是有一些语境是约定俗成的，通过反复交流和反复实践，以及基于文化的语言运用产生的表达差异。日本和中国倾向于使用多元化的表达（比如手势语、空间的变换、沉默）来阐述目的，这个就是高语境。与之相对的是美国、德国、瑞士等国的交流则是用直接的表现形式来承载明确的含义。[3]

以中国和美国为例，我们对比高低语境带来的跨文化管理挑战。中国人的沟通讲究点到为止、言简意赅，强调心领神会，这种沟通对语境的依赖性较强。美国人的沟通恰恰相反，强调直接地把信息明白无误地传达出来。因此，高语境对听众的要求更高，要求听众不仅理解字面意思，还要

---

[1] Meyer, Erin. The culture map (INTL ED): Decoding how people think, lead, and get things done across cultures. *Public Affairs*, 2016.
[2] Hall, Edward T. *Beyond culture*. Anchor Books, 1977.
[3] 李静涵：《跨文化交际场景下英语口语会话的高低语境有机分析》，淮海工学院学报（人文社会科学版），2019 年第 3 期。

理解背后的语言含义。有的时候引经据典，其实是要求听众对背后的文化含义也要有所了解。而低语境在口语中体现较多，对交际信息以及语境的依赖比较小。

关于高低语境的探讨对跨文化管理有很强的指导意义：[1]爱德华·霍尔认为"高语境文化具有许多优势，其中许多与商业有关"。具有高语境能力的人才能够用简单的话语传递丰富的含义，他们的语言有广泛的影响力而不只是表达能力，能够通过语言展示自己的魅力。因此，他们更能够胜任高级职位。低语境的人往往在比较复杂的环境当中会有些不知所措，他们面对复杂的决策和分歧时就听不出其中隐含的弦外之音，会被排除在有深意的抽象讨论之外，这会阻碍他们的职业发展。在企业中，职业经理人需要具备高语境谈话的能力，但是也要能够随机应变，根据听众的语境水平把自己调节到能够提高交流效率、令沟通效果最大化的语境水平。

在企业管理中，高语境文化好还是低语境文化好呢？第一，高语境和低语境侧重点不同，高语境侧重组织，低语境侧重个人。高语境的文化在建立关系、维持关系以及强调凝聚力的时候很有效果；而低语境的文化强调的是个人主义的目标，在沟通任务、交接信息和知识时更清晰与直接，所见即所得。第二，高语境的沟通基于目标，低语境的沟通基于任务。高语境的沟通依赖共同的文化价值观，用高语境陈述目标的时候可以顺便透露出讲话人对最终达成结果的一些倾向和偏好；而低语境沟通主要与任务有关，因为他们常常面对的是误解和沟通不畅的问题，想要把目标陈述到没有任何误解以及彻底消除沟通不对称是非常困难的，最终还是只能直接陈述任务。第三，高语境和低语境对员工的定位不同。高语境文化有利于把员工当作"人才"，在文化和组织成员之间建立一种认同感和归属感；而低语境文化更便于将员工当作"人手"，更多的是交代任务。关于高低语境也有对应的调查表，需要时可以让员工或管理者自测。[2]值得注意的是，高低语境是不同的风格，没有优劣之分，所以调查表只会告诉我们最自然的语言风格。而好的职业经理人应该对高低语境的沟通都熟练掌握。

理解高低语境的差异并利用这种思路理解多元化的员工群体，不只可以帮助我们应对跨国企业的人员管理挑战，还可以帮助我们理解企业中不同教育和地域文化背景的员工与员工、雇主与员工之间的沟通。比如，政府工作人员与企业管理者的互动往往是高语境的交流，而专业技术人员之间讨论专业问题往往是低语境的交流。

---

[1] Nelson, Brett. Advantages of high-context culture, according to Hall. LinkedIn, 2023.
[2] La Brack, Bruce. What's up with culture? —— 1.4.6 Context of cultures: High and low.

案例 10-2

高级知识分子与家政人员之间的跨语境沟通

家政行业中，中介最头疼的客户常常是高级知识分子（比如大学教授）雇主。这类雇主平时的社交圈比较固定，且社交对象大部分也是知识分子，他们通常不太擅长与蓝领群体沟通。知识分子雇主与家政人员形成雇用关系后，人际关系摩擦很大，冲突又频繁又激烈。

知识分子雇主往往认为，自己把目标陈述清楚即可，家政人员应当知道按照怎样的顺序执行哪些步骤。而在家政人员工作过程中，雇主偶然查看工作进展，发现工作的顺序、步骤与自己心中所想不符，就会直接怀疑家政人员的工作态度和资质。当两方出现冲突时，知识分子雇主只有谈话、涨工资、换人这三种管理手段。谈话是为了总结过去一段时间的重复性错误，涨工资是为了用更高薪酬激励主观能动性和目标完成度。

家政人员往往认为，雇主陈述的目标只是一个理想状态，自己只负责在固定的时间内，按照自己的节奏朝着这个目标去做，完成度只能随缘；没有明确陈述且严格执行监管的工作流程，都是可以自由安排的，并不存在一个标准答案；只要没有违反雇主明确提出的要求就不会被谈话；涨工资是因为自己工作表现好，自己值得这个更高的薪酬，并且会觉得对雇主来说这点薪酬涨幅不算什么。

可以看出，知识分子雇主的交流方式属于高语境沟通，家政人员的交流方式属于低语境沟通，两者直接互动必然无法达成良好的效果。

为解决这个矛盾，家政行业的从业人员提出这样的解决方案：建立家政人员标准作业流程（SOP）并对 SOP 中的各项工作行为分别定价。利用 SOP 将沟通简化为雇主制订 SOP 和家政人员执行 SOP。当家政人员工作产出与雇主的预期有差距时，双方都将自己的认知与 SOP 进行比较。SOP 与预期之间的差距都可以归结为 SOP 的制订不到位。SOP 与产出之间的差距都可以用薪酬赏罚解决。

5. 文化智商[1]

文化智商是指理解陌生环境并融入其中的能力，包括认知、身体和情感动机三部分能力。企业管理者一定要培养自己的文化智商。文化智商较高的人，未必会在舒适圈中表现得特别出色，但是能够在与不同人群高度互动时展现出较强的洞察力和适应能力。文化智商不应是一项非常稀有的、难以掌握的能力。研究表明，任何保持觉察、积极主动了解周围环境、在遇到文化冲突时能够镇定自若地观察以及柔性解决的人，都有能力达到良好的文化智商水平。这一能力完全可以通过后天习得。

---

[1] Earley, Christopher P., and Mosakowski Elaine. Cultural intelligence. *Harvard Business Review*, 2004.

五、如何成为跨国企业中的优秀管理者？[1]

1. 管理者对当地文化要适度融入，拒绝先入为主的偏见或判断，客观地融入一种文化。但是，跨国企业管理者是跨文化管理中的统筹人，我们建议管理者与当地文化保持一定距离。

2. 建立一个通用的管理框架。这个框架要以企业的目标或者意义为出发点，既能传达管理者的管理目标，又能让当地文化在其中找到自己的一席之地，避免严重的文化冲突。

3. 前往一个新鲜的环境出差时，快速了解当地的办法就是在到达当天的晚上，在酒店里观看一下当地的电视节目，尤其是喜剧节目，它们能高密度传达当地的文化特点。

在这个业务全球化和跨国协同工作的时代，管理者必须找到方法来统一地理和文化上分散的团队。核心目标是在确保效率的同时，兼顾团队的管理方式和不同的地域文化。在工作中，管理者应该鼓励团队对差异保持敏感，并寻找弥合差异、建立团结的方法。积极地在不同文化当中取交集，建立共同体系。另外，保持分歧不是一件坏事，分歧是一个组织健康运行的标志，当所有员工从工作风格和观点上都能够完全地服从组织，没有任何异议和其他声音的时候，这些员工就全部都变成人手了。跨国公司需要不同的声音，管理就是要在不同的声音和习惯风格中找到共性。

案例 10-3

华为公司出海巴西[2]

华为是用极具特色的企业文化来驱动人员管理的企业。其企业性质决定了华为在跨地区、跨国家管理时会相对强势地推行自己的企业文化和制度。那么，当华为企业文化与巴西国家文化氛围有较大冲突时，华为在巴西该如何推广绩效考评？

2011年，华为总部提出在全球强推绩效考核计划，该计划的三点要求是：第一，严格执行半年度考核。半年度考核不同于年度考核，提高考核频率是强管制的信号。第二，绩效等级有ABCD，其中B又分为B和B⁺，所以最终是A、B⁺、B、C、D五档，按一定比例强制分布。在绩效奖励时，A与B⁺属于较为优秀的员工，可以涨工资、拿奖金。[3]第三，绩效结果全员公示。

---

[1] Rowland, Deborah. Leading across cultures requires flexibility and curiosity. *Harvard Business Review*, 2016.

[2] 渡卡洪塔斯：《华为在巴西推绩效考评和强制分布。本地高管抗议称：这可能涉及精神迫害》，蓝血研究，https://mp.weixin.qq.com/s/tmRerPB5g0XuJMgfcXdMLQ，2024-06-05.

[3] 华为：《我们眼中的管理问题（第二季）-绩效管理》，2012.

然而，当华为在巴西分公司推行绩效考核规则时，即使巴西分公司管理层提前对本地员工进行了宣讲，该规则仍然遭到了强烈的抵制。在巴西这样一个相对传统、论资排辈的文化氛围当中，员工的调薪以及年度奖金也并不参照绩效，而是与西方国家类似，由工会和企业之间谈判，再对全员实行调薪和普遍奖金。因此，对巴西员工来说，工作的努力程度对薪酬的影响并不大，最终决定他们薪酬的是他们在企业内的等级和年资。遭到强烈抵制后，中方管理层感到心灰意冷，不想再增加自己的沟通时间。

最后，推行绩效考核规则的任务落到了巴西分公司的人力资源管理负责人Z先生头上。Z先生是怎么做的呢？前期，Z先生进行了一系列的造势活动，群发各种与绩效考核有关的邮件和资料，与当地主管沟通绩效考评机制，同时希望大领导可以推动政策的实施。但是，这些造势活动都没有效果。Z先生发现，本地员工不是不理解这项政策，而是直接拒绝接受，并且本地高管也是这样的态度。

于是，Z先生在本地高管中找到位置最高的一位副总，这位副总曾经任职于巴西的IBM，有非常丰富的外资企业高管经验。(我们姑且管这位高管叫作X副总。)Z先生与X副总多次经过电话和邮件沟通，但是都遭遇了软抵抗。于是，Z先生直接走进了X副总的办公室。一番剑拔弩张的较量之后，Z先生终于说到了绩效考核和强制分布的话题。以下是Z先生回忆的两人对话过程：

Z先生：我们要求主管一定要给员工打AB^+BCD，其实就是为了激励后面做得不好的员工提高成为A和B^+，就像我们公司自己现在把自己定位为CD，但是通过了解别的友商怎么做得那么好，然后谦虚地向他们学习管理、学习技术，学习怎么给客户提供最好的服务。

X副总：然后呢？

Z先生：然后我们也可能成为A和B^+。

X副总：A和B^+是有比例限制的，如果我们公司成为A和B^+，那么原有的优秀公司可能就要沦为C和D，为什么一定要让自己这么辛苦，非要自己辛苦然后把别人从A和B^+赶下来成为C和D呢？就不能跟原有的竞争对手协商一起去为客户服务，大家分配一些份额吗？这样大家都不用辛苦了。

Z先生：为什么一定要让我们成为C和D？我们凭什么不能成为A和B^+？

X副总：竞争对手都成立一百多年了，他们成为A和B^+是付出了很多的，我们成立二十多年，成为C和D不是正常的吗？你看一个人成为高管，要上大学，要读MBA，要在国际大公司历练，需要二三十年，才能拿到较好的薪水和福利，一个新的年轻人怎么可以想通过五年就做到高管职位拿到高薪呢，这不符合规律，也对那些二三十年才做到高管的人不公平。年轻人应该遵循规律，毕竟任何人都有这样一个过程，等到老的高管退休了，年轻人经过历练就可以接替，也能把工作做好，而不能一工作就想把老的高管替换掉。

Z先生：在我们公司不存在公平不公平的问题，没有绝对的公平，你得了A和B^+就有更多的机会，当干部的机会、升职加薪的机会。而且公司有很多新业务新地盘需要新人去承担的，公司也一直在扩张，并没有停滞不前，在全球都有业务，只要你能得到A和B^+就会有更多机会，只有稳定不求上进的公司和个人才喜欢一切慢慢来的。

X副总涨红了脸,没有再争执下去。对话结束。

点评:

既然Z先生知道大概率不能说服X副总,为什么还要进行这场对话呢?这场对话的必要性有两点:首先,Z先生要做到知情,作为人力资源部门的负责人,他要积极与高管以及各级员工进行沟通。另外,Z先生要做到尽责,通过对话了解高管们为什么要对绩效考核机制进行软抵抗。

Z先生与X副总的交锋实际上是华为的狼性文化与当地精英之间的激烈冲突,谁是这段对话的赢家呢?看起来并没有哪一方是明确的赢家,因为谁也没有说服谁,甚至像是鸡同鸭讲,各说各话。一方面,Z先生在对话开始就预料到他不可能说服X副总。虽然X副总对外应该代表企业的集体利益,但在这场对话中,他显然代表的是他的个人利益。因此,X副总为了使自己的工作与工资受到较少的影响,他显然会更倾向于持续沿用巴西传统的薪酬制度。另一方面,这段对话的很大一部分都是在考虑资历和绩效到底哪个优先。如果是资历优先的话,其实是把高管利益置于公司利益之上;而如果绩效优先,才是真正把公司利益置于高管利益之上。因此,此人虽为高管,但是没有真正地把自己作为高管的职业角色当作一种为企业集体利益服务的经济机器来看待。

从X副总的角度来看,他的交流方式是不得体的。首先,他从行业中企业排布的角度出发,认为华为巴西作为一家新公司,不配当头部企业,这属于立场不正确。其次,X副总的话术显然是很聪明的,他受过很多谈判技巧的训练。当Z先生在谈企业内员工考评等级的时候,他却谈起了行业内的企业排名,他用岔开话题、偷换概念来决定一场平等的辩论是否要进行下去。看似是陈述中跑题、装傻的一些举动,其实是在当谈判对自己不利时及时叫停的一种策略。但是,X副总的这种谈判话术应该用来对外,不应该用来对待自己的同事。

案例继续: 接下来,X副总向大领导告状,表示这种绩效考核方式本地员工很不喜欢。大领导来问Z先生:"是否存在法律风险?"Z先生说:"我查过巴西劳动法,并没有规定不许评估员工的表现,说是不能羞辱员工,但没说不能表扬员工,我不公示得C和D的员工,但我可以公开表扬那些得A和B+的员工,至于那些得C和D的员工自己感觉被羞辱,那就更应该向得A和B+的人学习才行。"大领导十分满意,直接把X副总的意见驳回,让Z先生放手去做。

点评: Z先生的做法是非常聪明的,他在保证企业遵循当地法律规定的大前提下还考虑了企业目标的实现。虽然不公示所有员工的绩效水平,但是公开表扬那些达到了较高绩效水平的员工,大家也能够合理推测出其他没有被表扬的员工就是低绩效员工,同样相当于将所有人的绩效水平公之于众。

后来，华为巴西开始实施了第一次全员绩效考评。虽然那些打分得到 C 和 D 的员工会抱怨，但是他们并不是为企业创造主要价值的员工，即使去跟主管理论，也不会得到主管支持。得到 A 和 B$^+$ 的员工非常高兴，因为在 Z 先生的要求下，他们不仅得到了绩效评分以及对应的奖励，还得到了一系列非物质激励，包括邮件公示获奖名单及理由。第一次正式考核结果出来之后，Z 先生还做了大幅海报，将照片、工号、部门信息等打印出来，让所有人都可以看得到。

当事人很高兴，他们受到了更高强度的激励，工作干劲也会更足；他们的主管也很高兴，企业绩效好了，部门绩效也好。不高兴的人也有，大概率是在绩效考评中得分较低的人，但是他们找不到理由去向工会和法院告状，因为他们的绩效得分并没有被公示，也就没有违反当地的法律法规。

点评：这个案例向我们展示了一家企业文化较为强势的中国企业，是如何在另一个国家不那么狼性的文化氛围中，兼顾了各方面限制条件，落地人力资源管理制度并成功达到了激励员工的效果。

六、外企的中国高管

在中国建立分公司的外企里面，中国分公司的第一任分公司 CEO 几乎都是外企总部派来的外国人，并且直接向 CEO 汇报的高管也都是外国人。直到近些年，中国分公司形成规模且制度逐步完善，其中才出现更多中国人做高管的情况，近一两年才有外企起用中国人做中国分公司的 CEO。

海外分公司的高管团队何时从总公司派驻人选为主过渡到当地高管为主，这取决于分公司当地的文化强势程度。如果分公司所在国家的文化比较强势，且与总公司文化差异较大，就应该在分公司比较稳定之后，尽早由本地人参与并接手分公司的管理。

图书在版编目(CIP)数据

人力资源管理实战/钟灵编著. -- 上海：复旦大学出版社, 2025.3. -- (复旦博学). -- ISBN 978-7-309-17657-5
Ⅰ. F243
中国国家版本馆 CIP 数据核字第 2024UR9480 号

人力资源管理实战
RENLI ZIYUAN GUANLI SHIZHAN
钟　灵　编著
责任编辑/于　佳

复旦大学出版社有限公司出版发行
上海市国权路 579 号　邮编：200433
网址：fupnet@fudanpress.com　　http://www.fudanpress.com
门市零售：86-21-65102580　　团体订购：86-21-65104505
出版部电话：86-21-65642845
上海华业装璜印刷厂有限公司

开本 787 毫米×1092 毫米　1/16　印张 14.25　字数 255 千字
2025 年 3 月第 1 版第 1 次印刷

ISBN 978-7-309-17657-5/F·3071
定价：88.00 元

如有印装质量问题,请向复旦大学出版社有限公司出版部调换。
版权所有　　侵权必究